本书受重庆工商大学社会学—法学与社会学学院（63201503809）、重庆工商大学高层次人才科研启动项目"同乡同业中的阶层分化与社会整合"（950321025）经费资助

Remote Marginalization
and Local Identification

A Study on the Rosin Workers
and Dealers in Zhuyuan,
Zhejiang Province

异地边缘化与乡土认同

浙江竹源"松香客"研究

王惠云 著

中国社会科学出版社

图书在版编目（CIP）数据

异地边缘化与乡土认同：浙江竹源"松香客"研究／王惠云著 .—北京：中国社会科学出版社，2024.4
ISBN 978-7-5227-3430-9

Ⅰ.①异… Ⅱ.①王… Ⅲ.①松香—油脂制备—产业发展—研究—松阳县 Ⅳ.①F426.7

中国国家版本馆 CIP 数据核字（2024）第 073852 号

出 版 人	赵剑英
责任编辑	金　燕　胡安然
责任校对	周　昊
责任印制	李寡寡

出　　版	中国社会科学出版社
社　　址	北京鼓楼西大街甲 158 号
邮　　编	100720
网　　址	http://www.csspw.cn
发 行 部	010-84083685
门 市 部	010-84029450
经　　销	新华书店及其他书店
印　　刷	北京明恒达印务有限公司
装　　订	廊坊市广阳区广增装订厂
版　　次	2024 年 4 月第 1 版
印　　次	2024 年 4 月第 1 次印刷

开　　本	710×1000　1/16
印　　张	14.25
插　　页	2
字　　数	221 千字
定　　价	79.00 元

凡购买中国社会科学出版社图书，如有质量问题请与本社营销中心联系调换
电话：010-84083683
版权所有　侵权必究

目　录

绪　论 …………………………………………………………（1）
  一　研究缘起与问题提出 …………………………………（1）
  二　研究目的与意义 ………………………………………（3）
  三　相关学术史梳理 ………………………………………（5）
  四　研究方法和资料来源 …………………………………（20）
  五　重要学术概念界定 ……………………………………（21）
  六　技术、行业、地方术语 ………………………………（23）

第一章　竹源地区"松香客"群体的生成 ……………………（25）
  第一节　生计困境下的流动谋生 …………………………（26）
    一　人口与耕地之间的矛盾 ……………………………（26）
    二　林地资源经济效益低下 ……………………………（28）
  第二节　采脂兼业为生的传统 ……………………………（30）
    一　松香的应用历史概述 ………………………………（30）
    二　竹源地区的松香生产史 ……………………………（34）
  第三节　国家政策支持技术流动 …………………………（36）
    一　松香生产政策及其实施 ……………………………（36）
    二　乡民跨区域采脂技术支援 …………………………（38）
  第四节　"传帮带"式集体性以松为生 ……………………（40）
    一　乡土民俗文化与亲缘、地缘纽带 …………………（40）
    二　从亲缘"传帮带"到地缘"传帮带" ……………（50）

小　结 …………………………………………………………（53）

第二章　松香生产群体的技术民俗与异地边缘性 ………………（54）
　第一节　松香生产群体的技术身份底层化 …………………（55）
　　一　松香生产技术的历史记载与口述 …………………（55）
　　二　技术革新与有技术无地位 …………………………（61）
　　三　受苦的身体感受与底边化身份意识 ………………（71）
　第二节　技术实施中的劳作与生活异化 ……………………（81）
　　一　劳作异化：老乡"游戏"与产量游戏 ……………（83）
　　二　生活异化：边界模糊与区隔 ………………………（84）
　第三节　异地边缘性下的生存策略 …………………………（90）
　　一　在技术与行业中组织化 ……………………………（90）
　　二　经济行为中的变通策略 ……………………………（96）
　第四节　个体"民"的凸显
　　　　　——郑丽华的异地生产实践 …………………（99）
　　一　夫妻共同劳作时期的经历讲述 ……………………（99）
　　二　女包工头身份的当下实践 …………………………（102）
　　小　结 …………………………………………………………（107）

第三章　松香经营群体的行业网络建构与异地边缘位置 ………（109）
　第一节　"松香客"的职业身份与经济地位变动 …………（110）
　　一　竹源松香经营群体的生成 …………………………（111）
　　二　经济地位获得与内部阶层分化 ……………………（122）
　第二节　异地行业关系网络建构与运行 ……………………（123）
　　一　同乡关系支持行业制胜 ……………………………（124）
　　二　非同乡关系的建构与运作 …………………………（128）
　第三节　行业建构松香经营群体的异地边缘位置 …………（139）
　　一　行业关系网络建构异地"不融入" ………………（139）
　　二　行业非正规化和低端性中的地位不一致 …………（144）

小　结 …………………………………………………… (147)

第四章　竹源"松香客"的乡土认同型返乡 ………………… (149)
　　第一节　"松香客"在家乡寻找认同归属感 ……………… (150)
　　　　一　家乡民俗生活中的共同体感 …………………… (151)
　　　　二　集体性以松为生的身份认同 …………………… (167)
　　第二节　"松香客"在家乡实现地位一致 ………………… (169)
　　　　一　面子、声望与社会地位补偿 …………………… (170)
　　　　二　作为信息与关系场域的家乡 …………………… (178)
　　第三节　乡土认同与村落共同体维系 ……………………… (181)
　　　　一　流动中的村落共同体何以维系 ………………… (181)
　　　　二　从村落共同体到县域乡土共同体 ……………… (189)
　　小　结 …………………………………………………… (190)

余　论 ……………………………………………………… (192)
　　一　实践—主体视角的乡村空心化反向运动 …………… (192)
　　二　对流动农民和乡村空心化的再认识 ………………… (195)
　　三　乡村治理的内外互动路径 …………………………… (197)

附　录 ……………………………………………………… (200)
　　附录1　田野调查报告节选 ……………………………… (200)
　　附录2　田野调查中主要被访谈人列表 ………………… (204)
　　附录3　松香生产的部分档案文件 ……………………… (207)

参考文献 …………………………………………………… (210)

后　记 ……………………………………………………… (221)

绪　　论

一　研究缘起与问题提出

（一）研究缘起

本书选题既缘于现实契机，也基于学术反思。2017年9月，在文化部（今文旅部）非遗司牵头下，北京师范大学社会学院民俗学团队与浙江省丽水市松阳县政府合作举办了"传统文化的当代实践——中青年非遗传承人传统节日仪式研讨班"，在研讨班的田野调查环节，我的博士生导师朱霞教授负责对松阳县竹源乡小竹溪村的送灯仪式进行田野调研，她了解到竹源乡民长期普遍从事松香生产与经营，松香生产技术与松香行业很有可能深刻塑造竹源民众的日常生活及其所在村落的社会结构，受其影响笔者开始关注松香议题，通过翻阅文献了解到当前学界对松香生产技术和松香行业的社会文化研究较弱，已有研究基本集中在如何提高松香产量、采脂加工技术经验推广以及松香市场行情等方面，涉及自然科学、化学工业、职业指导等领域，研究范围较为狭窄，研究主题较为单一。松香生产技术与自然、历史、社会、经济与文化等多因素互动，塑造相关群体的生产、生活模式，学界也应将其视为社会文化现象加以深入研究。

本书缘起也离不开对技术民俗学既有研究的反思。20世纪90年代，钟敬文主编《民俗学概论》将物质民俗和民间科学技术纳入民俗学研究范畴。[1]"技术民俗"作为专门的学术概念则由朱霞在研究云南

---

[1] 钟敬文主编：《民俗学概论》，高等教育出版社2010年版。

井盐生产民俗时正式提出来。① 近年来，非遗语境进入技术民俗学研究，学者们对入选非遗名录的传统工艺的关注与讨论越来越多，这在为非物质文化遗产保护提供学术支持的同时，也提升了技术在民俗学研究中的重要性。然而，技术民俗学不只研究入选非遗名录的传统工艺，那些不以生产审美性产品为目的、其价值被诸多因素遮蔽看似微不足道的技术，却实实在在地影响着人们的生产生活，它们同样应该被纳入技术民俗学研究。技术民俗学也不能仅仅关注传统技术，更不能将传统技术视为不受工业化和现代化影响的封闭对象，应看到技术在社会文化背景中的传承、变迁与创新。与此同时，以往民俗学比较偏重事象研究，对"民"的主体性强调不够，为了转变研究局限，民俗学者提出日常生活转向，在强调主体性和整体性中关注普通人的日常生活意义。在此学术背景下，技术民俗学研究也应当突出"民"的主体性，关联民众生活的方方面面，其归根结底是从技术切入的民俗生活整体研究。松香生产技术选题契合上述思考，它有历史文献记载与当下民众实践，在动态传承变迁中与自然、社会、文化等多种因素互动，并塑造技术实施者的日常生活，整体性、主体性和当下性视角在该选题中得到不同程度的凸显。

（二）问题提出

竹源乡民自古有采脂兼业传统，20世纪50年代以来，逐渐集体性地流动到异地开展松香生产经营。松树产脂的自然特性、生产技术实施特点和生计诉求使竹源"松香客"在外流动周期长达10个月，他们一年当中大部分时间都在外从事松香生产经营，只有过年期间才集中返乡，正月过后又再次离开家乡，这样高度流动的生活模式持续了至少30年之久②，2015年前后至今，多数竹源乡民逐渐退出松香行业。无论是人口高度流动时期，还是退出松香行业之际，都鲜有竹源乡民不愿返回家乡，流动中的乡土传统文化仍得到活态传承，公共空间和基础设

---

① 朱霞：《云南诺邓井盐生产民俗研究》，云南人民出版社2009年版，第21页。
② 20世纪50年代已有乡民外出采脂，分田到户以后乡民大规模外出采脂与办厂，2015年左右因松香行业不景气逐渐退出并返乡，竹源乡民高度流动的松香从业历程持续至少30年。

施不断更新。流动农民逐渐失去乡土认同[①]，人口高度流动带来乡土社会衰败解体的结论并不符合竹源地区的实际情况[②]。刘炳辉认为"学术界常常被'乡土中国'的衰败甚至'空心化'所震撼，我们需要更多贴近中国实际的研究来认识流动中国的真实画面，不能认为其毫无区别地陷入瓦解和衰败之中"[③]，如吴重庆在孙村打金业研究中提出同乡同业机制下，孙村实现生产要素在地集结，从而使高度流动的乡村发生空心化反向运动。[④] 本书同样以个案讨论人口高度流动缘何没有带来乡土社会衰败解体，个案同样存在同乡同业现象，但不同于孙村实现生产要素在地集结，竹源乡民主要依赖异地的生产要素谋生，然而，即便长期依赖外部社会解决生计，竹源乡民仍没有失去乡土认同，人口高度流动的竹源乡村也没有衰败解体，其发生过程和发生机制是本书研究的关键，这一机制离不开松香生产技术和松香行业的深刻影响，这是竹源地区人口流动不同于其他地区的显著特点。本书先是讨论大规模"松香客"群体如何生成，再分析他们的技术与行业实践建构怎样的异地生存状态，以及异地生存状态如何作用于乡土认同。同时，以小竹溪为村落个案点，阐释在此机制下流动中的村落共同体维系。不同于人口流动带来乡村社会解体的简单片面判断，本书尝试采用实践—主体研究视角认识流动农民与中国乡村，解释流动中的乡土认同与村落共同体维系。

二 研究目的与意义

本书弥补了松香的社会文化研究不足。早在《神农本草经》中就有松香记载，其历史之久、用途之广，与民众生产、生活关系之密切，使其具有重要的研究价值，但现实情况是松香研究基本局限在技术操作、化学工业和市场方面，学界基本没有将其视为社会文化现象加以认

---

① 王春光：《农村流动人口的"半城市化"问题研究》，《社会学研究》2006年第5期。
② 学术界以人口、房屋、产业、文化等指标定义乡村空心化，本书强调从农民主体与社会文化意义角度定义乡村空心化。
③ 刘炳辉：《大流动社会：本质、特征与挑战——当代中国国家治理体系的社会基础变革》，《领导科学论坛》2016年第17期。
④ 吴重庆：《"界外"：中国乡村"空心化"的反向运动》，《开放时代》2014年第1期。

识，更没有关注到松香物质背后"人"的主体性。本书意在对松香生产技术和技术实施者进行整体性和主体性关照，强调对其进行社会文化研究的必要性。

本书深化了技术民俗学研究。以往技术民俗学研究较为关注技术本身，本书则强调通过技术理解民众日常生活，突出"民"的主体性，关注集体性传承与个体性实践。本书也注重分析技术与其他生活内容的互动，从而以整体研究视角阐释技术之于民众日常生活的意义。与此同时，现有技术民俗学研究多是从传统技术切入且对传统技术的当代变迁重视不足，本书同时关注松香生产技术的历史传承与当代变迁，以期对技术主体的日常生活实践做出更加切实的理解与解释。

本书为民俗学日常生活研究提供新路径。近年来，民俗学研究发生日常生活转向，日常生活的整体性，使得任何试图以几个部分囊括日常生活的做法都将徒劳。而日常生活的本质是实践，通过寻找行动主体的实践逻辑来理解日常生活更加可行。本书聚焦竹源"松香客"在流动中何以能维系乡土认同与村落共同体，研究关键在于寻找他们在流入地和流出地的实践逻辑，本书将有助于民俗学日常生活转向的落地。

本书对流动农民和乡村空心化研究进行补充。以往流动农民研究以流入城市的农民工为主要对象，关注融入问题与解决对策。流动农民逐渐失去乡土认同，人口流动使乡土社会逐渐解体，是流动农民和乡村研究的主流声音。然而，这一主流观点并不符合个案的实际情况，竹源"松香客"在外流动时间长达10个月，仍周期性返回家乡进行生活与建设，他们没有失去乡土认同，其所在村落也没有发生衰败解体，本书在反思主流声音和分析个案缘何如此的同时，强调以切实深入的研究反映农民主体的声音，呈现流动农民与中国乡村的多样化面貌，刻画出乡村之于流动农民的内在意义。

本书为乡村振兴提供可借鉴的治理路径。民俗学的实践研究既包括民众主体实践，也包括学者自身实践，比如以学术研究助力乡村治理与乡村振兴。本书在研究民众主体的实践逻辑基础上，总结出内外互动的村落共同体维系机制，在内生动力和外部动力两种乡村治理路径基础上，提出内外互动的第三条治理路径，即在内生动力不足的情况下，如何将外部资源转化为内部动力，从而实现村落共同体维系更新。这一治理路径对于内生动力不足的村落的发展具有普遍意义。

三 相关学术史梳理

本书主要从技术民俗学研究、民俗学的日常生活实践研究、外来人理论等方面展开相关学术史的梳理与对话。以往的技术民俗学研究较为关注技术本身，对"民"的主体性强调不够。民俗学日常生活转向，使得技术民俗学需要突出技术实施者的主体性，关注技术与其他生活内容的互动，从而以整体研究视角阐释相关群体与个体的日常生活意义。

（一）技术民俗学研究概述

技术被纳入民俗学的研究范畴相对较晚，"技术民俗"这一学术概念也是近20年才被明确提出。近年来，民俗学对入选非遗名录的传统工艺研究逐渐增多，但相较节日、礼俗、仪式等，民俗学的技术研究总体上较弱，且学界对技术在民俗学研究中扮演何种角色的讨论不够。本书指出，技术民俗学在民俗学学科大框架下展开研究，其关心和回答的始终是民俗学的问题，即通过技术理解民众的生活实践与行动逻辑，"民"始终是技术民俗学研究的出发点和落脚点。技术民俗学虽从技术切入，但对技术的分析指向并服务于对技术主体的行动选择的阐释。技术具有经济、文化和社会属性，它关系相关民众的经济活动，影响生活内容的诸多方面，对于理解民众生活实践至关重要。

1. 已有研究梳理

中国现代民俗学开始于1918年北大歌谣征集运动，初期较为重视歌谣、故事等的搜集，对器物关注不多。钟敬文从学科建设出发，提出要重视物质民俗研究，20世纪90年代其主编《民俗学概论》将民间科学技术纳入民俗学研究范畴，指出"民间科学技术理应是民俗学研究的一个不可或缺的组成部分，如果离开对民间科学技术的调查研究，民俗学的研究就不能被认为是完整的"①。技术的社会文化属性使其能成为民俗学的研究事象。

"技术民俗"概念由朱霞明确提出，她对盐、陶瓷、铁、古法造纸等传统技术进行持续关注，在代表作《云南诺邓井盐生产民俗研究》中，她将技术作为了物质民俗的核心并提出技术民俗概念②，技术民俗指"民众在物质生产实践中集体创造和传承的，旨在解决民众生存问题，以技艺、技能和操作为核心的民俗事象，包括民间的传统技术民俗，如制盐、榨糖、染织、陶瓷、造纸、印刷、打铁等"③，她还提出"技术民俗是把民众持有和传承的技术看作是一种具有模式化的民俗事象，技术民俗具有民俗的全部基本特征"④。此后，詹娜的《农耕技术民俗的传承与变迁研究》沿用技术民俗一词，作者关注农耕技术对农民生产、生活方式的塑造，以及在技术变革下，民众如何调节自身以适应新环境，使农耕技术的研究回归生活世界。⑤民俗学研究农耕技术、制盐技术等，实际上是要通过技术关注盐民、农民等技术实施主体如何过日子，理解并呈现他们的文化、智慧、诉求与特质。松香生产技术作为林业技术，同样塑造相关群体的模式化日常生活，此类技术及技术主体也需要被纳入技术民俗学研究。松香生产技术虽不是农耕技术，却是农业文明的产物，农业社会的血缘组织、乡土文化等特质仍对松香生产技术及其群体实践产生深刻影响。

近年来，以徐赣丽为代表的一些学者关注都市手工艺传承、创新及其与都市人生活审美的互动。不仅如此，现代技术也进入技术民俗学研究视野，如彭牧的《技术、民俗学与现代性的他者》⑥、张翠霞的《现代技术、日常生活及民俗学研究思考》⑦、王杰文的《新媒介环境下的

---

① 钟敬文主编：《民俗学概论》，高等教育出版社 2010 年版，第 160 页。
② 朱霞：《云南诺邓井盐生产民俗研究》，云南人民出版社 2009 年版。
③ 朱霞：《云南诺邓井盐生产民俗研究》，云南人民出版社 2009 年版，第 21 页。
④ 朱霞：《云南诺邓井盐生产民俗研究》，云南人民出版社 2009 年版，第 2 页。
⑤ 詹娜：《农耕技术民俗的传承与变迁研究》，博士学位论文，北京师范大学，2006 年。
⑥ 彭牧：《技术、民俗学与现代性的他者》，《西北民族研究》2011 年第 1 期。
⑦ 张翠霞：《现代技术、日常生活及民俗学研究思考》，《民俗研究》2018 年第 5 期。

日常生活——兼论数码时代的民俗学》① 以及周星的《"生活革命"与中国民俗学的方向》② 等，都有助于探讨技术民俗学的现代性与当下性。张翠霞提出，"现代技术一开始不被以文本研究为主的传统民俗学关注，当下民俗学转向日常生活要直面现代，才能真正做到对民众的理解，定位于日常生活研究的民俗学应将现代技术纳入其中"③。现代技术不断引发民众生活变革，民俗学必须关注新变化、新现象，才能使学科自身有生命活力。总之，在钟敬文先生将民间科学技术纳入民俗学研究范畴之后，技术民俗学逐渐成长为一门有特色的分支学科，已有研究涉及农耕、制盐等传统技术以及手机、互联网等现代技术，但也总体上存在对传统技术的关注远远多于近现代技术、较为忽视传统技术的当代变迁、偏重技术而对技术实施者的主体性强调不够等问题。

实际上，无论是技术本身的内涵，还是民俗学的日常生活转向，都要求技术民俗学拓宽研究视野，一切影响民众生产、生活的技术都可纳入技术民俗学的研究范畴。技术一词较早出现在《史记·货殖列传》中，"医方诸食技术之人，焦神极能，为重糈也"④，此处，技术意为技艺、技能，特指医者方术。后来，技术一词的含义从技艺、技能到操作、制作再到机器、新技术，体现了手—简单工具—机械—机器为标志的发展变化，吴国盛总结"技术一词大体包括身体实践技能、做事途径方法、工具设备对物的操作以及工业技术、现代技术"⑤。与技术相近的用词是技艺，《技术、技艺与文明》一书中提到，"技艺通常应用于原始的、传统的、小范围的或者其他熟练的和司空见惯的现象。而技术则指向那些被认为是现代的、复杂的、精巧的、基于知识的客观现象。一提到钓鱼技艺和捕鱼技术，我们自然而然地想起历史的、物质的

---

① 王杰文：《新媒介环境下的日常生活——兼论数码时代的民俗学》，《现代传播》（中国传媒大学学报）2017 年第 8 期。
② 周星：《"生活革命"与中国民俗学的方向》，《民俗研究》2017 年第 1 期。
③ 张翠霞：《现代技术、日常生活及民俗学研究思考》，《民俗研究》2018 年第 5 期。
④ （汉）司马迁：《史记》，岳麓书社 1988 年版，第 937 页。
⑤ 吴国盛：《技术释义》，《哲学动态》2010 年第 4 期。

和社会经济不同情况的对比"①。相比技艺，技术更具整体性且涵盖变迁、创新与工业化影响，包括了传统技艺、近现代技术，以及从历史而来在当代社会仍在传承实践的技术。技术的整体性及变迁创新内涵，也与民俗学的日常生活研究旨趣相适应。总体上，关乎民众生产与生活的技术，无论时间、地域、类型等，都可纳入技术民俗学研究范畴。松香生产技术从历史发展而来，受不同时代社会影响，是传统原理和现代知识的结合，它作为林业生产技术塑造相关群体的日常生活，也对地区社会结构产生影响。松香生产技术将传统与现代统一于民众生活，能拓宽和深化技术民俗学研究。

技术民俗学是通过技术来理解时空变迁中民众过日子的实践与意义，在确定技术选题的同时，也就对技术民俗的研究主体做了限定。通过技术研究技术主体的生活实践与生活意义，意味着对技术的讨论必须且必要，因为是特定技术塑造特定技术主体的生产、生活模式，影响他们的行为选择与意义表达，在论及技术时应坚持"民"的主体性，服务于对民众日常生活的阐释。技术尽管属于专门知识，但它应当同节日、礼俗等一道成为民俗学研究的重要事象，刘铁梁指出"民俗学应该优先对于农民在经济活动领域中的行为模式即劳作模式进行描述，它直接体现农民主体的身体经验，对于理解日常生活至关重要"②，技术关系民众经济活动，关联民众生活方方面面，是理解民众生活实践的重要窗口。

2. 作为整体的技术——技术系统

技术能被纳入民俗学研究范畴，因其具有社会文化属性。技术从来不是独立封闭的体系，它同自然、历史、社会、文化等因素互动，实际作用于民众生产、生活实践，技术社会学提出的"技术系统"思想对于技术民俗学的整体研究具有借鉴意义。布哈林提出社会技术概念，认为"技术一旦通过劳动进入生产过程，就和社会这一整体联系起来"③。

---

① [法] 马塞尔·莫斯、爱弥儿·涂尔干、亨利·于贝尔：《论技术、技艺与文明》，蒙养山人译，世界图书出版公司2010年版，第2页。
② 刘铁梁：《劳作模式与村落认同——以北京房山农村为案例》，《民俗研究》2013年第3期。
③ [日] 仓桥重史：《技术社会学》，王秋菊、陈凡译，辽宁人民出版社2008年版，第43页。

绪 论

20世纪80年代以来，技术社会学提出技术系统、行动者—网络、社会建构三种研究路径，将技术—社会作为整体加以认识。技术系统的研究路径由休斯等人提出，在西方供电技术社会发展史的研究中，休斯（Thomas Hughes）指出技术与社会不是二元对立关系，技术实际上是一个社会技术集，它和很多要素发生关联并相互影响。[①] 此后的技术社会学研究在技术系统这一观念上基本达成共识。技术社会建构论，不仅分析技术对社会的影响，还关注社会对技术的影响，学者们考察"社会的、体制的、经济的和文化的因素对于技术形成、发展、变迁等的影响，指出没有任何一种技术可以独立存在，技术根植于特定的环境"[②]。拉图尔（Bruno Latour）提出技术的行动者网络，在这一无缝之网内，行动者可以是人，也可以是非人，处于行动者网络的各要素之间相互关联，且都具备主动影响其他要素的能力，这为技术民俗学的整体研究提供思路。本书对松香生产技术的讨论首先基于技术系统观念，将技术本身看作是社会现象，分析技术与自然、历史、文化、经济、政策等的互动。与此同时，技术民俗学是要通过技术研究技术群体及其日常生活，"技术群体在知识、技能等的集中展示和社会关系的相互协调中，获得对自我、他者和整个群体的认识以及进一步指导自己的行动策略"[③]，技术民俗学可以借鉴技术系统的整体研究思路，并强调技术实施者的主体性。让"民"回归主体是民俗学转向日常生活的目的所在。

（二）民俗学的日常生活及实践研究

民俗学研究的落脚点是"民"，在转向日常生活的进程中，民俗学对主体性的强调更加突出。钟敬文在创立中国民俗学学科之初，明确提出民俗学研究生活、关注底层，因此，转向日常生活实际上是民俗学经历了文本、语境研究之后对民俗生活整体的回归与深化。

[①] 莫少群：《技术社会学研究的兴起与现状》，《南京师大学报》（社会科学版）2003年第4期。

[②] 王汉林：《新技术社会学何以为"新"?》，《科学学研究》2010年第12期。

[③] 黄志斌、孙祥、李勇：《论技术人类学对芬伯格困境的超越》，《武汉理工大学学报》（社会科学版）2015年第2期。

1. 日常生活是完整的人的现象

胡塞尔、马克思等人在批判传统哲学的基础上，提出哲学研究的生活转向。胡塞尔认为生活世界是前科学的、预先给予的主观世界，其观点带有先验论色彩。马克思则着眼于人的现实需求，希望通过改变世界来解放人类。尽管马克思没有明确提出生活世界或者日常生活的专门术语，但后来的列斐伏尔、赫勒等人沿着他的"异化"思想不同程度地对日常生活理论进行了构建和完善[①]。列斐伏尔（Henri Lefebvre）正式提出日常生活批判，声明他的研究"建立在马克思异化理论的基础上，并发展了马克思主义忽略的具体社会学"[②]，他指出"日常生活就在我们身边，从所有方面，从所有方向上包围着我们"[③]，"日常生活一定要作为整体来定义。日常生活从根本上是与所有活动相关的。正是在日常生活中，产生人类和每一个人的关系总和有了整体的形状和形式。当然，在一定的方式下，这种整体性总是部分的和不完整的"[④]。在经验研究中，日常生活的整体性，使得任何试图以几个部分囊括日常生活的做法都将徒劳，诸多学者提出将日常生活作为研究视角。

同样将日常生活研究推向系统化的哲学家还有赫勒（Agnes Heller），她将日常生活定义为"那些同时使社会再生产成为可能的个体再生产要素的集合"[⑤]，"没有个体的再生产，任何社会都无法存在，没有自我再生产，任何个体都无法存在，因而日常生活存在于每一个社会中，每个人都有自己的日常生活，且日常生活总是在变动中的相对稳定"[⑥]，我们需要对日常生活进行经验研究以便分析出个体或群体再生

[①] 衣俊卿、欣文：《日常生活批判：一种真正植根于生活世界的文化哲学——衣俊卿教授访谈》，《学术月刊》2006年第1期。
[②] [法] 亨利·列斐伏尔：《日常生活批判（全3卷）》，叶齐茂、倪晓晖译，社会科学文献出版社2018年版，第2页。
[③] [法] 亨利·列斐伏尔：《日常生活批判（全3卷）》，叶齐茂、倪晓晖译，社会科学文献出版社2018年版，第274页。
[④] [法] 亨利·列斐伏尔：《日常生活批判（全3卷）》，叶齐茂、倪晓晖译，社会科学文献出版社2018年版，第90页。
[⑤] [匈] 阿格妮丝·赫勒：《日常生活》，衣俊卿译，重庆出版社1990年版，第3页。
[⑥] [匈] 阿格妮丝·赫勒：《日常生活》，衣俊卿译，重庆出版社1990年版，第3—4页。

产自身和社会的关键因素。赫勒将日常生活从抽象的生活世界中剥离出来，使得日常生活有可能进入具体研究，在不同学科的日常生活经验研究中，我们可以明显看到赫勒的社会再生产基础上的个体再生产对于关注生活及个体与社会互动的社会学、人类学、民俗学等学科具有实际指导意义。

2. 作为研究视角的日常生活

社会学、人类学、历史学等学科也较早关注日常生活研究。《日常生活的社会学》一文总结"舒茨（Alfred Schutz）将日常生活研究视角直接推进到社会学领域内部，加芬克尔（Harold Garfinkel）的常人方法学也主张回到日常生活的具体情境中去"①。从舒茨、加芬克尔等人开始，日常生活从哲学概念走入具体的社会学经验研究。在人类学领域，格尔茨（Clifford Geertz）的深描和地方性知识为揭示日常生活表象背后的深层文化逻辑提供了学术路径。②历史学的日常生活研究成果也颇丰，法国年鉴学派勒高夫认为"历史是一切人的历史，提出日常生活史的重要性"③，阿尔斯·吕特克撰写的《日常生活史》词条指出，"日常生活史这一概念指的是一种观点、维度、视角或方法，而不是一种独特的研究对象"④，德国史学界以日常生活史的底层视角揭示了一些以前被遮蔽的社会关系⑤，从马克斯·普朗克研究所走出了很多研究日常生活、日用技术的学者，如傅马瑞（Mareile Flitsch）对中国东北火炕的日常生活研究以及对女性日用技术的关注。以鲍辛格（Hermann Bausinger）为代表的图宾根大学经验文化学派更是将日常生活启蒙作为研究目标，"它从现象学的角度切入研究对象，把日常生活理解为可以被观察到的、活生生的过程，是生活世界的一部分，它看重田野采风，同时

---

① 郑震：《日常生活的社会学》，《人文杂志》2016年第5期。
② [美]克利福德·格尔茨：《文化的解释》，韩莉译，译林出版社2014年版。
③ 参见常建华《历史人类学应从日常生活史出发》，《青海民族研究》2013年第4期。
④ 参见常建华《历史人类学应从日常生活史出发》，《青海民族研究》2013年第4期。
⑤ [德]赫尔曼·鲍辛格：《技术世界中的民间文化》，户晓辉译，广西师范大学出版社2014年版，"总序"。

也注重事物间的历史性关联"①。日常生活从完整的人的现象到作为研究视角进入历史学、社会学、文化学、人类学等学科，对生活和人的讨论越来越具体，尤其明显的是底层民众进入研究视野，学术关怀在日常生活研究中得以明确强调。项飙也指出我们在书写底层民众的日常生活时，"应该让底层以多面立体的、群体性的历史主体的身份站出来。要让群众看到饱满的自己，我们需要直面他们的经验和忧虑，需要解释这些经验和忧虑从哪里来，需要亮出他们的坚韧、顽强、智慧和希望"②。日常生活研究朝着反思和理解的方向为我们总体认识社会、认识自身提供了通道。

3. 民俗学的日常生活转向

民俗学研究在经历了文本、语境范式之后提出日常生活转向。"20世纪90年代中期以前，超越民俗传承的具体时空、以民俗事象为中心的研究范式，一直是中国民俗学研究的主流范式。20世纪90年代中后期以来，中国民俗学者逐渐转向在语境中考察民俗"③，然而泛语境化现象的出现一定程度上限制了这一研究范式的解释力，在此学术背景下，民俗学的日常生活转向被提出，并成为当前学界讨论的热点。

中国民俗学的日常生活转向一定程度受国际民俗学研究的影响。"国际民俗学界转向日常生活研究是基于对民俗学的浪漫民族主义传统的反思，将民俗学的学科旨趣定位在确立普通人日常生活之意义与价值"④。以鲍辛格为代表的德国经验文化学派在民俗学的日常生活转向上产生重要影响。在思考从特殊历史时期走来的德国民俗学要走向何方的问题上，经验文化学派强调学者在研究的同时也要承担起社会责任，他们提出民俗学的日常生活启蒙，以期"让普通民众反思性地看待那

---

① ［德］赫尔曼·鲍辛格：《技术世界中的民间文化》，户晓辉译，广西师范大学出版社2014年版，"总序"。
② 项飙：《跨越边界的社区：北京"浙江村"的生活史》，生活·读书·新知三联书店2018年版，"序一"。
③ 刘晓春：《从"民俗"到"语境中的民俗"：中国民俗学研究的范式转换》，《民俗研究》2009年第2期。
④ 刘晓春：《探究日常生活的"民俗性"——后传承时代民俗学"日常生活"转向的一种路径》，《民俗研究》2019年第3期。

绪 论

些习以为常的内容，进而形成对日常生活的自觉。日常生活是通向解读社会结构、历史进程和个体物质与精神再生产的出发点，是理解肩负文化重任、置身社会转型之中的'具体的人'的关键所在"[1]。经验文化学派将日常生活视为边界并不清晰的分析范畴，认为这样反而能避免对日常生活的工具化使用，启发民众从当下社会现象出发反思那些习以为常的东西，重新发现之前被忽视的新现象、新形式背后的社会意义和文化意义，以及突出人的主体性和在实践中的主观能动性。

在国内，高丙中较早提出民俗生活的整体研究思路，他指出"民俗学不在理论上把研究对象把握成一个整体就不可能被认为具有完整的研究对象，也就不可能具有独立的学科地位"[2]，"以前我们看到民俗学有物质、精神、社会组织、信仰、节日等不同的研究内容，就觉得学科过于分散，实际上他们相互关联并共同构成了完整的生活世界"[3]，任何民俗事象都不会独立存在，它们相互影响、相互关联，统一于民众过日子的具体实践中，这是民俗学的日常生活研究不同于传统民俗事象研究之所在。对民俗学日常生活范式转向的讨论有助于提升学科对社会现象的整体解释力以及突出民众的主体性，但与此同时，民俗学日常生活研究还需继续深耕，究竟何为日常生活，日常生活研究范式如何操作化，这些都有待探讨。本书在使用日常生活概念时，首先，将其做一般化运用，即不带任何理论方法论色彩，其含义大致等同于生活方式、模式化的生活等。其次，本书将其作为强调整体性、主体性和当下性的研究视角，关注普通民众的日常生活意义，"日常生活更应该被视为理解和感受民俗生活的视角。日常生活是民俗的本质属性，也是民最本真的存在方式。因此我们不可避免要将日常生活纳入民俗学研究视野"[4]。日常生活研究视角贯穿本文，它使从技术切入的民俗学研究能突出技术群体和技术个体的主体性，能关联经济活动以外的其他生活内容，能对民众

---

[1] [德] 赫尔曼·鲍辛格：《技术世界中的民间文化》，户晓辉译，广西师范大学出版社2014年版，"总序"。
[2] 高丙中：《生活世界：民俗学的领域和学科位置》，《社会科学战线》1992年第3期。
[3] 高丙中：《生活世界：民俗学的领域和学科位置》，《社会科学战线》1992年第3期。
[4] 王立阳：《日常生活与作为视角的民俗》，《民俗研究》2018年第3期。

的生活实践和生活意义做出更切实深入的理解和阐释。

4. 民俗学的实践研究

本书以日常生活为研究视角，以寻找实践逻辑为可操作的研究路径。日常生活的本质是实践，在寻找民众的实践逻辑中理解他们的日常生活具有可行性。民俗学者在讨论日常生活转向的同时，也对实践概念形成诸多理解，户晓辉、吕微等人从康德的实践理性寻找民俗学的哲学基础①，从哲学的高度论证了民俗学日常生活实践研究的意义。哲学的实践理性可以成为指导思想，促使学者反思自身研究。王杰文指出"民俗学不是一门演绎科学，而是一门经验学科，不能把丰富多彩的民众日常生活还原成干巴巴的几条抽象的实践理性原则"②。刘铁梁也主张在经验意义上使用实践概念，提出"村落劳作模式转变"和"日常交流模式转变"两个概念，为民俗学的日常生活实践研究提供具体可操作的分析概念。③ 松香生产技术塑造相关民众的劳作模式与生活模式，表达民众的行动策略与生存智慧，影响其所在村落的社会结构，从技术切入的民俗学研究能很好地呈现民众日常生活的意义。

萧放、鞠熙在《实践民俗学：从理论到乡村研究》一文指出，"实践是一种可被观察、分析与抽象的行为与事件，实践不应该是先验的，而是永远在经验和对话中反省并调整自己，通过理解和参与行动来实现对话，并获取经验。只有在具体的现象中，才能发现事件之中各类因素在时间和空间中的联系，并描摹这些通过行动实践呈现出来的变动中的关系轨迹"。④ 基于具体现象的以关系为核心的实践观，实际上也是强调实践的经验研究与实践者的主体性。与此同时，作者还提出"知行合一"的实践观，为民俗学面向当下、走在田野，为民俗学者走出象

---

① 参见户晓辉《民俗学为什么需要先验逻辑》，《民俗研究》2017 年第 3 期；吕微《实践民俗学的提倡》，《民间文化论坛》2016 年第 1 期。
② 王杰文：《"实践民俗学"的"实践论"批评》，《民俗研究》2018 年第 3 期。
③ 该内容引自刘铁梁于 2019 年 4 月 12 日在北京师范大学人类学与民俗学系的题为"实践民俗学的几个要点"的讲座，文字由王惠云整理，经作者同意已在北师大民俗学公众号发布。
④ 萧放、鞠熙：《实践民俗学：从理论到乡村研究》，《民俗研究》2019 年第 1 期。

牙塔，承担起社会责任提供了新的学术路径。

民俗学实践研究不仅有自身学术传统，还受20世纪人类学、社会学的实践论转向的影响，在反思结构主义基础上，布迪厄、萨林斯、吉登斯等人提出，实践主体具有主观能动性，布迪厄反对列维-斯特劳斯的结构主义，身体力行地对卡比尔人的生活进行田野调查，提出了场域、惯习、资本等分析概念，认为行动主体有其自身实践逻辑。① "吉登斯的实践理论承认行动者在实践时具有反思他们行动和身份的主观能动性，他们能够主动意识到自己行动的意图并在此基础上进行行动。"②本书虽没有使用布迪厄等人的实践理论框架，但在具体分析时，始终强调从"松香客"的实践逻辑出发理解他们的日常生活和行动选择。无论是民俗学自身的实践传统，还是受布迪厄等人的实践观影响，实质都在强调经验性的实践研究，以及民众在实践中的主体能动性。日常生活的整体性使得将其作为研究内容不易展开具体操作，而日常生活的本质是实践，在寻找民众的实践逻辑中理解他们的日常生活更加可行。实践研究意味着让民众发声，借助学者的笔端，将他们的生活状态、所思所想以及生存智慧展示在台前。学者们从哲学高度肯定日常生活实践研究的意义，同时强调民俗学需要经验性实践研究，尤其需要在认识世界和改造世界的思想指导下实现民众实践与学者实践的结合。本书经验性地使用实践概念，一方面在"松香客"的日常生活中发现他们没有融入异地，选择返回家乡的实践逻辑。另一方面基于知行合一的实践理念，以学术研究为乡村治理提供理论支撑，将民众实践与学者实践统一起来。

(三) 外来人理论

"松香客"离开家乡在异地从事松香生产经营，他们作为外来人与流入地社区建立了怎样的关系，我们可以从他们的日常生活实践中寻找其作为"外来人"的生存之道。有关"外来人"理论，齐美尔指出，

---

① [法] 皮埃尔·布迪厄：《实践感》，蒋梓骅译，译林出版社2003年版。
② Simon Bronner, "Practice theory in folklore and folklife studies", *Folklore*, Vol. 123, No. 1 April 2012.

"外来人是潜在的漫游者,他以外来人身份来到新的土地上,不是今天来明天就走,他有可能在新地方长久停留且居住,但是他仍然拥有来去的自由。外来人一方面在空间距离上接近当地人,另一方面又因为带有原社区的文化属性而无法真正属于当地社区。这就构成了外来人的亲密感和距离感双重特性"[①]。外来人与当地人之间存在"支配与被支配、命令与顺从、竞争与合作、交换与模仿、冲突与妥协、分工隔离与联合接触、压迫与反抗等多样化的互动行为,形成了一种跨群体、跨地区、跨文化等双边交往事实"[②]。本书认为不是所有外来人都需要与当地建立广泛人际交往与亲密感才能实现异地生存,以"松香客"为例,其中生产群体是在与异地民众的较少互动中完成松香采脂与加工,获得经济收入。经营群体虽与流入地建立互惠关系但远没有达到亲密感的程度。

沿着齐美尔"外来人"概念,帕克提出"边缘人"概念。他在《人类的迁移与边缘人》摘要中提出,"(作为文化混血儿的移民)发现自己正努力生活在两个不同的文化群体中。其结果是产生一种不稳定的性格——一种具有特征性行为形式的性格类型,这就是边缘人"[③]。边缘人既不属于原来社区,也不为新的社区完全接受,因而在身份上处于模糊状态,在心理上有孤独焦虑的主观感受,这种边缘性有可能伴随他们一生。沿着帕克的边缘人概念,斯通奎斯特分析了那些使得边缘人无法忍受生活的因素,提出通过成为更大群体的成员,获得安全和信心。[④] 高德伯格指出,"个体如果从出生起就习惯两种文化的边缘生活,或者在他周围有许多和他具有共同边缘生活的人的话,在边缘共同体文化下,帕克所认为既不属于这里,也不属于那里的边缘人不会产生,他

---

① Georg Simmel, "The stranger", *The Baffler*, No. 30, 2016.
② 杨中举:《帕克的"边缘人"理论及其当代价值》,《山东师范大学学报》(人文社会科学版) 2019 年第 4 期。
③ Robert E. Park, "Human Migration and the Marginal Man", *American Journal of Sociology*, No. 6, May 1928.
④ Ralph M. Stogdill, "The Marginal Man: A Study in Personality and Culture Conflict by Everett V. Stonequist", *Educational Research Bulletin*, Vol. 18, No. 2, Feb 1939.

们依然能找到归属感"①。以竹源"松香客"为例，他们在异地呈现边缘化的生存状态，但其保有乡土认同，结成技术和行业组织，又有同乡关系支持，因而不成为边缘人。

萧成鹏认为，帕克的"边缘人"概念窄化了齐美尔的"外来人"概念，不是所有外来人都是边缘人，他通过研究芝加哥的中国洗衣工，提出"旅居者"（sojourner）的外来人亚类型，认为"旅居者固守本族群文化，通过自我孤立来避免被当地同化。旅居他地通常是为了工作（job），这一工作可以是宗教朝圣、商业贸易、经济冒险、军事行动、获得学位等，以经济冒险为例，他们在异地停留时间的长短取决于他们是否获得了满意的财富。他们不一定喜欢并乐于从事在异地的工作，这么做只是为了提高自己在家乡的社会地位。工作通常伴随着对地位、声誉等的渴求。他们希望尽快完成工作，返回他们来的地方以获取精神补给，但是他们对财富的渴求又使得他们不得不长期逗留在异地。基于共同的职业、文化等，他们通常与自己的同乡组成新的社区或者内部组织，这一社区或组织带有明显的隔离性。当他们发现旅居的时间比预期长时，他们等待机会返回家乡，然后再到异地工作，并与家乡保持着联系，如此循环往复。旅居者一旦选择定居在当地，他就成了边缘人。旅居者是与边缘人相对的一种外来人类型，他们的根本区别在于旅居者不存在文化认同难题，他们自始至终都固守对家乡地的文化认同"②。本书的"松香客"从一地流动到另一地，流动只是为了谋生，而非寻找定居地，这使得他们并不存在帕克所说的既不属于这里，也不属于那里的认同困境，而是类似于"旅居者"类型，尽管用旅居者一词形容"松香客"并不贴切，但他们的终点都指向来的地方，只有在家乡他们才成为完整的社会人。

在国内，费孝通的《乡土中国》较早提到"外来人"概念③，随着大流动时代到来，"外来人"成为重要的研究对象，外来人主要分为两

---

① 车效梅、李晶：《多维视野下的西方"边缘性"理论》，《史学理论研究》2014年第1期。
② Paul C. P. Siu, "The Sojourner", *American Journal of Sociology*, Vol. 58, No. 1, Jul 1952.
③ 费孝通：《乡土中国》，生活·读书·新知三联书店2013年版，第8页。

大群体，一类是跨国移民群体，另一类是国内跨区域流动群体。跨国界移民研究主要关注离散群体与移民地和流出地的互动，郝国强总结了离散群体的离散与回归、居住国的现实境遇、跨国网络三大研究主题①。由于明显的文化差异，离散群体很难完全融入移民地，他们通过结成新的社区或者构建集体记忆寻求认同感和归属感，比如在国外有华人社区。与此同时，他们通过向流出地捐赠获得社会地位提升，如《道义传统、社会地位补偿与文化馈赠——以广东五邑侨乡坎镇移民的跨国实践为例》一文指出，移民虽在流入地获得经济地位，但没有获得相应的身份地位和社会地位，因而他们通过捐赠希望从流出地家乡获得身份地位补偿。②而国内跨区域流动的"外来人"研究以农民工为主。通常认为农民工从农村流入城市，由于文化差异、户籍限制等因素，难以被城市接受，只能被迫返回家乡形成周期性流动模式。在二代农民工身上尤其存在文化认同困境，他们常常被贴上边缘人的标签。张杰认为应该把农民工放在外来人而非边缘人的框架下研究其身份认同转换机制，"这样就能够更好地从排斥—适应之外的视角来考察新生代农民工的社会属性，才能更好地摆脱'特殊性'和'社会问题'标签"③。本书也强调在日常生活实践中理解流动农民与流入地的关系，而不是给他们贴上被排斥及边缘人标签。国内还有一类同乡同业式流动，他们或以同乡关系在流入地结成新社区，如北京的浙江村。他们自成一体，形成集体外来人社区，在集体内部，他们能够找到身份认同；或实现生产要素在地集结，如福建孙村打金者即便流动在外，也依赖流出地的生产要素和亲缘地缘关系支持，向内认同比较明显④。竹源"松香客"同样以同乡同业形式展开流动，但他们既没有在流入地形成同乡聚合社区，也没有

---

① 郝国强：《"离散"研究的发展脉络及省思》，《广西民族大学学报》（哲学社会科学版）2017年第1期。

② 陈杰、黎相宜：《道义传统、社会地位补偿与文化馈赠——以广东五邑侨乡坎镇移民的跨国实践为例》，《开放时代》2014年第3期。

③ 张杰：《边缘人还是陌生人？新生代农民工的类型学讨论》，《理论月刊》2015年第2期。

④ 吴重庆：《"界外"：中国乡村"空心化"的反向运动》，《开放时代》2014年第1期。

绪　论

在流出地实现生产要素集结，而是利用同乡关系并建构异乡关系，在多个流入地开展生产经营，年底返回家乡寻求认同归属感。流动群体无论是对流出地认同，还是在流入地定居，都有其内在逻辑。

国内的边缘人研究中，"香港学者金耀基用'边际人'这一称谓定位那些生活在两种文化背景中的人"[①]。台湾学者乔健十分关注边缘人，对山西乐户、剃头匠、北京天桥艺人等边缘人群进行专门研究，并提出了"底边阶级"概念。"'底'是指社会地位低下，处于社会底层；'边'指边缘，即在士、农、工、商四民之外，一般是从事非生产性行业的群体。"[②] 近年来，华中村治研究将农村的边缘人如混混、钉子户、上访户等作为重要的研究方向，认为边缘人是指"不被乡村主流文化价值规范所认同、不为主流社会所接纳、游离于乡村主流社会且有着自身独特亚文化的群体"[③]，从这一定义来看，有将边缘人概念泛化使用的倾向。阿拉坦宝力格认为，"中国的边缘人研究大多借鉴外国学者观点，对于本国边缘人群理论的本土化并没有做具体分析。很多学者对边缘人概念界定不清，或对边缘人群界定过于片面，或把边缘人群与其他弱势群体相混淆，比如直接把农民工群体定义为边缘人群"[④]。这一观点实际上强调外来人、弱势群体以及非主流群体并非一定是边缘人。本书也认为不能混淆外来人和边缘人概念，强调要慎重使用边缘人一词。

外来人和边缘人是不能等同的两个概念，外来人拥有比边缘人更为广泛的内涵，外来人不一定是边缘人，但可以有边缘性，或者当他们保持着外来人身份在流入地展开行动时，他们始终处于流入地社会结构的边缘位置。区分外来人是否为边缘人的依据即是否存在文化认同难题。本书将"松香客"纳入外来人研究框架下阐释他们在流入地的行动选

---

① 杨中举：《帕克的"边缘人"理论及其当代价值》，《山东师范大学学报》（人文社会科学版）2019 年第 4 期。

② 乔健编著：《底边阶级与边缘社会：传统与现代》，立绪文化事业有限公司 2007 年版，第 15 页。

③ 田先红、高万芹：《发现边缘人——近年来华中村治研究的转向与拓展》，《华中科技大学学报》（社会科学版）2013 年第 5 期。

④ 阿拉坦宝力格、贾爽：《论"边缘人群"》，《财经理论研究》2015 年第 6 期。

择与实践逻辑，呈现他们的日常生活意义。无论从技术切入的民俗生活整体研究，还是在外来人框架下讨论"松香客"的异地实践，都强调日常生活实践研究视角。

四 研究方法和资料来源

本书运用文献研究法。松香生产技术有着较为丰富的历史文献记载，有必要利用文献法对其发展历程做梳理，以弥补此方面的研究不足。历史文献资料主要来自北京师范大学图书馆的古籍图书、松阳县文史办的地方志以及古籍数据库。在使用历史文献资料时，一方面注意对内容的考证，结合后人注疏和田野调查对其进行理解。另一方面尽可能罗列出所能找到的相关文献，以便对该技术形成比较全面的认识。

本书主要使用田野调查法。因历史文献对松香的记载有限，尤其本书要研究技术主体在不同时期的日常生活与实践逻辑就必须深入田野，以第一手资料补充历史文献记载的不足，通过访谈、参与观察，了解他们的劳作和生活模式，把握技术中的细微知识、身体经验等。本书资料分 2018 年 1 月、2018 年 8 月、2019 年 2 月和 2020 年 2 月四次获得。第一次田野调研由朱霞教授带领，调研得到了竹源乡原副乡长许蔚虹等人的大力帮助，2018 年 1 月 16 日至 2 月 5 日期间，在松阳县竹源乡访谈了松香经营者、采脂工人、加工工人等约 35 人，获得松香生产技术、松香生产群体日常生活、松香行业经营等方面口述资料的录音大约 50 小时，图片千余张，此外还有族谱、松香档案、地方志等文献资料。第二次田野调研从 2018 年 8 月 7 日至 22 日，在竹源松香商人贺法甫、吴敬更和小竹溪村松香工人郑丽华、吴化新的帮助下，去到他们经营与劳作的江西浮梁县和福建霞浦县进行实地调研，并在与郑丽华生产团队同吃同住中，体验和观察了他们的日常生活。在贺法甫和吴敬更的蒸汽法和滴水法加工厂参与观察了不同类型的松香加工技术和松香加工工人的日常生活。此次调研访谈采脂包工头、采脂小工、加工工人、片长、工厂管理人员、松香老板等约 11 人，录音大约 25 小时，图片 500 余张，与松香有关的档案 10 余份。第三次田野调研从 2019 年 2 月 10 日至 19

日，对村落个案点小竹溪的自然地理、人口经济、节日习俗、民间信仰、基层自治、村落建设等进行全面调研。此次调研访谈村民、村干部等16余人，录音大约30小时，图片500余张。第四次调研受到疫情影响，以电话形式访谈浮梁县林业局、林场、护林员以及霞浦县农户4人，获得录音大约2小时。本书的田野访谈人全部使用音译化名。

在田野调查中，本书注意搜集口述、图片以外的资料，如实物、地图、档案、政府文件、家谱等。对同一问题通过访谈不同对象尽可能确切地勾勒其当时的面貌。受民俗学日常生活转向影响，本书对"松香客"的主体性尤为强调，既关注集体性现象，也关注个体性经验与表达，一定程度上也使用了口述史的研究方法。"田野调查让我们把历史文献的文字资料放在社会环境里观察，帮助我们与文字文献保持距离；文字文献提供给我们一定的依据、思路进行田野调查，又帮助我们与被访谈人的谈话保持距离。我们坚持批评性地使用这两者资料"[1]，这很好地解释了历史文献与田野调查资料的使用原则。本书题目属于跨学科交叉研究，涉及民俗学、自然科学技术、技术社会学等多学科，因此对技术的主体性、文化性、社会性以及技术流程等都较为关注，在研究不同时期生产技术流程及生产经验、生产观念时使用了比较法。

五　重要学术概念界定

松香客："松香客"是地方用语。20世纪六七十年代，一些竹源乡民每年流动到外地采脂，他们在山上居住10个月左右，与流入地民众少有互动，待年底结束劳作便返回家乡，成为远近闻名的松香客，竹源乡民提到在外生存状态时也使用这一称呼。20世纪80年代以来，竹源乡民在异地开办松香厂，虽以互惠方式与流入地某些利益主体建构维系关系，但与当地民众仍少有日常往来，"客"的状态没有发生变化。在家乡，他们从松香客成为松香人，集体性以松为生使"客"的身份发生翻转。而且，"松香客"内部出现生产群体和经营群体分层，各自内

---

[1] 董晓萍、[法] 蓝克利：《不灌而治——山西四社五村水利文献与民俗》，中华书局2003年版，第7页。

部又有分工和层级差异，这些因素使得本书在具体分析时，依语境会有松香客、生产群体、经营群体、采脂群体、加工群体等诸多不同表述。"松香客"从家乡流动到松树资源集中的农村乡镇开展松香生产经营，同样属于流动农民，但"流动农民逐渐失去乡土认同，又被流入地排斥无法融入其中"的观点不符合他们的实际情况，一方面他们没有融入异地的原因并非被排斥，而基本是松香生产技术和松香行业的诸多特性建构的结果；另一方面他们在高度流动中反而强化了乡土认同。

异地边缘化：异地边缘化是本书针对"松香客"在外谋生的总体生存状态提出的概念。边缘化并非被流入地排斥，而是技术和行业建构的结果。松香生产群体的异地边缘化表现为技术身份底层化、技术实施中的劳作和生活异化，异地边缘化使其不能融入其中。松香经营群体的异地边缘化即竹源松香行业的诸多特点建构他们的异地边缘位置，与异地的工具性关系具有低情感和易断裂特点，松香经营群体不愿也不能融入异地。同乡分散经营逻辑使他们甚至不能在异地结成同乡聚合社区；行业的低端性和非正规化特点使其经济地位与社会地位不一致，流入地又无法为其提供充分的社会地位补偿。技术和行业建构异地边缘化，使"松香客"在流入地保持外来人身份，待年底结束劳作经营便主动返回家乡。

乡土认同：对流动群体而言，乡土认同的范围可大可小，国外华人的乡土认同范围可以扩大到民族国家，国内流动群体的乡土认同范围可缩小到村落。乡土认同兼有情感和行动，有些群体会以情感、捐赠方式与乡土保持纽带，但不一定会返回家乡生活。有些群体如"松香客"在情感上与乡土连接，在行动上主动返回家乡生活并寻找认同归属感。

县域乡土共同体：本书在村落共同体基础上提出县域乡土共同体的概念，一方面因为竹源地区"松香客"的同乡同业实践已经使得包括县域在内的乡土共同体得以实现，另一方面村落内生经济资源匮乏，使得竹源乡民需要依托更大范围的乡土共同体实现生产和生活互助。村落共同体之上的县域乡土共同体，对于竹源乡民生计和生活具有现实意义。

绪 论

空心村：当前多以常住人口数、房屋闲置率等指标定义空心村。本书认为应从农民主体和社会文化意义角度定义空心村。如果乡土社会资源能被激活整合，乡情人情纽带不断，乡村仍是认同归属感的源泉，此种情况下，即便人口常年高度流动，平日里多为老人小孩留守也不成为空心村，我们不能只看到"空"的表象，而忽视"心"即认同的维系与激活。大流动时代弥漫的乡土社会解体论，实际上并没有反映中国乡村的多样化面貌。

同乡同业：现有同乡同业定义只是强调同乡关系在同业竞争中的重要性。农民流动到外地进行生产销售，依托同乡关系降低成本，在同业竞争中产生优势，但有些生产要素的获得与生产交易的顺利实现还依赖非同乡关系建构以及实现产业链相关主体利益共享，同乡同业的定义需要拓展，同乡关系和非同乡关系在其运行中发挥同等重要的作用。

六 技术、行业、地方术语

松脂、松香、松节油：松脂是松树表皮刮破后流出的天然脂液，流出时呈淡黄色透明液体，凝固后呈乳白色膏状，需在有水的收集装置中存放。松脂在密闭锅炉内经高温加热，产生的蒸汽冷却后变为松节油，剩余物质即为松香。松香和松节油是重要的化工原料。

马尾松和湿地松：中国是脂松香生产大国，即人工采割松树获取松脂，高温蒸煮松脂产出松香。20世纪90年代之前，中国脂松香主要来自天然马尾松，俗称本地松，该树种多分布于深山中，采割难度较大。20世纪90年代后，中国引进美国湿地松，专门用于采脂，江西是湿地松种植大省。湿地松和马尾松的松脂在化学成分上有区别。

上升法和下降法：获取松脂有两种方法。一种是老法即上升式采脂法，人站在树背面，利用钩刀，从松树根部提拉采脂，技术操作难度较大，松脂产量较低。另一种是20世纪60年代开始，为提高松脂产量，国家推行下降式新法采脂，即利用松阳三角刀从松树中部开割，一直割到松树根部，再从中部往上割。20世纪90年代以来，广西推刀又得到广泛应用，技术革新使采脂操作难度降低，松树利用率

23

更高。

滴水法和蒸汽法：松脂经高温加工产生松香和松节油。加工方法在古代主要是大锅蒸煮，由于没有密闭的收集装置，松节油被挥发掉。近现代以来，滴水法技术出现，将松脂装入密闭锅炉后烧火加温，当温度达到一定要求后，开始往锅炉里滴水以使其产生更多蒸汽，蒸汽经过被冷水浸泡的盘旋管道后，以液体形式流出，通过水油分离，产生松节油。蒸汽法设备在2010年前后逐步得到推广，相较滴水法，该设备增加澄清和过滤环节，实现火与松脂的隔离，提高生产安全性以及产品质量。

放松香和松香饭：割破松树表皮流出松脂类似于放血，松阳地方用语为放松香。尽管松脂、松香在今天指代不同物质，但农民常常用松香、松油指代松脂。放松香的人在山上劳作，他们早上出门后到下午才返回居住区，中午饭基本是早上带出去在山上解决。为防止食物变质，以及延长食物充饥时间，他们将米饭做得很硬，这种饭俗称松香饭。

采脂许可：分田到户后，松树所有权归属国有林场、集体林场和农户等不同林权主体。企业或个体与林权单位有采脂合作意向后，需向县级林业部门申请采脂许可，林业部门在松树达到采割要求的情况下对其进行采脂作业设计，并按照国家采脂规程与林权单位一同监督采脂。对违反采脂规程者交由执法大队处罚。

片长和包工头：规模较大的松香厂一般有专人分片管理采脂，这些人即片长，他们通常是工厂老板的亲戚朋友，熟知采脂内部知识，能够协助老板处理采脂过程中的矛盾纠纷，确保采脂生产顺利进行。采脂工人可分为包工头和小工，包工头从松香厂承包松树资源，雇佣小工采脂，通过从小工产量中抽成获取收益。

第一章　竹源地区"松香客"群体的生成

　　竹源地区"松香客"群体的生成①，是本书一切讨论的前提，集体性流动谋生现象能够深刻影响民众的生活模式及其所属村落的社会结构。文献和考古资料表明，该地民众很早就掌握松香生产技术，懂得将松香用于生产生活。但历史上是否形成群体性流动现象不得而知。民国时期，掌握松香生产技术的乡民在本地或流动到附近新昌、遂昌等地"放松香"②，从相关文献与田野资料来看，这一时期松香社会需求量不大，竹源地区集体性松香从业现象不易形成。中华人民共和国成立后，国家大力发展工业，对基础化工原料松香的社会需求量加大，这为掌握松香生产技术的竹源乡民提供从业机会，竹源地区人均耕地资源不足、林业经济效益低下的现实生存困境，使乡民有较强的松香从业意愿。他们因国家政策允许，流动到江西、福建等地，以松香生产技术支援国家工业发展，成为远近闻名的"松香客"。改革开放后竹源乡六千多人口中，有四千多人流动到江西、福建、云南等地从事松香生产经营，他们以亲缘、地缘关系为纽带，从链式流动发展到集体性流动，大规模"松香客"群体生成。松香生产经营成为乡民主业，影响乡民的流动实践，塑造竹源地区的社会结构。

---

　　① 竹源地区的"松香客"群体指的是竹源乡民流动到异地从事松香生产经营，"客"是相对于流入地而言。

　　② 松阳用语，意为采脂，割破松树表皮流出松脂，类似放血。

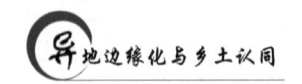

第一节 生计困境下的流动谋生

竹源"松香客"群体的生成涉及三个问题：一是为何要流动谋生；二是为何要以松香为业；三是如何形成群体性流动现象。本节从人地矛盾和林地资源经济效益低下两个方面，对竹源地区生计困境下的流动谋生进行说明。费孝通在《乡土中国》中提出农民具有安土重迁的乡土性，土地是农民赖以为生的重要物质资源，土地的不可移动性使得农民的流动程度较低。[①] 然而，中国农村自然地理环境不一，不是所有农民都能完全依赖所在地的土地过活，一些地区有限的耕地资源根本不足以养活逐渐增长的人口，耕地资源之外又缺乏其他生计资源的现实生存困境逼迫农民向外寻求谋生出路。

一 人口与耕地之间的矛盾

耕地是农民的重要生计资源，对于山区民众而言，有限的耕地资源难以养活逐渐增长的人口，人地矛盾推动竹源乡民向外流动谋生。竹源乡隶属于浙江省西南部丽水市松阳县，松阳县土地总面积1406平方千米，其中山地占76%，耕地仅有8%，其余为水域及其他，有"八山一水一分田"之说。据《松阳县志》统计，1949年松阳县农业人口人均耕地1.73亩。1960年，农业人口人均耕地面积缩减为1.69亩。到1992年，农业人口人均耕地减少为0.82亩。[②] 人均耕地面积减少不仅因人口增加，还因自然灾害频发。松阳地区自古多旱涝灾害，从万历二十六年（1598）到20世纪90年代的400年间，松阳县志记载了较大的旱涝事件有50余起，如"康熙二十五年（1686），闰四月，大雨4昼夜，赤塔房屋俱漂，南门内水满7尺，舟行城市，傍河屋舍俱漂，淹死人口无数，冲毁四乡田地30余顷。道光元年（1821），大旱，饿殍甚众，谣云：'嘉庆生道光，米缸个个空'。民国二十三年（1934），夏秋大旱，数月未雨，田地龟裂，有'甲戌年间断水流'之

[①] 费孝通：《乡土中国》，生活·读书·新知三联书店2013年版，第1—8页。
[②] 松阳县志编纂委员会编：《松阳县志》，浙江人民出版社1996年版，第95—96页。

第一章 竹源地区"松香客"群体的生成

说。1953年6月,暴雨成灾,8月上旬久晴不雨,受旱稻田万余亩。1989年连续四次暴雨成灾,受灾农田54500余亩"①。松阳县本就耕地资源有限,加之自然灾害频发,人均耕地面积不断缩减。人均耕地资源不足在松阳竹源地区更为普遍。

竹源乡是靠近县城的山区乡镇②,总面积57平方千米,地势西高东低,千米以上山峰连绵西南边境,下辖小竹溪、横岗、大岭头、潘坑、呈田、可重旺、后畲、黄上、黄下、周岭根、燕庄11个行政村,各行政村又含多个自然村,以松为生不是某个村的独有现象,而是普遍存在于整个竹源地区。竹源乡民流动谋生与当地耕地资源不足直接相关。从11个行政村的具体数据来看③,小竹溪村总人口1159人,耕地总面积571亩,人均耕地0.49亩。横岗村紧邻小竹溪村,总人口867人,耕地面积414亩,人均耕地0.47亩。呈田村总人口313人,总耕地161亩,人均耕地面积0.51亩。潘坑村总人口580人,总耕地277亩,人均耕地0.47亩。可重旺村总人口422人,总耕地149亩,人均耕地0.35亩④。大岭头村总人口722人,总耕地443亩,人均耕地0.61亩。燕庄村总人口457人,总耕地157亩,人均耕地0.34亩。黄上村总人口627人,总耕地251亩,人均耕地0.4亩。黄下村总人口630人,总耕地216亩,人均耕地0.34亩。后畲村总人口778人,总耕地455亩,

---

① 松阳县志编纂委员会编:《松阳县志》,浙江人民出版社1996年版,"大事记5—31"。
② 20世纪80年代以来,竹源乡下辖小竹溪、横岗、大岭头、潘坑、呈田、可重旺、后畲、黄上、黄下、周岭根、燕庄11个行政村。在此之前,竹源乡的区域划分变动频繁,甚至竹源乡这一名称也是1952年才出现。明清时实行乡里制,明成化二十二年(1486),松阳县置六乡,其中九芝乡管5里3都,现在竹源乡所辖区在成化年间大多属九芝乡。民国时11个行政村基本归属于竹溪镇、归正乡、化南乡。1952年,设置竹源乡,小竹溪村是其乡址所在地,1996年竹源乡政府所在地搬迁至小竹溪村创古基。11个行政村虽是20世纪80年代才同属竹源乡,但村落本身都有很长历史,宗族谱系清晰,村落文化具有相似性,并且同属山区,耕地资源相对不足,集体经济薄弱,农民兼业谋生较为常见,尤其是分田到户以后村民大规模外出采脂与经营松香厂,使得乡民日常生活方式和村落社会结构具有相似性。竹源不是一个纯粹的行政区划概念,而是具有社会文化意义。
③ 人口与耕地、林地数据为2016年统计数据,由竹源乡政府2018年1月提供。
④ 松阳县档案馆收录的"1983年6月4日松阳县林业致富典型汇报"提到,竹源公社的可重旺大队人均耕地0.46亩,相比2016年人均耕地0.35亩的数据,既表明耕地不足这一事实,也表明人地矛盾越来越突出。

人均耕地 0.58 亩。周岭根总人口 327 人，总耕地 127 亩，人均耕地 0.38 亩。从以上详细数据可知竹源乡 11 个村人均耕地面积严重不足。尽管本书使用的人口与耕地数据截至 2016 年，但基本能反映竹源地区耕地面积有限这一事实。加之，20 世纪 80 年代以前，粮食亩产量相对较低，更加限制乡民以耕地为生。小竹溪村民潘安相回忆，"70 年代集体的时候粮食不够吃，粮食很困难，平均亩产不到 600 斤，一年只有半年粮食，口粮没有东西吃，他们就出去放松香，外面解决口粮"①。人均耕地面积不足、耕地产量不高、多山的自然地理环境限制耕地再造等因素，使得竹源乡民逐渐地不能依赖耕地维持生计。

二　林地资源经济效益低下

竹源地区人均耕地面积有限，但人均林地面积相对较大。大岭头村林地 2612 亩，人均林地 3.6 亩。横岗村林地 5813 亩，人均林地 6.7 亩。小竹溪村林地 9820 亩，人均林地 8.47 亩。黄下村林地 5654 亩，人均林地 8.9 亩。黄上村林地 6002 亩，人均林地 9.57 亩。燕庄村林地 4470 亩，人均林地 9.78 亩。呈田村林地 3424 亩，人均林地 10.9 亩。可重旺村林地 5158 亩，人均林地 12.2 亩。后畲村林地 11373 亩，人均林地 14.6 亩。周岭根村林地 5600 亩，人均林地 17 亩。潘坑村林地 15250 亩，人均林地 26.29 亩。②从以上详细数据可知竹源乡 11 个村人均林地面积远远超过人均耕地面积。林业资源相对缓解乡民因耕地资源不足造成的生计困境，据乡民回忆，"以前旧社会重视发展毛竹林，冬笋什么的都很贵，林地也是收入的重要来源"③。随着人口不断增长、林业用地政策变革以及林地经济效益下降，林业资源补充乡民生计的作用越来越弱，据乡民讲"毛竹山没有用了，冬笋价格也卖不起来。山林除了毛竹还有松树、杉树、油茶树等，但基本没有什么收入，山林资

---

①　内容由小竹溪村民潘安相口述，时间：2019 年 2 月 17 日，地点：小竹溪家中，访谈人：王惠云。
②　以上数据截至 2016 年，由竹源乡原副乡长许蔚虹于 2018 年 1 月提供。
③　内容由小竹溪村民潘安相口述，时间：2019 年 2 月 17 日，地点：小竹溪家中，访谈人：王惠云。

源的利用率很低。这些种类的树到处都有，没有什么开发价值"①。竹源各村的林业资源以毛竹林为主，但毛竹价格便宜到甚至不能抵付人工砍伐、运输毛竹的费用，难以发挥经济效益。除毛竹林外，还有杉木、野生茶树、松树等。国家限制木材砍伐使得靠贩卖木材获得经济收益并不可行。野生茶树有限，乡民采茶多自家饮用、招待客人或馈赠亲朋，基本不产生经济效益。松树资源因老化、大炼钢铁砍伐等因素所剩不多。凡此种种表明20世纪50年代以来，竹源乡民逐渐不再能依赖林业资源解决耕地不足的生存困境。耕地、林地外，当地几乎没有矿产等其他生计资源，外出谋生成为竹源乡民的必然选择。

自然资源不足带来的生存困境深深地刻在竹源乡民记忆里。20世纪五六十年代，竹源有不少人逃荒到江西等地以讨饭为生。70年代，以工分定粮食份额，通常一对夫妻要养育三到四个孩子以及两个老人，生活困窘可见一斑。据1966年出生的小竹溪村民潘青忠回忆，"人们都是吃干菜，茶杯里面放猪油要吃好几个月，有些人一个茶杯的油要吃一年。肉一个月能吃到一点点就算好的。我们最困难的时候就吃盐巴，盐巴放在锅里炒黄了，米汤倒上去就这样子当菜吃"②。和潘青忠差不多年纪的郑丽华从江西嫁到小竹溪村，她提到，"和我差不多年纪的浙江人说他们饿过肚子吃过米糠，我记事起没有过，几岁我就有毛衣穿了，我是感觉没有那么苦过。浙江土地少，人又多。我记得我家里的粮食是吃不完的，我懂事起没有饿过肚子，白糖一把一把抓在手上吃，米用来泡一下，然后放在锅里炒，焦黄焦黄的和白糖芝麻搅起来吃"③。同一时代出生在江西和浙江两地的人，对物质生活的记忆截然不同，也鲜明地反映出竹源乡民生活的真实困境。内生资源不足使竹源乡民必须依靠外力解决生计难题，这是竹源"松香客"群体生成的基本前提。

---

① 内容由小竹溪村民潘安相口述，时间：2019年2月17日，地点：小竹溪家中，访谈人：王惠云。

② 内容由小竹溪村民潘青忠口述，时间：2019年2月12日，地点：小竹溪家中，访谈人：王惠云。

③ 内容由小竹溪村民郑丽华口述，时间：2018年8月10日，地点：江西浮梁县寿安镇出租屋中，访谈人：王惠云、胡雪琪。

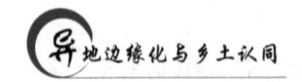

第二节　采脂兼业为生的传统

生计困境使竹源乡民需向外寻求谋生出路，20世纪50年代起，他们逐渐形成以松为生的生计模式。据统计，"2010年左右，竹源乡6672人口中，流至县外从事松香行业有4952人，占全乡人口的74.23%"[1]，松香已成为竹源乡民的主要收入来源。松香是传统生计资源以及竹源地区有较长时间的采脂兼业传统，为竹源乡民选择以松为生提供了可能。

一　松香的应用历史概述

松香是中国民众的传统生计资源，有关松香应用历史可以追溯到先秦。从历史文献记载来看，我们大致可知古人利用松香燃点低、密封性好、黏合度高等特点，将其用于医药、军事、染料、制墨、造船、印刷、制蜡、铸钱等领域。[2]

（一）医药方面

松香较早被用于医药领域。《神农本草经》中有专门的松脂条记载"松脂味苦温，主疽恶创，头疡白秃，疥搔风气，安五藏，除热。久服，轻身不老，延年，一名松膏，一名松肪，生山谷，名医曰，生太山，六月采"[3]。现存古代中医文献几乎都有记载松脂，对其药性和主治病症的认识大致相同。

（二）制墨方面

宋应星《天工开物·墨》记载，"其余寻常用墨，则先将松树流去胶香，然后伐木。凡松香有一毛未净尽，其烟造墨，终有滓结不解之

---

[1] 浙江省人口和计划生育委员会编：《人口科学发展新论：低生育水平下的人口计划生育研究》，浙江大学出版社2010年版，第243页。
[2] 朱霞、王惠云：《松香生产技术的传承变迁及其社会支持系统》，《自然辩证法通讯》2019年第12期。
[3] （清）黄奭辑：《神农本草经》，中医古籍出版社1982年版，第52页。

病。凡松树流去香，木根凿一小孔，炷灯缓炙，则通身膏液，就暖倾流而出也"①。凿孔取脂是古代常用法，近代以来浙江遂昌等地仍沿用此法。潘吉星在《中国科学技术史·造纸与印刷卷》中，对此段文献的解释为："松脂从小洞流出，点燃后，整个树干内松脂因受热都流出。按松香为黄色晶体，在窑内不完全燃烧后可以转变成炭黑，不一定要事先除去。"② 松烟制墨，在《墨经》和《墨谱》中有更为详细的记载，如《墨法集要·浸油》提到"古法惟用松烧烟，近代始用桐油麻子油烧烟……以上诸油俱可以烧烟制墨"③。清代康熙年间《本草品汇精要》记载，"松香取烟与松油同理""谨按烧松油之法……取油于瓷盏，以布作捻然于，其以铜铁锅腔为之上，覆锅釜之类，湿纸固封其缝，或以砖坯砌之其内，务令泥镘光净，使烟不耗而易扫，上覆瓷缶之器，亦得一法，用明净松香贮铁器上，就以木片点入前，候圭烟尽发覆器，扫出制墨"④。此处不仅记载如何扫烟制墨，还记载如何提取松节油。在如何使得"烟不耗"上，采取了"覆锅釜之类，湿纸固封其缝，或以砖坯砌之其内"等措施，制墨技术比宋代有很大提升。

(三) 铸币方面

用松香等物来熏模，实际上和松烟墨原理类似，都是松香燃烧变成炭黑。《天工开物·制钱》记载，"凡铸钱模以木四条为空匡（木长一尺二寸，阔一寸二分）。土炭末筛令极细，填实匡中，微洒杉木炭灰或柳木炭灰于其面上，或熏模则用松香与清油，然后以母钱百文（用锡雕成），或字或背布置其上"⑤。《大明会典·铸钱》中也记载"万历中则例，金背钱一万文合用……松香二斤一十三两六钱二分四毫四丝，铸匠工食三两六钱五分"⑥。

---

① （明）宋应星：《天工开物》，钟广言注释，中华书局1978年版，第416页。
② 潘吉星：《中国科学技术史·造纸与印刷卷》，科学出版社1998年版，第314页。
③ 郭正谊主编：《中国科学技术典籍通汇·化学卷》，河南教育出版社1993年版，第1083页。
④ 《本草品汇精要》（康熙四十年彩绘本）卷18木部中品之上"木之木·墨〔无毒〕"。
⑤ （明）宋应星：《天工开物》，钟广言注释，中华书局1978年版，第226页。
⑥ 《大明会典》（明万历刻本）卷194"工部十四·窑冶·铸钱"。

（四）印刷方面

宋代沈括《梦溪笔谈·技艺》记载松脂作为印版黏合剂，黏合是松脂的自然特性。"庆历中，有布衣毕升又为活版，其法，用胶泥刻字，薄如钱唇，每字为一印，火烧令坚。先设一铁板，其上以松脂、蜡和纸灰之类冒之，欲印则以一铁范置铁板上，乃密布字印，满铁范为一板，持就火炀之，药稍熔，则以一平板按其面，则字平如砥。"[1] 用火熔化松脂、蜡和纸灰的混合物就是胶泥。现在的印刷行业仍离不开松香。

（五）造船方面

对外贸易、海上作战以及海外探险使得造船业得到较快发展，松香因防水防潮被应用于造船领域。《福建省外海战船则例》（清刻本）卷1《福建省外海战船做法（一）》记载"松香捌两〔每斤银贰分〕，计银壹分"[2]。

（六）染料方面

《天工开物·造瓦篇》中记载从窑中取出瓦片后，用松香、蒲草赭石等将瓦片染成黄色[3]，《天工开物·罂甏篇》中还有用松香与无名异为龙凤器上色的记载，无名异是釉下高温青花颜料，"每灰二碗，参以红土泥水一碗，搅令极匀，蘸涂坯上，烧出自成光色。北方未详用何物，苏州黄罐，油亦别有料。惟上用龙凤器，则仍用松香与无名异也"[4]。据现代研究认为，松香具有固色功能，此处或作媒染剂使用。

（七）火药方面

《天工开物·火药料》记载："打仗采用的火攻，有毒火、神火、法火、烂火、喷火等名目。毒火以白砒、卤砂为主，再同金汁、银锈、人粪混和制配……劫营火则用桐油、松香……"[5] 松香有防潮、易燃特

---

[1] （宋）沈括：《梦溪笔谈》，上海书店1934年版，第308页。
[2] （清）《福建省外海战船则例》（清刻本）卷1"福建省外海战船做法（一）"70。
[3] （明）宋应星：《天工开物》，钟广言注释，中华书局1978年版，第188页。
[4] （明）宋应星：《天工开物》，钟广言注释，中华书局1978年版，第191页。
[5] （明）宋应星：《天工开物》，钟广言注释，中华书局1978年版，第396页。

点,其作为火药料,实际上在北宋官修军事著作《武经总要》中已有较为详细的记载,其火炮火药方中写道,"……清油一分,桐油半两,松脂一十四两,浓油一分"①,其中松脂比重较大。

松香不仅用于多个行业领域,还需上贡和缴税,《续文献通考》(明万历刻本)卷36"国用考·皇明"记载墨煤一百斤,锡箔二百贴,银箔一百贴,无名异一千三百斤……松香一百斤……②明清正史多次提到蠲免松香税收,如《大明会典》(明万历刻本)卷35"户部二十二·课程四·商税"记载"土粉、土硝、碱、松香、墨煤……各府及各布政司除额办军需外,其余拖欠……芦苇、蒲草、麦稳、稻皮、松香、沙叶、白通等项,自弘治五年十二月以前,小民拖欠未征者,悉与蠲免"③。《宋会要辑稿·职官四四·市舶司》还记载松香可用于商业贸易④,市舶司是各海港设立的管理海上对外贸易的官府。

松香参与到社会经济系统成为传统生计资源,同时也塑造民众的生活文化。松香因能延年益寿,被道家用于炼丹、养生、追求长生,东晋葛洪《抱朴子·内篇·仙药》记载一则服用松脂延年益寿的故事,"余又闻上党有赵瞿者,病癞历年,众治之不愈,垂死……于是仙人以一囊药赐之,教其服法。瞿服之百许日,疮都愈,颜色丰悦,肌肤玉泽。仙人告之曰,此是松脂耳,此山中更多此物,汝炼之服,可以长生不死……于时闻瞿服松脂如此,于是竞服"⑤。《敦煌巫术与巫术流变》一书还记载,"道家将松脂看成有魔力的仙药,这种仙药炼制时必须采取巫术法则。明代《四圣不老丹》云,妇人产后腹痛,需服用松脂等药物制成的药丸,但药丸合成需则吉日,勿令妇人、鸡犬见之,所以此处用松脂制成的仙药其实是巫药"⑥。由此表明松香具有自然、经济、文

---

① (宋)曾公亮:《武经总要》,载郑振铎编《中国古代版画丛刊》(一),上海古籍出版社1988年版,第677页。
② 《续文献通考》(明万历刻本)卷36"国用考·皇明"。
③ 《明孝宗敬皇帝实录》(红格钞本)卷145。
④ (清)徐松辑录:《宋会要辑稿·职官四四之二三·市舶司》(民国25年影印)。
⑤ (晋)葛洪:《抱朴子内篇》,北京燕山出版社1995年版,第170—171页。
⑥ 高国藩:《敦煌巫术与巫术流变》,河海大学出版社1993年版,第177页。

化和社会等多重属性。

历史上，松香在生产、生活领域的诸多用途，使其成为传统生计资源，有关松香生产与应用的知识代代传承。近代以来，社会对松香的需求不断加大，这一传统生计资源在人们的生产、生活领域发挥越来越重要的作用，也为更多民众以松为生提供机会。

二 竹源地区的松香生产史

中国民众认识和应用松香的历史悠久，松阳地区也不例外。从松阳地名大致可推测此地松树资源丰富。"《吴录》云：松阳，作松杨，以地多二木也。《吴地志》云：县东南临大溪有松树，大八十一围，腹中空，可容三十人坐，故取此为名。《旧唐书》记载后汉，分章安之南乡置松阳县，县东南大阳及松树名。"① 松阳海拔500米以下低山丘陵以马尾松林和马尾松、常绿阔叶树混交林为主。海拔500—800米低山区，大面积山坡是杉木林或马尾松、阔叶混交林，山顶为松林或胡枝子等。海拔800—1400米山地，近山脊或阳坡以黄山松、阔叶树混交林为主。马尾松林主要在松古盆地及松阴溪两岸山坡最为普遍。② 凡此种种表明，此地历史上松树资源较丰富，这为该地民众较早积累松树知识和掌握采脂技术提供佐证。1979年，松阳水南横山村出土南宋庆元年间古墓，墓主人是宋代程大雅，顺治《松阳县志》记载"程大雅，字正之，家素尚义，遇歉常捐廪以惠乡邻，积雪起视乡邻不火者，密以米置之门，雅古籍二部，助田三十亩以资都……其人以荒山一区为报，大雅收以葬亲，即今五龙拾珠地也，后子孙名登显要，人以为阴隙所致"③。"在程大雅墓中出土约125千克松香块，经遂昌林化厂检验科化验，其色泽、纯度和折光率均佳。"④ 明成化年间《处州府志》记载松阳岁贡

---

① 松阳县志编纂委员会编：《松阳县志》，浙江人民出版社1996年版，第2页。
② 松阳县志编纂委员会编：《松阳县志》，浙江人民出版社1996年版，第59页。
③ （清）佟庆年修、胡世定纂：《顺治松阳县志》，上海书店1993年版，第97—98页。
④ 松香软化点是松香质量的一个指标，软化点越高，松香质量越好，可用于深加工行业，松香软化点低与松香的含油量有关，一般松香在提炼的时候要和其中的松节油分离，一般要求松香软化点72℃—76℃。

松香四十七斤十二两。① 考古实物和文献记载表明最晚在南宋，松阳民众已懂得松香生产技术，将松香用于生产生活。

松阳县松香历史悠久，掌握松香生产技术的多为山区民众。竹源地处山区，在耕地资源不足以养活人口的情况下，兼业谋生较为常见。竹源地区历史上松树资源丰富，乡民称，民国时期松树遍布房前屋后，他们的祖辈很早认识了松香性能，将其用于医药、火药、墓葬等领域。他们还掌握老法采脂技术，懂得大锅蒸煮加工松脂。民国时期，乡民已将简单炼制的松香供应给肥皂厂、火柴厂、油漆厂等。随着科学技术进步，松香的应用领域不断扩大，社会需求也大幅提升，这为更多乡民以松香技术谋生提供可能。由于大炼钢铁和铁路建设砍伐松树等原因，竹源乡民想要在本地"放松香"已不太可能，他们在国家政策允许的情况下，流动到江西、福建等地支援完成松香生产任务。人民公社时期大规模人口流动尚不允许，分田到户后，竹源乡民纷纷选择在松香行业里流动谋生，成为远近闻名的松香客。"竹源乡民主要在江西、广西等地从事采脂为生。他们生活在深山老林、交通不便，信息不灵，给计划生育带来诸多困难。加上居无定所，迁徙性较强，经常变换工作地，信息掌握难度大。在流出地管不到，流入地管理不到位的情况下，超生现象严重。"② 竹源地区的人口持续增长，有限耕地更加不能满足生计所需，流动谋生成为常态。

中华人民共和国成立前，竹源民众不仅以采脂为副业，也兼做药材生意、手工编织行当等。乡民兼从商业、手工业，得益于松阳县较好的商业氛围和良好的交通条件。松阳虽地处山区，却有较为便利的交通条件，"陆路有通往永宁（温州）、会稽与安徽、福建四条古道，绵延的松阴溪是良好的水路通道，通达的交通线路，加之当时已有的众多码头与渡口，使得松阳成为浙西南商贸流通与货物集散中心"③。"松阳商业

---

① 松阳故为处州下辖县，此处资料为松阳小竹溪松香博物馆提供。
② 浙江省人口和计划生育委员会编：《人口科学发展新论：低生育水平下的人口计划生育研究》，浙江大学出版社2010年版，第243页。
③ 内容来源于松阳县博物馆。

市场集中在古市、西屏两镇，1930年，松阳城中有商店266户，烟纸杂货业为主。县城以每旬一、六日为传统市日，清朝、民国时期，值迎太保、城隍戏两大庙会，四方商贾云集县城，集市贸易十分兴旺"①，开放的商业环境使农耕之外的兼业谋生成为可能，采脂兼业只是传统副业的一种，它为竹源乡民以松为生提供可能，但要成为乡民的实际选择离不开外部社会环境的持续推动。

第三节 国家政策支持技术流动

竹源"松香客"群体的生成，既有内生因素，也有外部支持。内部生计困境和采脂兼业传统，是竹源乡民选择以松为生的前提和基础。国家松香生产政策支持和社会需求则是竹源乡民流动谋生的外部动力。本书主要讨论"松香客"的民俗生活实践及其对所属村落社会结构的影响，受田野和文献资料所限，研究时段主要集中在中华人民共和国成立后。集体生产制度，打破以往农民自由兼业的传统，农村地区的有机经济结构出现断裂，现实生计困境下，乡民迫切需要寻求新的谋生出路。这一时期，国家重视松香生产，鼓励掌握采脂技术的农民跨区域支援国家工业发展。因而在人口流动政策紧缩的人民公社时期，掌握采脂技术的竹源乡民仍能名正言顺地流动到其他地区从事集体副业。他们从国营松香厂获得粮食补贴，超额完成生产任务还有布票、粮食等奖励，从事采脂副业获得的经济收入明显高于在家务农，这直接刺激了乡民的松香从业意愿。竹源乡民在以采脂技术支持松香生产与工业发展的进程中，解决了生计难题，实现了社会、个体与家庭再生产。

一 松香生产政策及其实施

松香不仅是重要的化工原料，也是换取外汇的大宗出口物。中华人民共和国成立后，国家要求各地政府重视松脂、松香生产。为支援

---

① 松阳县志编纂委员会编：《松阳县志》，浙江人民出版社1996年版，第260页。

第一章 竹源地区"松香客"群体的生成

工业发展，完成松香生产任务，各地成立国营或者社办松香厂，组织山区民众上山采脂。国家的松香生产政策支持，为有采脂传统，有副业需求的竹源乡民提供谋生出路。本书主要以松阳县档案馆的松香资料说明国家对松香生产的重视。为鼓励农民积极采脂，完成松脂生产任务，各地政府实行多种办法，如增加粮食补贴，实行奖惩制度等。以浙江省为例，1956年3月30日，林业厅林产工作队第十一工作组给松阳县委合作部有关"对采脂工人补贴粮食的报告"文件中提到，采脂工人在山上劳作平均时间在10小时以上，人均采割马尾松八九百棵，采脂不同于其他劳作，劳动强度大，因此提出对采脂工人进行粮食补贴的意见，对于每日采割900株以上的采脂工人供应一斤十二两粮食，补贴时间为4月份到10月份。[①] 掌握采脂技术的农民既支援国家松香生产，又得到粮食补贴，一定程度上解决少粮的生活难题。鉴于松香生产的重要性，1957年10月24日，松阳县人民委员会林业科向各乡镇下发通知，根据松阳本地的气候条件，鼓励农民改变以往霜降停止采割的习惯，提倡立冬下山以增加松脂产量，支援工业建设，增加社员收入。[②] 即便是1958年"大炼钢铁"时代，国家也没有松懈对松脂生产的要求。从1958年10月2日松阳县人民委员会"关于必须适当安排松脂生产劳力"的通知文件可知，松脂仍是工业生产的重要原料，每年需求很大，松阳县是浙江省重要的松脂产区，1958年有3000吨的生产任务，但是完成进度较慢，其原因是一些乡镇将脂农抽调烧炭，或者将松树砍伐烧炭，因而希望各乡镇能重视采脂生产，尽管大办钢铁生产很重要，但是采脂生产也是为了保证工业生产大跃进，因而各地乡镇要重视采脂[③]，这则档案反映了国家对松香生产的重视，以及大炼钢铁时期松阳地区松树被伐事实，因而民众

---

① 《浙江省林业厅林产工作队十一工作组为对采脂工人补贴粮食的报告》，1956年，松阳县档案馆藏。
② 《松阳县人民委员会林业科关于延长采脂季坚持"立冬下山"的通知》，1957年，松阳县档案馆藏。
③ 《松阳县人民委员会关于必须适当安排松脂生产劳力的通知》，1958年，松阳县档案馆藏。

才逐渐流动在外采脂谋生。

直到1980年，浙江省给各地的文件还表示要继续加速发展松脂松香生产，认为松香是重要的轻化工原料，采脂可促进山区经济发展，增加山区社员收入，又可支援工业生产，保障人民生活必需品供应。①1987年林业部联合经贸部、国家计委、国家经委以及国家工商行政管理局下发"关于加强松香管理"的联合通知，指出松香是我国传统大宗出口商品，每年出口收汇六千万美元，它是轻工、化工、军工、医药等行业的重要原料，是林业部部管产品，是国家计划分配的二类工业品生产资料。② 直到今天，松香仍在生产、生活中占据重要地位。20世纪50年代以来国家对松香生产的重视，社会对松香需求的持续增加，采脂奖励和补贴政策，使越来越多的竹源乡民加入采脂生产。到20世纪90年代，竹源三分之二以上的人口都在松香行业里谋生，这一现象离不开国家松香生产政策的支持。

二 乡民跨区域采脂技术支援

国家重视松香生产，每年给各地国营或社办松香厂下达松香生产指标，松阳县的松香生产历史悠久，中华人民共和国成立以来一直是浙江省重要的松香生产基地，随着本地松树老化、砍伐等因素，松树资源大幅度缩减，松阳县对采脂人员的需求量并不大，与此同时，国家允许附近县域相互调用采脂人员支援松脂生产，这为掌握采脂技术且有外出意愿的竹源乡民提供机会。比如，1956年4月1日松阳县"统一分配采脂工人进行登记办理手续"文件提到，采脂季节到来，各地来松阳县雇佣采脂工人，为保证本地农林生产，也为支援外地，松阳县各乡外出采脂工人须在8月10日前以社为单位进行登记，办理手续。统计显示，竹源乡是采脂工人外出最多的乡镇，人数可达70

---

① 《浙江省人民政府文件关于加速发展松脂松香生产的通知》，1980年，松阳县档案馆藏。

② 《林业部、经贸部、国家计委、国家经委、国家工商行政管理局：《关于加强松香管理的联合通知》，1987年，松阳县档案馆藏。

名，其他乡镇少的只有 5 名，平均外出人数不超过 40 人①，竹源乡民外出采脂意愿较强。

无论在本地从事采脂副业，还是流动到外地支援松香生产，竹源松香从业人员的生活条件都得到明显改善。1983 年 6 月 4 日松阳县林业致富典型汇报就提到竹源公社的可重旺大队组织 70% 的劳力上山采脂，到 1983 年收入达到 5 万多元，人均收入 701 元，大队副业收入是农业收入的 2.2 倍，农民生活得以提高。② 这则档案印证了竹源地区有采脂兼业传统、耕地资源不足的生存困境以及从事松香生产能够带来生活条件明显改善的社会事实。经济收益刺激了竹源乡民的松香从业意愿，1992—1996 年，竹源乡农村经营能人统计表中有 23 位农村经营能手，其中有 20 人都是以承包采脂和办松香厂致富，他们来自小竹溪、呈田、燕庄、后畲、大岭头、周岭根、黄上、黄下、潘坑、可重旺 10 个村。其中承包采脂致富有 7 人，年收入 1 万—5 万元不等，办松香厂 12 人，年收入 5 万—30 万元不等③。20 世纪八九十年代出现的松香经营者又带领更多同乡进入松香行业。

在现实生存困境下，采脂兼业传统和国家对松香生产的重视，为竹源乡民提供了另一种生计出路，内生经济资源不足以及掌握采脂技术是他们向外流动的推力，外部社会的松树资源以及对采脂人员的需求则是他们向外流动的拉力。实际上，流入地和流出地同时具有推力和拉力④，内生经济资源不足使竹源乡民外出谋生，但社会结构中经济以外的其他要素很有可能成为乡民回流的拉力。生计困境、采脂兼业传统以及国家重视松香生产，为竹源乡民在松香行业流动谋生提供机会，亲缘、地缘纽带又推动他们集体性以松为生。

---

① 《松阳县人民委员会"关于统一分配采脂工人进行登记办理手续的通知"》，1956 年，松阳县档案馆藏。
② 《松阳县林业局"松阳县林业致富典型的汇报"》，1983 年，松阳县档案馆藏。
③ 竹源乡农村经营能手统计表由松阳县档案馆提供，时间：2018 年 1 月 26 日。
④ 孙田雨：《推拉理论视角下的"洋高考"热研究》，硕士学位论文，华中师范大学，2019 年。

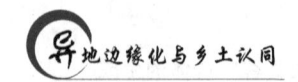

第四节 "传帮带"式集体性以松为生

竹源乡民以采脂技术流动谋生，20世纪50年代到70年代，因人口流动政策限制，竹源地区外出"放松香"人数不多。分田到户以后，采脂人数不断增加，他们中的部分人通过开办私人松香厂成为经营者，竹源"松香客"内部出现生产群体和经营群体分层。"松香客"早期流动延续A带B外出，B独立单干再带C外出的模式，项飙在研究北京浙江村时，将这一模式称之为链式流动[1]，随着有松香从业意愿的人数逐渐增加以及松香经营者对同乡劳动力的需求加大，竹源"松香客"的流动呈现一人带一片，一片带一村模式，从链式流动发展到集体性流动。长期共同居住、日常交往与互助、民俗文化的传承实践等使乡民结成亲缘、地缘纽带，亲缘与地缘"传帮带"使集体性以松为生成为可能。

一 乡土民俗文化与亲缘、地缘纽带

竹源乡民依托亲缘、地缘纽带开展松香生产经营，"传帮带"是他们的主要流动形式。从竹源乡民的松香从业经历来看，他们通常跟随父亲、兄长、姐夫、同村人、邻村人、同乡或者同县人外出。同乡同业现象的产生离不开同乡信任度高，能降低择业风险；也离不开从事松香生产经营能为其提供比较满意的经济收益，从田野访谈可知外出"放松香"的收入相对较高，"刚刚分田到户，我和妹妹一共做了一万九千斤油，拿回家一千九百块钱。回来我们就盖了新房子。那个时候我们这边代课老师一个月才24块钱，老师都没有我们做松香挣得多"[2]。鉴于采脂的经济收益远远高于在家种地，竹源乡民的松香从业意愿较强。早先

---

[1] 项飙：《跨越边界的社区：北京"浙江村"的生活史》，生活·读书·新知三联书店2018年版，第25页。

[2] 内容由小竹溪村民吴敬更口述，时间：2018年8月22日，地点：福建霞浦松香加工厂，访谈人：王惠云、胡雪琪。

外出的乡民在政策允许的情况下，凭借灵活的头脑成功承包国营厂松树资源，在自身无法独立完成生产任务时，鉴于采脂带来的生活条件改善，最先想到将亲人带出去一起劳作，"如果采松脂的收入是在家里的 10 倍，我肯定乐意干这个工作，我自己干不完肯定首先想到家里人。想到哥哥、姐姐，把他们带出去，他们如果做不完也会想到自己的亲戚"[1]。20 世纪 80 年代以来，部分乡民开办松香厂，对同乡采脂劳力产生较大需求，亲缘、地缘纽带推动乡民集体性以松为生，亲缘、地缘纽带又根植于乡民的日常互动与民俗生活积淀。本书主要以民俗文化的传承实践来分析亲缘、地缘纽带的结成。

（一）以祠堂和香火堂为纽带的亲缘关系

竹源地区基本是单姓或两姓为主的村落，祠堂众多且宗族文化氛围浓厚，内部凝聚力较强。历史上，竹源地区的祠堂除用于祭祖外，具有多种用途和功能，族人在这里摆宴席请客，商议族内重要事务，传承族规、宣扬美德以及进行惩戒等，"历史上祠堂族长有很大权威，他们判定对错，每个人都要遵守祠规，是法律一样的东西"[2]。祠堂可作为宗族成员聚合场所，以前祠堂有公田，交由族人轮流耕种，粮食收获季节，租种者将部分粮食拿出来在祠堂请族人聚餐。因祠堂大多建有戏台，又是宗族的公共娱乐场所。在祠堂演戏酬神，其目的是趋吉避凶，保佑村子平安。竹源地区祠堂演戏要以木偶戏开台，随后再由人来唱戏。演戏最后一出节目是判台，即由戏子扮演包公、张龙、赵虎等人，将邪祟等不洁之物驱赶出村。判台时，需摆放祭品，请徐侯、社公大王等神灵来村内看戏。唱戏之人边唱"天上有宫有庙的，有宫归宫，有庙归庙，无宫无庙脚踩莲花上西天。还有凶神恶煞的都要赶出千里之外，万里不回头"[3]，同时还要手拿戒尺驱打小鬼，将其一直赶到社公殿所在的界限之外，防止不洁物留在村里。竹源乡各村祠堂历史悠久，

---

[1] 内容由小竹溪松香老板贺法甫口述，时间：2018 年 1 月 16 日，地点：松泰地产办公室，访谈人：朱霞、王惠云、关静、刘梦悦、许蔚虹。
[2] 内容由小竹溪村民吴融嵩口述，时间：2019 年 2 月 14 日，访谈人：王惠云。
[3] 内容由小竹溪村民吴化天口述，时间 2019 年 2 月 14 日，访谈人：王惠云。

直到今天仍旧被不断修缮，在重要的节日、人生仪礼场合，族人通过张贴添丁队、撒香灰、供奉祭品等方式将自身纳入宗族体系当中。此外，祖先故事的讲述也能起到加强宗族认同的作用，比如在小竹溪村，人人都知道财白星的故事，大部分人能讲出其核心情节，尤其是财白星的后代潘氏，将祖先故事作为家族曾经辉煌的标志。这个故事同时也被作为地方风物传说或地方人物故事传说，成为地缘文化的标志。据村民潘常青讲，"荣旺公财百星是宋代人，富可敌国。人称银王，但是传到皇帝那里变成人王，这引来皇帝不满，他害怕自己的皇位被夺了去，因而设计陷害财白星。后来皇帝知道杀错了人，就做了金头陪葬。传说我们这个村是有金银财宝，但是不敢挖，因为上面有祠堂"①。通过历史传承、仪式活动与故事讲述等方式，祠堂文化在竹源地区生生不息，它预示家族兴旺，庇佑子孙后代繁荣昌盛，在祖先祭祀、演戏酬神等场合中将族人聚集起来以加强同姓情谊。祠堂逐渐集祖先祭祀、族人聚合、文化娱乐、生活互助、精神教育功能为一体，起着确认与维系亲缘纽带的现实功用。

除祠堂外，竹源各村还有众多香火堂以确认亲缘关系，共享香火堂的成员属同一房支，随着房支内人口增加，更为亲近的成员可以另立香火堂。香火堂牌位上右为祖先，左为神灵，中为香火大王，分别有三个大小不一的香炉供奉香火。每当添丁、结婚或丧葬时，将香灰挑进右边香炉里，意为告知祖先人丁变化，祈求祖先庇佑。来自同一个香火堂意味着血缘关系更近，平常的红白喜事相互走动频繁。尤其是白事，大家都要互相帮忙。一年之中除了重要的人生仪礼场合，过年过节都要去香火堂摆放祭品。小竹溪村59号民居是吴氏小房的香火堂，它建于清代，门楣砖雕题额"礼门义路"，楼堂悬匾"钦命礼部右侍郎提督浙江学政，光绪元年孟冬月贡生吴世俊"②。房主人吴世俊为清代贡生，有官阶在身，因而小房香火堂形制规模更为恢宏。小房太公的故事直到现在仍口口相传。小竹溪村民吴化天口述"吴世俊有四兄弟，这里以前有

---

① 故事为小竹溪村民潘常青讲述，时间：2018年2月2日，地点：小竹溪村内，访谈人：王惠云、关静。

② 竹源乡原副乡长许蔚虹于2018年3月提供资料。

个老和尚，吴世俊的老爸和那个和尚要好，经常喝茶吃饭，快要过年，和尚说你老兄在这里吃饭，我这个是皇粮，你这个老百姓是享受不到的，他老爸吃了以后回来不起床，气死了，他太婆问他，什么事情想不开？他说人家一个和尚没有老婆子女都能吃到国家俸禄，自己四个儿子没有这个待遇，老婆说反正我们叫儿子好好读书考功名。第四个儿子一直考，最后考上贡生，就是教育局局长级别"[1]。这一故事以及这座老建筑，见证吴氏小房的辉煌，起着凝聚人心的作用。祠堂和香火堂的空间更新、活动开展与成员互动使得亲缘关系得到确认和维系，有助于现实互助。

图1-1 小竹溪潘氏祠堂内
图片拍摄于2018年2月2日，拍摄地点：小竹溪村，拍摄人：王惠云。

图1-2 小竹溪吴氏香火堂
图片拍摄于2018年3月5日，拍摄地点：小竹溪村，拍摄人：王惠云。

（二）以节日、人生仪礼等为纽带的地缘关系

在亲缘关系外，乡民通过日常交往、节日仪式互动、共享民间信仰等方式结成地缘纽带，为更广范围的生产、生活互助奠定基础。

1. 竹源地区的节日民俗传承与实践

节日的世代传承，不仅在于其承载了历史，更重要在于其契合民众生活需求，因而具有顽强的生命力。竹源地区有丰富的岁时节日体系，一年当中较为隆重的节日自然要数过年，大年三十要去祠堂、香火堂以及寺庙

---

[1] 内容由小竹溪村民吴化天讲述，时间：2019年2月17日，地点：小竹溪松香博物馆内，访谈人：王惠云。

"请年神",祈求来年风调雨顺,国泰民安,万事顺利。乡民还特别重视在大年初一抢头香,大年三十晚上过了十二点,就有人陆续去社公殿等地方上香祭拜,祈求带来好运。正月初八则是上灯祭祖日,这天一大早乡民备好祭品香纸蜡烛等,去祖宗坟前铺灯点蜡,小竹溪村民上灯时还会告知祖先正月十五后参加送灯仪式。除正月初八外,清明和冬至也是重要祭祖日。元宵节的热闹程度不亚于过年,"上元,各街市,架棚悬灯,神祠家庙结灯彩,设祭,鼓吹喧闹,炮竹竞,乡自十四夜起,至十六夜止"[①]。元宵节期间,竹源各村有舞龙灯活动,既祈福禳灾,也愉悦民众,在互动中增强同乡情谊。竹源乡小竹溪村在正月十五后迎来一年当中最为重要的送灯仪式,此仪式是通过祭祀和飨神,祈求神灵将一切晦气带走,愿村子在新的一年洁净平安,因而受到村民重视,附近横岗、呈田,甚至松阳其他乡镇的村民都会在这天早早地赶来参加此活动。

图 1-3　请年神

由小竹溪村民郑丽华提供,
时间:2018 年 1 月 17 日。

图 1-4　正月初八上灯

拍摄于 2019 年 2 月 12 日,
地点:小竹溪村,拍摄人:王惠云。

---

① 松阳县志编纂委员会编:《松阳县志》,浙江人民出版社 1996 年版,第 338 页。

第一章 竹源地区"松香客"群体的生成

清明是最为重要的祭祖日，旧时祠堂有公田，由族人轮流耕种，所获粮食为耕种者所有，但需在清明节这天请族人聚餐，此公田又称清明祭田。清明节不仅要给逝去的五服之亲扫墓，还要去开基祖的墓前祭拜。最有特色的祭品是清明粿，清明节前，妇女们都到野外采摘一种名叫"夹克"（音译）的青蓬草做清明粿。"夹克"用水焯后放进石臼捣烂，再加入糯米粉捣均匀至成黏性，用手掐成面胚，放入事先准备好的馅心，馅心有咸、甜两种，蒸熟了就是清明粿，这也是松阳的传统食物代表。端午时节，以"蒲艾插户，裹角黍，亲友相馈，儿童系彩缕，佩香囊。溪河亦有竞渡之观。旧时，女儿女婿在端午等节日必备肉面条送娘家，称送羹，父母则在端午以扇、毛巾，在年节以糕点糖果回礼，称回羹"①。端午节最有代表性的习俗莫过于制作端午茶。每逢端午时节，乡民采集鱼腥草、石菖蒲等草药制作百草茶以辟邪解毒、防病健身、解暑止渴。饮用端午茶成为松阳人共同的生活习俗。②七月半也称中元节，竹源地区有插香化纸于桥头、十字街口的习俗，横岗村家家户户会制作糯米面制成的七月半馒头，将其用于香火堂祭祀，此习俗传承至今。中秋时节，乡民食麻团、月饼，老人认为中秋拜月会使孩童聪明，这天也是小竹溪村徐侯大王的生日，十里八乡信仰徐侯的村民以捐款聚餐的方式庆贺福神生日。重阳这天，竹源各村有敬老习俗，以聚餐、捐款等方式表达对老人的敬意，长寿之人被认为有福气。竹源民间还有白露开路之说，山区小道经风雨侵蚀，坎坷难行，民众多在白露前后修筑道路。这些节日习俗成为竹源民众共享的内部知识，在年复一年传承参与中人际关系得到互动，亲缘、地缘关系得到维系。有些节日是在村内传承，有些节日则扩展到村外，地缘关系网络得以延伸。

2. 人生仪礼传承与人际互动

人生仪礼互动同样起着维系地缘纽带的作用。竹源乡民在不同年龄阶段，都有相应庆贺习俗，人生仪礼无论在传承中如何变迁，都是共同体内部民众的集体选择，被民众认可并实践，因而不同形式的仪礼习俗

---

① 松阳县志编纂委员会编：《松阳县志》，浙江人民出版社1996年版，第542页。
② 此处资料由松阳县非遗博物馆提供，提供时间2018年2月。

始终起着维系纽带与认同的作用，亲缘和地缘关系在人生仪礼互动中得到整合与强化。传统农耕社会，生育儿子是妇女确立家庭社会和社会地位的重要标志，向神灵求子在民间极为普遍，以竹源乡为例，各村社公殿都供奉着主管生育的陈林李夫人，那些具有综合功能的神灵也常是女性求子的重要对象。"女性孕育后，娘家要在生育前一月，预先送婴儿穿戴衣物及红糖、生姜、催生茶、催生酒等。孩子出生后满月前，亲友会在吉日携蛋、鸡、糖、肉等礼物送给生育的女性，主家收礼物的半数，并以糖茶待客。"[①] 孩子出生的满月酒，基本为直系亲属参加，亲人会给孩子送糖、毛线、鸡蛋等，生儿子送双数鸡蛋，生女儿送单数。生儿子还要在香火堂摆一只鸡告知祖宗添丁。

图 1-5　石头娘

图片拍摄于 2019 年 2 月 10 日，拍摄地点：小竹溪村，拍摄人：王惠云。

竹源乃至松阳地区有给多生病或爱哭闹的小孩"认干亲"的风俗，各村有用于"认干亲"的樟树娘、石头娘等，实际上是将村中某处樟

---

① 松阳县志编纂委员会编：《松阳县志》，浙江人民出版社 1996 年版，第 544 页。

树和石头神圣化，有时所认干亲还包括关公、徐侯或者其他人等，总之，由先生根据生辰八字、五行卜算认哪类干亲更能保佑孩子平安健康。比如五行缺木，认樟树娘，概因樟树枝繁叶茂，不易腐烂，四季常青，容易存活，被砍掉之后还会抽出新芽，生生不息。如果命理与父母相冲，则认坚硬的石头为干亲，端午节是祭拜干亲的重要时刻，祭拜仪式到16岁大年三十后停止。"认干亲"不仅成为村民与村落连接的符号，也成为松阳地区的集体文化习俗，地缘认同的范围得以延伸。

婚礼是亲友互动的重要时刻，平日里不常见的远房亲戚或因居住距离较远不常见面的亲朋都在此时聚集，亲缘地缘关系得到激活。在选择配偶时，宗族时代有同姓不婚的严格要求，通常情况下，族人娶外村或外地媳妇，竹源各村通婚较为普遍，从北山（燕庄）叶氏族谱来看[①]，清乾隆年间，族内星字辈人叶星光娶黄庄王氏，叶星旺娶横岗潘氏，所生女儿嫁到可重旺。20世纪70年代，其族内德字辈的兄弟娶小竹溪村潘氏、吴氏、呈田项氏，他们的女儿则多嫁到横岗、可重旺和大岭头等地[②]，姻亲基础上的地缘网络得到延伸。旧时，松阳地区的婚礼不备庚帖，通常择吉日携礼去到女方家确定婚姻日期，而后备钞票、猪肉、面条、糕点等作为彩礼送至女方家中。乡民多于喜庆日连夜接新娘至夫家拜堂，半夜娶亲习俗延续至今，第二天再宴请亲友。结婚当日，新娘临行前多放声哭泣。改革开放以来，传统婚礼仪式有弱化倾向，新式婚礼逐渐成为年轻人的选择，但近年来随着传统文化复兴，婚礼仪式有回归传统趋势。

白事期间的人际互动不局限在亲友范围内，尤其是有威望且让人敬重的老人去世时，乡民都争相帮忙送老人最后一程。老人去世后，儿子要用铜钱到河里买沐浴之水，并用晾衣服的竹竿烧火煮水。沐浴完毕，将七根红线拴在老人的裤腰带上，入殓时则把红线抽出来分给儿子们，此为长命线。老人去世要报丧，比如去世者为女性，儿子要亲自去舅舅家，跪下来告诉他老人去世的消息，舅家的长辈要给报丧人煮一碗长寿面，第二天，舅家携带棉被、纸钱等物品回礼。葬礼上的供品有大小之

---

① 材料来自北山叶氏宗谱，由松阳图书馆提供，时间2018年1月。
② 材料来自北山叶氏宗谱，由松阳图书馆提供，时间2018年1月。

分,大供品包括猪头、鹅、糯米饼等,小供品包括鸡、猪肉、墨鱼。在老人出殡的前一天晚上还要举行排祭,即晚辈近亲各自买一只鸡作为供品摆在灵堂供桌上,每一户供品上都要写上名字,因老人第二天出殡,要把这些供品分享给阴间亲人。送葬多在清晨与上午,长子长孙捧遗像或香炉,女婿挑甄、子孙糕、柿饼、鸡蛋等祭食前引。葬礼当天,还要将县城的城隍庙,竹源黄庄的唐葛周,小竹溪村的徐侯以及本村的山神、土地神、社公老爷等请到家里来主持公道。葬礼结束后,主家请客人吃炊饭,也称长命饭,"老人去世以后,有人说老人以前对我们很好,你也要去,我也要去,白事请客的人多一些,不是亲戚朋友的也会去"①。相比婚礼,葬礼对传统习俗的保留传承更为明显。仪礼习俗成为人、神、祖先互动的重要场合,确认亲缘与地缘关系。

3. 民俗信仰的传承与实践

共享民间信仰也能使地缘纽带得到确认维系。松阳地区民间信仰深厚,神灵颇多,城隍爷、平水大王、香火大王、陈林李夫人、真武大帝、四相公、唐葛周、土地神、五谷神、徐侯大王、观音、关公等信仰较为普遍,这些也是竹源乡民信奉的主要神灵。平水大王是社公殿主神,《淮南子.氾论训》云:"禹劳天下,而死为社。"② 平水大王具有保佑风调雨顺、五谷丰登的功能。除平水大王外,社公殿还供奉土地公、土地婆,以及主管生育的陈林李夫人。有关陈林李夫人信仰,在竹源地区以及松阳县都较为普遍,无论是香火堂、社公殿,还是节日仪式中都有她们的身影。她们掌管民间生育,庇佑妇女儿童,民众多认为吃了供奉在夫人庙台上的米制男孩,就能怀上儿子,或喝了夫人的沐浴汤也能怀孕得子。社公殿位于村口,与松柏等风水树、廊桥组成村落风水口。平水大王等神灵作为村落重要组成部分,起着凝聚人心的作用,即便村民不以农业种植为主业,这一信仰仍传承不断。信仰的活态传承更起到连接现世的作用,将有共同信仰习俗的乡民组织起来,地缘关系得

---

① 内容由小竹溪村民潘安相口述,时间:2019年2月17日,地点:小竹溪家中,访谈人:王惠云。

② (汉)刘安等编著,高诱注:《淮南子》,上海古籍出版社1989年版,第150页。

第一章 竹源地区"松香客"群体的生成

到整合延伸。

竹源地区还流传着相当广泛的唐葛周、四相公以及徐侯信仰。竹源后畲村以及黄庄村有保存完整、历史悠久的唐葛周庙。"唐葛周即唐宏、葛雍、周武三个人的合称。三人客居南方吴国很长时间,做了许多好事。民间不忘其恩德,特立庙祀奉敬拜,历朝历代香火不绝。特别是

图1-6 横岗社公殿（左为土地公婆、中为平水大王、右为夫人）
拍摄于2018年1月22日,拍摄地点:横岗村,拍摄人:王惠云。

每逢诞辰时,村民们都会到殿敬奉,希冀三将军继续为人间禳灾降福。"① 四相公是松阳地方小神,"四兄弟从小没有父母,也没有饭吃,在山上种玉米时,碰到一个老奶奶向他们讨水喝。四兄弟请老奶奶回家喝茶,见老奶奶和蔼可亲,自己又无父无母,认老奶奶做母亲。后来村里发生瘟病,四兄弟想解救老百姓,老奶奶告诉他们麦子熟了的时候,把麦叶分给每家每户煮水喝,结果瘟病根除,四相公的善举感动玉皇大帝,他们被请到天上做客,玉皇大帝询问他们有什么要求,大哥说想要房子,玉皇大帝便答应他们,要他们投掷东西,投多远房子就有多大,老二称自己力气大,结果只投了四尺远。玉皇大帝就给了他们四尺路,所以说四相公庙是很小的"②。小竹溪村的四相公庙在特殊时期被拆掉,横岗村的四相公则供奉在村口廊桥,与猎神、真武大帝一同保佑村落平

---

① 张祝平:《生态文明视阈中的民间信仰:浙西南传统信仰习俗考察》,暨南大学出版社2013年版,第157—159页。

② 四相公故事资料由松阳县史志办刘关洲于2018年1月22日在松阳史志办办公室讲述。

安。徐侯信仰在松阳有较好传承基础，玉岩、大东坝、竹源乡等地都有徐侯信仰。小竹溪村民称徐侯是龙泉留底道士，从间山修习道法归来，在小竹溪村降妖除魔，治病救人，于是村民立庙纪念。民间信仰传承是地方民众集体实践的结果，在民间信仰互动中，地缘关系得到整合。

共同的饮食习俗也是建立地缘认同的重要符号。乡民爱食灯盏盘、灰汁糕、黄米粿、薄饼、清明粿、麻糍、糖糕等，即便流动到外地谋生，也依旧保持家乡饮食习俗，寄托对家乡和家人的思念。通过民俗文化传承实践，竹源地区的亲缘、地缘关系得到确认与维系，为现实生产、生活互助提供支撑，推动"传帮带"式集体性以松为生。

二 从亲缘"传帮带"到地缘"传帮带"

乡土民俗文化的深厚积淀与生活实践，使竹源乡民结成较强的亲缘、地缘纽带，为以"传帮带"为主要形式的外出谋生提供支撑。竹源乡民外出从事松香生产经营，基本遵循亲缘"传帮带"与地缘"传帮带"模式。从家庭、家族到宗族的亲缘关系，不仅连接着情感，更组织着乡民的生产生活。费孝通在《乡土中国》提到，"中国的家是一个事业组织，家的大小是依着事业的大小而决定"[①]。家的范围小到家庭，大到家族、宗族，个体从"家"获得情感慰藉，也获得事业互助。本书以小竹溪吴氏小房的互助实践为例表明松香生产经营中的亲缘"传帮带"。吴华图和吴华甫为堂兄弟，1984 年吴华甫的大哥最先承包江西贵溪一家国营松香厂，在积累了办厂经验后，吴华甫的哥哥曾帮扶吴华图妻子的弟弟贺法甫办厂，在贺法甫的带领下，吴华图一家经营松香厂并做得比较成功。在哥哥的加工厂破产倒闭后，吴华甫一家和弟弟吴华杨一家从 2012 年前后在吴华图和妻子经营的丰林松香厂从事采脂承包和管理工作，堂兄弟的亲缘关系使得吴华甫和吴华杨两家能够优先获得较好的松树资源，同时他们也会报之以尽心做事，过年期间，吴华图都要请堂兄弟们聚餐以维系家族情感，继续事业互助。"我爷爷和吴华图的爷爷是

---

① 费孝通：《乡土中国》，北京出版社 2009 年，第 59 页。

第一章 竹源地区"松香客"群体的生成

亲兄弟,就是同祖宗,讲实在的,我是这个厂的得力干将,外面的事情都是我去处理的。"① "我们是亲戚,只要我们认真,这一片山场比较好,明年如果你要做,提前打招呼可以照顾你。"② 亲缘互助在竹源乡其他村落也非常普遍,"我们燕庄有几大家族,我这个家族比较大,兄弟办厂就比较多,还有书记他们一家也是家族比较大,办松香厂的人比较多。还有叶松林的兄弟姐妹也办了几个厂"③。随着乡民的松香从业意愿逐渐增强,社会对松香从业人员的需求逐渐加大,地缘"传帮带"成为乡民外出谋生的主要流动形式。

在信息较为闭塞和低流动的乡土社会中,人们倾向于跟随熟人外出并从事同一种职业以降低择业风险,形成生产互助。地缘"传帮带"在松香生产经营中普遍存在。20世纪80年代,竹源黄上村王光闰承包江西瑶里地区的国营松香厂后,邀请小竹溪退伍军人潘昂宗管理松香厂,后帮扶潘昂宗开办松香厂,竹源范围内生产经营传帮带现象较为普遍。实际上,地缘传帮带范围已超出竹源地区,"我的家乡是跟竹源乡刚好相反的三都、四都这块儿。竹源乡最早出去采松脂,我老婆就是竹源黄庄的。这样的话我就跟竹源乡小竹溪村的何老板结下一些纽带,跟他们走得比较近"④,以姻亲与更广范围的地缘为连接,非竹源乡的松阳人得到竹源松香经营者的帮扶。"我们国家松树遍布的地方我们竹源人都去了,松阳玉岩镇还是跟着我们,我们带了好多玉岩镇徒弟"⑤,这是经由更广范围的地缘纽带实现生产传帮带的体现。在内部生存资源不足、采脂兼业传统、外部社会需求以及乡土关系网络的共同作用下,

---

① 内容由小竹溪村民吴华杨口述,时间:2018年8月11日,地点:丰林松香厂,访谈人:王惠云、胡雪琪。
② 内容由小竹溪村民吴华甫妻子口述,时间:2018年8月8日,地点:江西浮梁寿安镇出租屋内,访谈人:王惠云、胡雪琪。
③ 内容由燕庄村松香老板叶向可口述,时间:2018年1月23日,地点:松泰大院,访谈人:朱霞、王惠云、许蔚虹。
④ 内容由松香老板曾农丰口述,时间:2018年1月16日,地点:松阳县松泰地产办公室,访谈人:朱霞、王惠云、关静、刘梦悦、许蔚虹。
⑤ 内容由小竹溪村民潘昂宗口述,时间:2018年3月5日,地点:小竹溪潘家大院内,访谈人:王惠云。

竹源地区三分之二以上人口从事松香生产经营，竹源"松香客"群体生成，他们一年中有较长时间在异地从事松香生产经营，松香生产技术和松香行业深刻影响他们的日常生活以及所属村落的社会结构。

"松香客"从竹源地区集体性流出后，分散进入江西、福建、云南等松树资源集中省份的农村乡镇采脂办厂，从"松香客"的口述资料来看，20世纪50年代以来，他们在江西弋阳、德兴、铅山、浮梁、泰和、吉安、三清山、静安，福建霞浦、武夷山、蒲城、沙县、建阳、邵武，云南大理、西双版纳，贵州黎平、剑河、台江，湖南郴州、浏阳、岳阳，四川攀枝花，广东龙川，广西贺州、永州，安徽池州、祁门等地有过松香从业经历。某地丰富的松树资源吸引他们流入，待松树资源产脂效益下降后再开拓新资源地，多地采脂办厂现象非常普遍。高度流动的生产经营模式使竹源"松香客"不太可能实现异地融入，技术和行业特性进一步建构他们的异地边缘化生存状态，强化他们对乡土认同的现实需求。

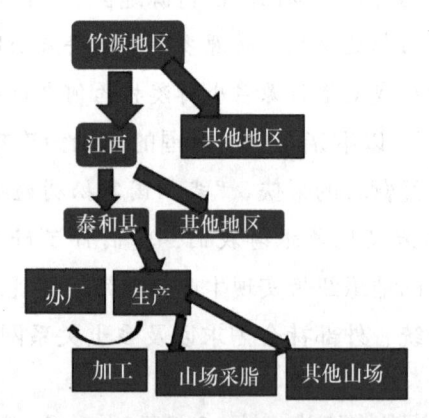

图1-7 竹源地区"松香客"流动示意① （笔者绘制）

---

① 箭头粗细指示人数变化。生产季到来时，竹源乡民集体性流出，分散流入多个松树资源集中地。以江西省为例，流入江西时再次分散流入浮梁、吉安、泰和等县，以泰和县为例，进入泰和县后通常由1人承包当地松树资源并开办松香厂，雇佣同乡加工工人和包工头，再由包工头雇佣同乡采脂工人，以包工头加采脂工人的组合形式分散到各个山场采脂，随着生产经营规模扩大，非同乡包工头和工人进入。为便于管理，通常单个采脂团队人数不超过10人。竹源地区松香客呈现集体流出，分散流入，实际生产经营时又有同乡互助的流动模式。

第一章 竹源地区"松香客"群体的生成

小 结

本章主要分析竹源"松香客"群体的生成,这是讨论他们的流动实践及其对所在村落社会结构影响的前提和基础。只有当以松为生成为集体现象,它才能深刻影响竹源乡民的日常生活及其所在地区的社会结构。本章围绕松香、流动、群体三个关键词,从不同方面对竹源"松香客"群体的生成展开分析。第一,竹源地区耕地资源有限,林地资源经济效益低下以及缺乏其他生计资源的现实生存困境,是竹源乡民流动谋生的前提。第二,乡民以采脂技术流动谋生,离不开该生产技术在当地的代代传承。竹源地区有采脂兼业传统,这在历史文献记载、考古实物发掘以及田野口述资料中可得到印证,松香知识和松香生产技术的历史传承,为其以松为生提供可能性。第三,除有外出谋生需求以及掌握松香生产技术之外,还需有外部环境支持才能使以松为生成为现实。中华人民共和国成立后,国家鼓励各地开展松香生产以支援工业化建设,并允许掌握松香生产技术的乡民流动到异地支援采脂。社会对松香从业人员需求持续加大,为越来越多的竹源乡民进入松香行业提供机会。第四,竹源乡民外出从事松香生产经营呈现集体性流动现象,这离不开乡土关系网络支持。在乡土社会,民众通常以亲缘、地缘"传帮带"方式外出,以减轻谋生与择业风险,并利用同乡关系获得竞争优势。在竹源地区,以香火堂、祠堂为纽带的家族、宗族亲缘关系和以节日仪礼互动、共享民间信仰等为纽带的地缘关系,为"传帮带"式流动谋生提供支持,使竹源乡民实现集体性以松为生。他们长期在异地从事松香生产经营,被流入地民众称之为"松香客"。在此基础上,本书继续探讨松香生产技术和松香行业如何塑造竹源"松香客"群体的流动实践,讨论他们与流入地的关系如何影响其与流出地的关系。在阐释竹源"松香客"群体的实践逻辑中,呈现其日常生活意义。

第二章 松香生产群体的技术民俗与异地边缘性

竹源乡民掌握松香生产技术流动谋生，成为异地的"松香客"。20世纪60年代之前，老法采脂技术习得不易，乡民多结成师徒关系流动。20世纪60年代国家推行新法采脂技术降低技术门槛后，乡民多结成雇佣关系流动。雇主一方通过承包国营厂松树资源成为包工头，他们依托亲缘、地缘关系，雇佣同乡劳动力完成承包任务，并从同乡产出中赚取收益。改革开放允许私人办厂后，包工头基于对技术、资源、行业、人脉等的掌握，率先开办松香厂，一跃成为私营企业主。竹源"松香客"内部明显分为两个既密切联系又层次不同的群体，即生产群体和经营群体。他们以小群体形式分散流入多个松树资源集中地。本章以松香生产群体为表述对象，结合他们在不同地区的松香生产实践与口述资料，对技术建构生产群体的异地边缘性展开分析。民俗学的日常生活转向，使本书的技术民俗学研究强调通过技术理解民众日常生活，技术分析维度指向对民众生活实践的阐释，并关联民众生活的诸多方面。本书在突出"民"的主体性时，既关注集体现象，也关注个体实践，以使技术民俗学的研究主体呈现清晰生动的面貌。松香生产技术实施中有技术无地位、受苦的身体感受和底边化身份意识塑造生产群体底层化技术身份。受松树产脂自然特性、生产技术实施和追求收益等因素影响，他们形成自我剥削的劳作模式以及与流入地民众较为区隔的生活模式，技术身份底层化、劳作和生活异化共同构筑松香生产群体的异地边缘性。异地边缘性的形成并非主要被流入地排斥，而是受技术特性建构影响。只要他们以松香生产技术谋生，无论流入哪里，异地边缘性都会存在，这是生产群体在外流动的总体生存状态。边缘性使任何流入地都不会成为定居地，松香生产群体年底结束劳作后主动返回家乡寻找归属感。

第一节　松香生产群体的技术身份底层化

本书以竹源乡民尤其是小竹溪村民在不同地区的松香生产实践与口述资料[①]，对技术建构生产群体的异地边缘性展开分析。20世纪90年代之前，竹源"松香客"多以同乡形式在异地展开生产互助，20世纪90年代之后，竹源地区大多数生产者通过承包松树资源成为包工头，他们雇佣云南、广西等地采脂工人开展劳作，本书虽然分析竹源"松香客"的异地生产实践，但不排除有非竹源民众的参与。松香生产群体的异地边缘性首先表现为有技术无地位、技术实施中受苦的身体感受和底边化身份意识塑造的底层化技术身份。

一　松香生产技术的历史记载与口述

竹源松香生产群体的异地劳作与生活围绕松香生产技术展开，有必要对松香生产技术做历史梳理，以明晰其技术特性[②]。鉴于松香生产技术史料的有限性，本书仅能对该技术做唐代、清代及民国三个时期的梳理。松香生产技术的历史变迁缓慢，近代实业兴起后，社会对松香的需求加大，采脂、加工技术得到较快发展[③]，但其总体上属于简单技术。

（一）唐代伐树、凿孔取脂与蒸煮加工

唐代孙思邈《千金翼方》对采脂技术以及药用松香的加工技术有

[①] 以小竹溪松香客的生产实践和口述资料为主，原因在于本书选取小竹溪为村落个案点讨论流动中的村落共同体维系，其维系机制离不开松香客在异地的生存状态。

[②] 参见朱霞、王惠云《松香生产技术的传承变迁及其社会支持系统》，《自然辩证法通讯》2019年第12期。

[③] 松脂在高温蒸煮过程中，产生的蒸汽经冷却能分离出松节油，除去杂质和脱去松节油的物质即松香，因此松脂加工能同时产生松香和松节油，但是古代文献记载中，并没有收集蒸汽的记载。松节油不是在蒸煮松脂过程中产生，而是有另外一套生产技术。民国时的蒸馏设备以及今天的滴水法和蒸汽法设备安装有蒸汽收集装置。

较为详细的记载。此外，唐代《外台秘要》、宋代《本草图经》和明代《普济方》等医药文献都有对药用松香加工技术的记载，对药用以外的松香加工技术因缺乏文献支撑暂不做梳理。

1. 伐树与凿孔取脂法

《千金翼方》记载，"采松脂法：常立夏日，伐松横枝指东南者，围二三尺，长一尺许，即日便倒顿于地，以器其下承之，脂自流出三四过，使以和药。若坚强者，更着酒中，火上消之"①。气温较高时，将松枝或松树砍断会有松脂流出，如果松脂流出较少，可将松木浸泡在酒里加热析出松脂。《千金翼方》记载，"以日入时破其阴以取其膏，破其阳以取其脂，等分食之，可以通神灵，凿其阴阳为孔，令方寸深五寸，还以皮掩其孔，无令风入，风入不可服也"②。"用皮盖住孔"是因松脂在流出时如遇风，会有杂质进入且松脂接触空气会氧化变黑。凿孔取脂法在宋应星《天工开物·制墨》中也有记载，"凡松树流去香，木根凿一小孔，炷灯缓炙，则通身膏液，就暖倾流而出也"③，此处，香即为脂。伐树与凿孔取脂损害松树生长，中华人民共和国成立后，国家对其明令禁止。

2. 蒸煮加工法

《千金翼方》卷二十三（薄贴第八）记载，"炼松脂法：取大麻仁三升，研之令细，水三升淘之，生布绞去滓，松脂二升，以水三升半煮令消尽，及热，新布绞令脂出，纳麻汁中，待小冷，取松脂牵挽令白，乃依法秤取"④，天然松脂经蒸煮炮制成药用松香。唐代《外台秘要》、宋代《本草图经》和明代《普济方》等，都提到将松脂反复蒸煮，令其颜色发白。反复蒸煮松脂是为减少燥烈坚劲之气，使其与人体更相适

---

① （唐）孙思邈：《千金翼方》，彭建中、魏嵩有点校，辽宁科学技术出版社1997年版，第130页。
② （唐）孙思邈：《千金翼方》，彭建中、魏嵩有点校，辽宁科学技术出版社1997年版，第130页。
③ （明）宋应星：《天工开物》，钟广言注释，中华书局1978年版，第416页。
④ （唐）孙思邈：《千金翼方》，彭建中、魏嵩有点校，辽宁科学技术出版社1997年版，第233页。

应。清代《本经逢原》记载,"松脂得风木坚劲之气。其津液流行皮干之中,积岁结成。芳香燥烈,允为方士辟谷延龄之药。然必蒸炼,始堪服食"①。

据田野访谈,中华人民共和国成立前松阳一带还在使用蒸煮法炼制松香,只不过炼制出的松香不仅用在医药方面,还用到火药、肥皂、油漆等初级工业领域。具体加工方法,据乡民回忆,先是搭建灶台,灶台边缘不能过大,以防火从锅底扑上来接触松脂后引发火灾,锅为做饭的铁锅,乡民认为蒸煮松香与煮稀饭原理相同,由于温度有限,加工出的松香质量不高。

(二) 清代鳞刺采脂与松节油提炼技术

清代采脂技术相较唐代已稍显章法,但同属不可持续采脂法。今天松香加工技术可同时分离出松香和松节油,但在蒸煮加工技术的古代文献记载中,在松香之外没有提及任何副产品产生,这使松节油提炼技术的历史研究几乎处于空白。我们在清代《外科大成》等医药文献中找到了松油提炼技术的记载,对比今天的松节油,可以确定古代的松油即今天的松节油,只不过古代松节油提炼与松香加工分开进行。

1. 鳞刺法采脂技术

《广东·宣统高要县志·实业》记载"松香,其原料为松之脂膏,择松之老干约十尺围者,以小刀刺之,则油喷出,停积成固体,名松香,全干鳞刺,约一月内,其油始尽,油尽则松枯。松香为药材、蜡烛、串炮等重要原料,大径出最多"②。从已有文献记载来看,从唐代到清代千年间,采脂技术仅仅经历了凿孔伐树到鳞刺的简单变化,技术发展缓慢,盖因松香需求有限,无法刺激采脂技术快速变革。

2. "有生于无":松节油提炼技术

本书所说松香实际包含三种物质,松脂、松香和松节油。松脂经加工产生松香和松节油,它们都是重要化工原料。古人在蒸煮炮制松脂时没有提及其他物质产生,松节油理论上讲是挥发掉了,据中国科学院自

---

① 南京中医药大学编著:《中药大辞典》,上海科学技术出版社2014年版,第1572页。
② 《宣统高要县志》(铅印本)卷11"食货篇(二)·实业"。

然科学史研究所的周嘉华研究员讲,"中国'蒸'的技术起源很早,也很先进。中国的'蒸'注重的是升华过程,关注的是反应器中被'蒸'物质,对于反应器产生的物质缺乏关注,因此,中国古代蒸馏器往往缺乏冷却装置,并不着意于收集产生的气体、液体,这与西方的蒸馏技术并不一样"①。加热松脂产生的蒸汽经冷却能分离出松节油,因古人不着意于收集气体、液体,在加工松脂时没有提及松节油产生。

清光绪年间《广东·新会乡土志》记载,"山松自然生殖于山中,可制松香,其枝叶亦可供燃料。三十年前近山各乡,尚多以种松为业者,今则以畏盗伐而停废……又松节油为化学药物之一种,考其制法,乃以新鲜之松木切为薄片,加水入甑内蒸之,所得之油质即市上出售之松节油也"②。松节油是化学药物,化学一词最早使用是在1868年,清末科学家徐寿翻译了西方的化学书籍,书名采用化学一词。③ 可见松节油一词出现较晚,鉴于松节油是化学名,古人未必在文献中会使用这一专有名词,所以在文献查找时我们将松节油一词转换为松油,发现在清代《外科大成》《本草纲目拾遗》中明确记载了松油提取方法。松油即为松节油,在民国初年报刊中也有佐证,"涤漆污之法若染迹浓厚当先刮薄之而后以松油(Turpentine)徐擦之俟其渐退"④,此处 Turpentine 即为松节油。现今,以松脂或松树根茎为原料,加工得到的挥发性物质均为松节油。⑤

清代康熙年间《外科大成》记载的松油提取法,其原理和现代松节油提取技术相同,都是液化。不同的是,现在是从松脂中提炼松节油,古代是利用松木蒸取松油,"取松节五六觔,劈如指尖粗细,用水缸一个,贮水于内,用铜盆一个,水浸,盆底与缸平,上用米筛一个,堆松节于筛上,次用稻草灰盖松节令密,顶上置火,倘松节烟出,即用灰盖之,松油自下盆内,瓷瓶收之,勿令泄气,其松节烧过而米筛不坏

---

① 《海昏侯墓出土蒸馏器,中国白酒历史提早千年?》,《澎湃新闻》2015年12月2日。
② 《新会乡土志》(光绪铅印本)"十四·物产·(乙)植物天产显花裸子植物"。
③ 唐超、徐慧:《"化学"这一名词来源的研究》,《中学化学教学参考》2015年第11期。
④ 圣初:《化学药品洗涤污点法》,《申报》1926年5月15日。
⑤ 吴成浩编著:《洗衣技术646问》,中国纺织出版社2014年版,第188页。

为异"①。乾隆《本草纲目拾遗》又称"其取油法：以有油老松柴截二、三寸长，劈如灯芯粗，用麻线扎把，如茶杯口大，再用水盆一个，内盛水半盆，以碗一只坐于水盆内，用席一块盖于碗上，中挖一孔如钱大，再以扎好松把，直竖放于席孔中间，以火点着，少时，再以炉灰周围上下盖紧，勿令走烟，如走烟，其油则无，候温养一、二小时，其油尽滴碗内，去灰席，取出听用，一名沥油"②，两处文献提到的"倘松节烟出，即用灰盖之……勿令泄气"以及"再以炉灰周围上下盖紧，勿令走烟"其实就是防止蒸汽挥发，所说的烟实际上指的是汽，温养一二小时是等待其自然冷却，气体变为液体。《天工开物·榨油》篇中讲到"凡由原因气取，有生于无"③，这是对松节油提炼技术原理的最好总结。

（三）民国上升式采脂与蒸馏分离技术

从唐代到清代，松香生产技术发展变迁相当缓慢。民国实业发展推动松香生产技术变革，出现了上升式采脂技术。加工技术则发展出松香和松节油分离技术，只不过这一时期分离技术尚属初级阶段，产出的松香和松节油质量较差。

1. 老法采脂技术

上升式采脂技术也称老法采脂技术，其出现的具体年代难考，但在20世纪二三十年代，竹源地区的民众已掌握此项技术。1918年出生的横岗村民潘安融称："我小时候就有村民去外地放松香，在本地做得很少。外面都是走路去的，穿稻草做起来的鞋子，我自己也做过，我到福建去过，30多岁了才去的。那个时候还是往上走的，那是老法，树根做起，上面做不到的就不做了。以前是马尾松，采脂的工具是这样一个钩，后面钩上来，从背面勾，就地取材，用笋壳来接松脂，但是松节油就没有了"④。相较历史上的伐树、凿孔、鳞刺采脂法，老法采脂技术

---

① （清）祁坤编著：《外科大成》，上海卫生出版社1957年版，第202页。
② （清）赵学敏辑：《本草纲目拾遗》，人民卫生出版社1983年版，第198页。
③ （明）宋应星：《天工开物》，钟广言注释，广东人民出版社1976年版，第314—315页。
④ 内容为横岗村村民潘安融口述，时间：2018年1月23日，地点：横岗村家中，访谈人：王惠云、潘傅梅。

已初步有了章法，从根部做起往上开割。老法采脂工具为钩刀，人站在松树一侧背后提拉采脂。松脂在太阳照射下从割面一滴滴渗出，并连串地流进固定在松树底部的笋壳里。因笋壳不牢固，且容易将松节油挥发掉，后改用毛竹筒收集松脂。老法采脂技术对应的树种是马尾松，马尾松即中国本地松，此种松树胸径粗壮，生长在深山中，树与树间隔较大且分布不均匀，这增加采割难度和采割时间，成年人平均每天采割马尾松数量在七百棵左右。老法采割难度较大，初期须有师傅教授技术，徒弟在年末请师傅吃饭。拜师后也要几年时间实际操作，才能熟练掌握。

2. 蒸馏加工技术

"松香在造纸用途，不一定需要精制，其余用途，大多均须精制后，方可备用，精制松香，作业工程，至为简单，设备虽有繁简，制作均属单纯。松香在未精制前，称生松香，业中人所谓「生货」，生松香制于紫铜蒸馏器内，蒸出松节油，将馏内松香放出，即成透明清洁之块状，美国N松香为最透明，温州头水松香，透明程度不及N松香，盖因提出松节油及部分之杂醇油后，工业应用已无问题，生松香之不能为工业上之应用者，一为渣屑太多，一为含有松节油及杂醇油，故必须蒸馏后方可应用，前沪地精制松香工业，并不发达，仅小型工厂二三家，产品尚能与外货竞争，因外货价值大，国货虽质量稍差，然亦能应用，而价值相差低一倍有奇，是以外国松香，始终不能发展。"[①] 该报道中提到的紫铜蒸馏器是滴水法加工设备的雏形，该设备加工出的松香质量较差，只能用于造纸等低端产业，即便如此，生产出的松香也基本能满足当时工业需求，表明当时工业发展水平较低。

松香生产技术变革与社会需求息息相关。唐代以来松香生产技术缓慢变迁表明社会对松香需求有限。然而有社会需求，就有相应的生产技术和生产者，这是竹源民众有采脂兼业传统的原因所在。他们是采脂、加工技术的传承者、实践者与变革者。松香生产技术不同于一般传统工艺，它需适应社会需求不断更新，以提高生产效率。

---

① 章柏庵：《松香之厄运》，《申报》1946年6月10日。

二 技术革新与有技术无地位

本书提出技术民俗学研究是通过技术理解技术主体的日常生活，对技术的分析必不可少，但"民"是技术分析的出发点和落脚点，基于这一理念，本书提出有技术无地位、技术实施中受苦的身体感受和自称"乞丐"的底边化身份意识共同塑造松香生产群体的底层化技术身份。本小节集中分析有技术无地位现象。历史上松香需求量有限使松香生产技术变革较为缓慢。近代以来，松香的社会需求量加大刺激生产技术变革，使生产群体实现再技能化，但并没有为其带来技术地位和社会地位提升。松香生产技术包括采脂技术和加工技术，采脂技术经历伐树、凿孔、鳞刺、上升式老法、新法采脂技术变迁，新法采脂技术能产出更多松脂，更节省人力，对松树损伤更小，实现了采脂技术进步。加工技术亦经历了蒸煮、蒸馏、滴水法、蒸汽法变迁，实现松香质量的大幅度提升。然而，松香生产技术进步并不意味着松香生产群体能实现技术身份向上流动。具体来讲，老法采脂技术习得不易，须有师傅在生产实践中传授，"老法是真的要有手艺，跟着师傅，没有三五年是学不到的"[①]。掌握老法采脂技术的人相应地有了一定的师傅权威，徒弟在年底时需请师傅吃酒以示敬意，当这一技术为少数人掌握且能产生经济收益时，它的技术性相对得到凸显。随着新法采脂技术推广，新手只需一两天就可习得新技术并上手操作，掌握新法采脂技术不能带来类似师傅的权威体验，"老法很讲究，师傅一开始不给你砍，如果割坏了，很可惜。但现在新法不一样了，工具也简单，就随便弄一下，学得很快"[②]。相反，乡民并不将新法采脂技术视为真正技术，他们常常以做苦力形容采脂劳作。

就加工技术而言，相较滴水法，蒸汽法在增加多个过滤设备的基础

[①] 内容为小竹溪村民潘昂宗口述，时间：2018年3月3日，地点：小竹溪潘家大院，访谈人：王惠云。

[②] 内容为小竹溪村民吴化天口述，时间：2019年2月10日，地点：小竹溪松香博物馆，访谈人：王惠云。

上实现松香质量提升，松香在深加工领域的用途越来越广。尽管滴水法技术不如蒸汽法技术先进，但掌握滴水法技术的加工工人凭借多年生产经验，调动身体感官对关键技术环节进行温度和水速把控，当加工工人依赖技术经验生产出高质量松香时，他的加工技术会得到同行认可，自身也相对能从技术实施中获得满足感。而在蒸汽法技术实施中，工人经验让步于设备生产者设计的数据，温度、气压包括封闭设备内的物质变化都能一目了然地监控到，当温度、气压指示器发生故障时，他们会停工修理而不再依赖自身经验进行加工。松香质量好被归功为设备精密而非工人技术好。加工设备的精密化和加工技术进步并没有提升加工工人的技术地位。随着生产群体熟练掌握不同类型的采脂加工技术，这一简单技术总体上不能为其带来技术地位。松香生产技术进步也没有带来技术主体的社会地位提升，这与松香生产技术属于非正规技术，不在国家技术评定体系中有关。李强提出"有技术无社会地位"现象[①]，认为现有技术评定制度，没有为在非正规经济中劳作并掌握一定技术的农民提供经由技术实现社会地位提升的渠道。松香生产群体不仅不能凭借技术进步实现地位提升，还因技术实施中超负荷劳作产生受苦的身体感受，加之劳作生活环境艰辛，他们形成底边化身份意识，松香生产群体的技术身份趋于底层化。

(一) 新法采脂技术与技术地位获得不足

新法采脂技术相较老法采脂技术，实现了技术门槛的降低，提高了采脂生产效率和松脂的社会总产量。然而，掌握新法采脂技术的主体却不能像掌握老法采脂技术的主体那样获得师傅权威，尽管老法采脂技术中师傅权威也是相对而言。社会和行业内部几乎不对新法采脂技术水平做高低区分，也几乎不将技术水平高低视为影响松脂产量的关键因素，比起技术水平，采脂工人勤快与否更能影响松脂产量。采脂技术进步没有提升技术主体的技术获得感，在他们看来，"放松香"并不是什么技术活儿，而是苦力活儿，"实际上新法采脂技术并不叫技术，只要人勤

[①] 李强：《为什么农民工"有技术无地位"——技术工人转向中间阶层社会结构的战略探索》，《江苏社会科学》2010年第6期。

第二章　松香生产群体的技术民俗与异地边缘性

快,傻子都能学得会"①。他们将工具和观念作用于松树的一系列操作是为了获得松脂,获得收益,并不能从技术本身获得自我满足和技术地位提升。

新法采脂技术是综合松树物理特性、经济生活与生态保护观念等因素做出的合理技术选择。1955 年浙江省林业、商业厅有关"积极组织发展松脂生产以供应国家需求"的联合通知提到"过去由于在采脂技术上得不到改进,群众对松树采脂后的后果顾虑很大,根据以往的一些情况,特作以下通知,原旧法采脂区会同各地土产公司机构,共同研究进行新法采脂的宣传组织"②,这表明新法采脂技术在 1955 年已出现并得到自上而下推广,此技术沿用至今。从田野访谈可知,新法采脂技术流程包括选山、修路、刮皮、开中沟、挂袋子、采割、收油几个步骤,在竹源采脂群体看来,他们并不将自己掌握的采脂技术视为真正技术,在他们的头脑里,技术即现代技术,"放松香"就是做苦力活。将采脂视为苦力活的观念在他们讲述新法采脂技术操作时表现明显。例如,采脂前需确定采脂路线即修路,有些树间距较近,但有杂草阻拦,砍伐费时费力,经验不足者常常图一时之快,不去将较近的路线修理出来。而经验老到者宁愿多花时间修出最近路线,因为已有经验告诉他们,采脂是体力活,最主要是靠脚力,如果以最短距离采割所有松树,一天可省不少脚力。

修路等准备工作结束后,待气温达到 15℃ 以上,便可正式开割松树。20 世纪 80 年代以来,随着本土马尾松数量不断减少以及松香行业发展对松脂需求量持续增加,各地林区引进美国速生丰产湿地松用以采脂,该树种广泛分布于江西、福建、安徽、广东、广西等地。以松香客的流入地之一江西浮梁县为例,春季各月平均气温 4.8℃—11.1℃,夏季各月平均气温 17℃—25.2℃,秋季各月平均气温 28.7℃—24.3℃,

---

　　① 内容为小竹溪村民贺法甫口述,时间 2018 年 1 月 16 日,访谈人:朱霞、王惠云、关静、刘梦悦、许蔚虹。
　　② 《1955 年浙江省林业、商业厅有关"积极组织发展松脂生产以供应国家需求"的联合通知》,1955 年,松阳县档案馆藏。

63

冬季各月平均气温 18.3℃—6.9℃,①适宜的气温使该地采脂周期从清明持续到立冬,采脂周期在大部分南方地区差异不大。工人使用松阳刀②将已经刮皮的松树表面割破,割面呈 V 字形,松脂从两侧割面渗出,在底部交汇后顺着中沟流入收集装置。采割时,人手如何操作工具有讲究,"手柄要和刀头呈一条直线,两手要平衡,发力靠前面一只手,后面那只手要扶住,角度把握不好就割不出平面,松脂就会流到割面外"③。在这一经验技术描述中,直线、平衡、扶住、角度等都是采脂技术性的体现,然而经验技术多半只可意会,需要在实践中操作和摸索。采脂工人常常因熟练掌握技术而将其视为如同做饭一样的平常事,尤其是这一技术为多数人掌握,较易习得且耗费体力时,他们就更不能从掌握技术中获得技术地位。

为了在适宜温度内开割完所有松树,采脂人员需要天微亮时上山,计算好做饭、吃饭以及路上花费时间,通常需三四点起床。一般熟练工能在下午 4 点左右采割完 3000 棵左右湿地松,采脂温度和技术操作流程决定了采脂人的劳作和生活节奏。在适宜温度内完成采割和收益直接挂钩,采脂工人必须反复开割松树,需要耐得住枯燥,肯吃苦。在适宜温度内,每采割一次,松脂就会从松树表面一滴滴地渗出来,一颗颗聚少成多地滴入塑料袋中,这是对采脂工人耐心的极大考验,也是他们的希望所在,只要能看到这一滴滴的松脂,他们这一年的辛苦付出就有了回报。2018 年 8 月,我在小竹溪采脂工人郑丽华和吴化新的带领下,分别进入他们在江西浮梁县寿安镇和福建霞浦县长春镇的采脂现场,在参与观察他们和云南小工的采脂中,才真正了解到采脂工人的艰辛不易,8 月份虽正值松树出油最快时节,松脂还只是一滴滴细密地渗出来,然后顺着 V 字形割面缓缓地滴入收集装置中,我问他们,你们怎么能耐得住性子在山上一待十个月,十几年。郑丽华如此描述感受,

---

① 浮梁县地方志编纂委员会编:《浮梁县志》,方志出版社 1999 年版,第 90 页。
② 松阳刀有三角刀头和手柄,手柄可随意调节长度,区别于手持式广西推刀。
③ 内容由小竹溪村吴化新口述,时间:2018 年 8 月 17 日,地点:福建霞浦大京村出租屋内,访谈人:王惠云、胡雪琪。

第二章　松香生产群体的技术民俗与异地边缘性

"像刚才看到的那棵树，油滴得快一些，就想多割一棵树就多一些收益。像那种歪歪的树，随便你怎么弄就是不出油，我们就一点心思都没有，看不到希望。但是想着割一刀多少还是有一点松脂，积少成多。采脂不是很复杂，但要找到做事情的动力，这个是考验人耐心的"[①]。在她的表述中，比起技术，采脂更看重有无耐心和勤快与否，必须要找到坚持的动力。这一点在我向他们学习采脂技术时深有体会，采脂难的不是技术，而是需要长期在艰苦环境中劳作，比如采脂人必须随身背蚊香盒，即便如此，蚊子还是扎满后背，仅仅这一点已经让我对采脂心里发怵。更触动我的是，在对云南小工进行访谈时，他们对辛苦似乎已经麻木，因为家里穷、生活困难，所以他们没有办法，再辛苦也得做。对挣钱的渴望，对生活的期盼是他们坚持的动力。

图 2-1　采脂
拍摄于2018年8月17日，
拍摄地点：福建霞浦县
长春镇采脂现场，
拍摄人：王惠云。

图 2-2　收油
由郑丽华提供，
时间2018年8月10日。

图 2-3　学采脂
由郑丽华拍摄，
拍摄地点：江西浮梁县寿安镇采脂现场，
时间2018年8月9日。

等到大部分塑料袋里装满松脂，大概8月份开始收第一批松油。收油比采脂还要辛苦，一方面收油必须靠人力，机动车辆无法开进山里，加上山路不好走，障碍物多，收油就成为费时费力的苦差事，在国营工

---

① 内容由小竹溪村民郑丽华口述，时间：2018年8月8日，地点：江西浮梁寿安镇采脂现场，访谈人：王惠云、胡雪琪。

厂时期，就有挑油工这样的营生，"像我老爸在家里把田搞起来后，他要去江西三清山、安福县、铅山、玉山一带帮他们挑松香，以前交通不方便，都是用肩膀把松香从山上挑下来，一天挑一挑松香，只有三块钱"①。现在则是由采脂工人合力完成挑油、收油。采脂群体每年3月份开始选山、修路、刮皮等准备工作，4月份到11月份采脂，8月份和12月份收油，在外10个月的劳作周期中，几乎每天都在山上穿梭，从早上6点到下午4点长达10个小时的高强度劳作，重复同样的动作，比起技术工，他们的确更像苦力，老法采脂技术群体还可以从升级做师傅中获得一定的技术地位，新法采脂技术群体则因技术门槛降低失去了技术地位提升的可能性。

（二）加工技术革新与技术地位获得不足

从田野访谈可知，掌握滴水法技术的加工工人多依赖身体经验展开操作，掌握蒸汽法技术的加工工人则主要依据设备指示器进行操作。蒸汽法技术相较滴水法技术，实现了松香质量的大幅度提升，但加工技术的革新却没有带来加工群体的技术地位提升。这是因为，当滴水法加工工人依赖身体经验产出高质量松香时，他们能相应地获得行业对自身技术的认可，松香老板愿意以较高工资雇佣技术好的工人，而且同行也会向他们讨教技术。滴水法操作中，技术水平相对来讲有高低之分，松香成品质量就是判断技术高低的依据。而蒸汽法加工工人不再依赖经验，也不需要向同行讨教技术，设备生产者有义务告诉他们如何操作，他们使用了设备生产者注入在设备上的数据，只要遵循设备生产"说明书"就能保证松香质量。当经验让步于数据，蒸汽法加工工人的技术主体性被削弱，技术获得感下降。

中华人民共和国成立以来，滴水法和蒸汽法加工技术并存。滴水法技术关键在人的经验，我们称之为经验技术，如利用耳朵来辨别温度，"听声音，锅炉里面的响声，水加进去如果是呼呼的这就是正常的。如果是扑棱扑棱，说明是温度跟不上或者水跟不上。要不就是温度太低，

---

① 内容由小竹溪村民吴化天口述，时间：2019年2月14日，地点：小竹溪松香博物馆内，访谈人：王惠云。

要不就是水太少"①。工人师傅不会用科学术语解释原理，但在常年劳作中积累了丰富有效的经验，正因为是经验技术，所以因人而异。这里，我们以吴敬更的滴水法加工技术为例展开说明。他从20世纪80年代末开始采脂，在福建武夷山地区有15年采脂经历，2004年开办松香加工厂，2006年至今一直在福建霞浦县进行松香生产与经营，有着丰富的滴水法加工经验。他指出，滴水法加工技术的关键在于温度和水速配合，这影响松香质量，事关生产安全，当含有水分的松脂进入封闭锅炉被加热到100℃左右时开始产生蒸汽，蒸汽从锅炉内进入封闭的冷凝器，热蒸汽遇冷变为液体，液体内包含水分和松节油。如果放任温度上升，锅炉内的水分会被烧干，无法继续产生蒸汽，松脂内含的松节油不能最大限度地提炼出来，其结果是松香达不到软化点，不能被广泛用于深加工行业。要尽可能地提炼出松节油，滴水便是关键。据吴敬更讲，当温度达到125℃左右，松脂自然水分几乎全部烧干，这个时候开始滴水。水量和水速可以用流量计控制，但他主要依赖在水管内临近水龙头的地方放入红布丝来判断水速，开关一开，水流带动丝线摆动，摆动快慢指示水速大小。温度在150℃、163℃和170℃左右分别加大水，可以将松节油尽可能地提炼出来。② 滴水法加工技术使用温度计，因而温度有比较确切的数据，但是滴水这一关键技术中，水速、水量以及与温度的配合则全凭工人经验。

因依靠经验进行关键性的温度和水流控制，滴水法技术加工出的松香成品性能并不稳定。工业发展要求加工技术走向标准化，蒸汽法技术应运而生。20世纪90年代末，蔡芳福在江西开办松香加工厂，并在松阳人当中率先使用蒸汽法加工技术，据称从此人开始，蒸汽法加工技术在竹源"松香客"群体中传播开来。蒸汽法技术更加安全，锅炉房被单独隔离出来，通过管道与其他设备相连，松脂、松香遇火概率大大降低。

---

① 内容由小竹溪村民吴敬更口述，时间：2018年8月22日，地点：福建霞浦松香厂内，访谈人：王惠云、胡雪琪。

② 朱霞、王惠云：《松香生产技术的传承变迁及其社会支持系统》，《自然辩证法通讯》2019年第12期。

而且蒸汽法设备有压力指示器，一旦压力表数值超出安全范围，工人只需关闭压力阀门即可保证生产安全，以往没有各种指示器而主要依赖经验生产的情况在蒸汽法技术操作中行不通，在工人看来，指示器提供的数据更加精确，生产设备出现故障时，他们宁愿选择停工修理，不再继续凭着经验进行生产。蒸汽法与滴水法加工原理基本相同，其改变主要是增加多个澄清设备，松脂在进入蒸馏锅前经过多次杂质过滤，因而生产出的松香质量更好，软化点更高，更能适应中高端深加工行业需求。2018年8月我对江西浮梁县丰林松香厂调研时，从竹源可重旺村加工工人项宣秦处获知了蒸汽法技术流程。松脂进入一吨左右的溶解锅后加入一斤草酸和两百斤松节油进行加温溶解，温度由距加工区较远的锅炉房控制，热量通过管道输送。待温度达到100℃，从视镜中可以看到混合着杂质的松脂变成米粒大小，这时打开阀门，以2千克气压将其输送到高位锅。高位锅中的松脂混有杂质和水分，需要进行澄清。高位锅上宽下窄，成倒立形，较重的杂质沉淀到底部，澄清10分钟以后打开排渣阀门，将底部杂质排出。多次澄清的松脂进入蒸馏锅后蒸煮45分钟左右即可。

相比滴水法对温度和水流的经验把控，蒸汽法技术基本依赖压力表、温度计、试镜指示以及由设备容量控制各个环节的操作时间。这一方面意味着新手可以快速上岗并且操作中不易出现安全事故，另一方面也意味着蒸汽法技术对工人的应变能力和经验性要求大大降低。当设备指示器发生故障后，工人通过排除故障更换指示器解决问题，不再凭借经验继续生产，在蒸汽法技术工人看来，经验远不如数据准确可靠。而滴水法技术工人宁愿在滴水关键技术环节使用布丝来判断水流大小，也不愿花费280元安装流量计。因为，他们相信自己十几年的加工经验，凭借经验生产出质量好的松香可以让他们对自己的技术水平产生自豪感。当我与滴水法技术工人吴敬更建立田野关系后，他会在加工出质量好的松香时将图片发给我，当我问他，滴水法技术加工出的松香质量是否不如蒸汽法技术时，他毫不犹豫地否定了我的观点，指出滴水法技术能够加工出与蒸汽法技术同样质量的松香成品，而且对自己的滴水法技

第二章 松香生产群体的技术民俗与异地边缘性

术很有信心,这些都是经验技术带给技术实施者自我认同的体现。

图 2-4 滴水法设备局部
拍摄于 2018 年 8 月 22 日,拍摄地点:霞浦县吴敬更滴水法厂,拍摄人:王惠云。

图 2-5 蒸汽法设备局部
拍摄于 2018 年 8 月 12 日,拍摄地点:浮梁县丰林松香厂,拍摄人:王惠云。

而在蒸汽法技术中,产品质量基本与技术操作者水平无关,他们很大程度上只是使用设备制作者提供的各类数据进行操作,一吨松脂的澄清时间,从一个澄清锅到另外一个澄清锅的时间,蒸馏的时间等都在容器的容量、形制,管道的长度等因素的控制下被计算好,加工工人使用了这些数据,但并不一定清楚这些数据是被提前规定好的。设备生产者庞勇兴讲道,"工人的感性与我们数据上面没有沟通,其实他是用了我们设计好的数据,但是对于我们的原理,工人是不知道的,澄清时间也是算不出来的,只不过是我们交代这么操作,他就这么做,让他经常排杂质,就排杂质"[①]。工人从设备生产者那里获得"使用说明书",然后按照温度计、压力表的指示,操作阀门开关,蒸汽法加工工人项宣秦如是说,"蒸汽法技术对人的应变能力和经验要求似乎不那么严格,完全不懂这个行业也可以很快学会,技术要求和操作流程实际上很简单,它都有操作规程的,开多大压力,放多少松节油,温度达到多少,都是有

---

① 松香设备制作者庞勇兴口述,时间:2019 年 2 月 11 日,地点:松阳县城永鑫机械厂内,访谈人:王惠云、许蔚虹。

比例和指示的"①。我在江西景德镇丰林松香厂调研蒸汽法技术时，发现加工区域的四周墙壁张贴了各个环节的操作规程，尽管依数据操作更能保证生产安全和松香质量，但蒸汽法加工工人的技术主体性和技术获得感下降。

综观松香生产技术千年发展历程，其变革速度与变革程度相对较低，从技术操作流程来看，无论采脂技术还是加工技术都属简单技术，采脂技术利用人手和简单工具操作，新法采脂技术出现后，新手一两天即可上手操作，采脂技术效率提升但采脂工人的技术获得感不足。加工技术从依赖身体经验发展到依赖精确数据，工人技术获得感降低。然而，即便掌握老法采脂技术和滴水法加工技术的生产群体，他们的技术获得感也是相对而言，不代表有明显的技术地位，随着越来越多人熟练掌握不同类型采脂加工技术，技术群体内部几乎不对技术水平进行高低区分，松香生产群体的技术地位获得感不足。

（三）有技术无社会地位

松香生产群体不能依赖技术革新实现技术地位提升，也不能依赖技术进步实现社会地位提升。技术本无高低，一旦将技术与科学知识和经济贡献等勾连起来，技术就被人为地等级化，连带从事该技术的人及其职业也被贴上高低标签。以往，手艺人的社会地位相对较低，但随着非物质文化遗产保护推进，工匠艺人的社会地位得到前所未有的提升，而松香生产技术这类不以生产审美性产品为目的，追求技术变革以提升生产效率的技术，其社会贡献和社会意义却没有得到相应重视，技术主体的社会地位也没有得到提升。在松香生产群体自身以及外部社会看来，技术常常指的是现代技术、科学技术，松香生产技术尤其是采脂技术与现代技术相去甚远。与其说松香生产群体靠技术谋生，不如说是出卖苦力。李强提出了流动农民"有技术无地位"的社会现象，从权力地位、经济地位、教育地位、技术职称、户籍身份地位、家庭出身六个方面分

---

① 可重旺村村民项宣秦口述，时间：2018年8月11日，地点：江西浮梁丰林松香厂内，访谈人：王惠云、胡雪琪。

析技术与社会地位的关系①,从这些方面来看,松香生产群体没有任何优势,处在社会地位的底层位置。松香生产群体明明有一定技术,为社会做出很大贡献,但无法凭借技术获得社会地位流动。而且长期在低端行业从事单一性生产,根本上限制了他们知识技能水平提升,他们也不太可能有专门的空余时间去习得新技术,存在技术角色转型困境,一旦退出熟悉行业,就会成为缺少其他生存技能的低端劳动力。"囿于知识技能单一化的限制以及拥有较少的经济、文化、组织资源"②,松香生产群体常常处于社会等级结构的底层。有技术无地位是本书论述松香生产群体技术身份底层化的依据之一。技术身份底层化还表现为,受苦的身体感受塑造底边化身份意识。

三 受苦的身体感受与底边化身份意识

中国社会以务农为本,种地收入不高,但社会对此职业的接受度比较高。而从事种地以外的其他苦力营生,其"下力"的身体常常与"下贱"的身份相勾连。③当我访谈松香生产群体尤其是采脂群体时,他们常常用"苦啊"和"我们就是向松树讨饭吃的乞丐"来表达自己的从业感受,"我们松阳本身田地少,我们就到外面搞副业,其他技术也掌握不了,只有去山里搞一点副业,干这个活就像乞丐一样,勤劳才能赚到钱"④,"我包里乱七八糟,钉子、树皮、蚊香盒子都有,我说的我就是一个乞丐一样"⑤,自称"乞丐"并非指不劳而获、自尊缺失,而是受苦的身体感受带来较低的身份感;外出劳作不能穿干净衣服,手上、脸上沾有黏性松脂,觉得自己形象上像乞丐;居住在山上或当地农

---

① 李强:《为什么农民工"有技术无地位"——技术工人转向中间阶层社会结构的战略探索》,《江苏社会科学》2010年第6期。
② 陈凡、蔡振东:《工匠的技术角色期待及社会地位建构》,《自然辩证法研究》2018年第12期。
③ 秦洁:《"下力"的身体经验:重庆"棒棒"身份意识的形成》,《广西民族大学学报》(哲学社会科学版)2010年第3期。
④ 内容由横岗村村民潘安融口述,时间:2018年1月23日,地点:横岗村家中,访谈人:王惠云、潘傅梅。
⑤ 内容由小竹溪村民郑丽华口述,时间:2018年8月8日,地点:浮梁县寿安镇采脂现场,访谈人:王惠云、胡雪琪。

户的废弃屋中，通常这些房屋处于村落边角处，使得他们感觉自己在生产和生活中处于边缘位置；出门在外难以找到归属感以及下力劳作，使他们心里难免有孤寂或者低人一头的感觉；劳作特点使他们感觉自己在向松树讨饭吃，一天不去采脂就一天没有收入，这些因素共同作用于他们"乞丐"的底边化身份意识的形成，使松香生产群体的技术身份底层化。身体感受之所以能影响身份意识在于身体不是机械性的。身体的概念经历了"从物质性、机械结构到有生命的身体的转变。梅洛-庞蒂认为，人们把人的生命看成既是精神的，也是身体的。身体是一个复杂系统，能够产生身份表征"[1]。在生产群体特别是采脂群体看来，与其说他们靠技术谋生，不如说靠出卖苦力为生。技术实施中劳累和疼痛的身体体验，伴随着委屈的苦水泪水，使他们无论如何不会乐于从事松香生产，更不会对自己的劳作身份有较高评价，他们甚至认为自己的职业身份在农民之下，迫于无奈才背井离乡从事如此辛苦的活儿。

（一）"苦"的集体记忆与个体表达

"苦"存在于"松香客"的记忆和身体感知里，苦的感受塑造他们底边化身份意识。苦力处于社会结构底层，如车夫、码头小工、搬运工等都成为底层研究的重要对象。"松香客"的"苦"表现为"非常"的劳作环境、身体超负荷以及艰苦的生活条件。

1. "非常"的劳作环境：山神、禁忌与风险

采脂群体在山上劳作实际上是进入陌生、特殊的环境。古人将山林视为神秘的、有灵性的超自然存在，尽管人类认识自然的能力得到极大提升，但是对山林尤其是人迹罕至的深山仍然抱有敬畏之情。采脂群体不仅要在山上劳作，还要在山中生活，面临刀伤、蛇咬、疾病的风险，"割松油我是怕了，山上什么东西都有，这么大的蛇盘在那里"[2]，他们形成了祭拜山神和语言、行为禁忌等习俗。拜山神为的是祈求生产平安，一般将河边摞起来的三块石头视为山神所在位置，石头上面铺三张

---

[1] 欧阳灿灿：《欧美身体研究述评》，《外国文学评论》2008年第2期。
[2] 内容由横岗村潘傅梅口述，时间：2018年1月21日，地点：竹海民宿内，访谈人：王惠云。

第二章 松香生产群体的技术民俗与异地边缘性

草纸,点香铺蜡,以猪肉、米饭、豆腐为祭品,年底下山再用猪或鸡还愿。不仅进入山林有拜山神仪式,即便在日常生活中,也有一些禁忌习俗。比如,晚上吃剩的肉不拿到山棚外。早晚不能说脏话或者死、蛇等字眼,肉要说成横刀等,"我们在山上住,肉是不直接说的,吃就吃,不要说,吃有时候注意点。山神也是迷信,心里这样想,拜一拜保佑我们一年好,出门在外就放心了"[1]。我们在田野访谈中听到不少违反禁忌后身体遭受惩罚的故事,例如,"我在沙县山里搭棚生活,我哥哥弟弟到我这里来玩,那天我们休息,他们问宝旺你这边有蛇没有,我不开口,叫他不要讲,晚上我三兄弟在一起,坐到床上,外面蛇就叫了。有的山就是很小气,有些更高、更阴静的山就不能乱说话。我跟你讲一个更奇怪的,一开始我叫了三四个小工,路都修好了,我看见草堆里有蛇,又怕小工看见,万一他们害怕在这里待不住,我就没有工人了,我就把蛇打死了,你说奇怪不奇怪,晚上我还好好的,到了半夜一只脚很痛,到早上下不了床,我就打电话给我姐夫,他让我猪肉买一点,搞一点饭,两三样东西,三块石头垒起来拜山神,我也没有买药,就是拿回来去那边吩咐一下,草纸烧一下,第二天就可以跑步了"[2]。这个故事反映出松香人的禁忌。

在山林中劳作和生活,采脂人常常会将一些突发的事件与山神的惩罚关联起来,而这种心理实际上反映了人在山林中劳作和生活的紧张、不安和焦虑。与此同时,在山林中劳作长达10个月,每天都在潮湿的树林里穿梭,从早上五点左右开始采割到下午三四点返回居住区,脚和手几乎不停歇,老茧、比常人粗壮的小腿还有磨损的皮肤,是他们身体受苦的印记。我在劳作现场也目睹了他们扎满蚊虫的背影和被汗水浸透的衣衫,被虫子咬和受刀伤是常有的事情,面对这些,他们只有无奈或者不以为意。恶劣的劳作环境伴随紧张不安,对他们的身体和心理进行

---

[1] 内容由黄下村王玲梅口述,时间:2018年1月28日,地点:竹源乡政府,访谈人:王惠云。

[2] 内容由小竹溪村民潘帮旺口述,时间:2018年1月23日,地点:小竹溪家中,访谈人:朱霞、王惠云。

双重考验，这种非常态的劳作环境使得一般人不会选择以采脂为生，而竹源"松香客"之所以在这么辛苦的职业中坚持下来，与现实生存困境、缺少职业转型能力有关，也因为采脂不需要提前掌握技术、不需要成本投入，不需要文化知识，适合夫妻共同劳作，且受苦换来了还算满意的收入。然而一旦受苦与收益严重失调，人们就会不认可采脂退出松香行业，但缺少其他生存技能使得受苦成为他们走不出的困境。

2. 超负荷劳作：身体和心理的双重煎熬

采脂群体一年有10个月在外劳作，通常一天劳作10小时左右，每隔十几天休息一次。加工工人的劳作周期相对较短，但一旦开始加工也是12小时左右的高强度劳作。高强度劳作带来的受苦感受或许随着时间流逝能够褪去，但那些留在心底的苦，一直伴随着松香人，在生计艰难的时代，他们承受身体和心理的双重煎熬，苦的经历和记忆使得他们对"放松香"这份职业形成了混杂情绪，这份职业养活了他们，又带给他们很多不美好的体验。"在获得和运用身体技术的同时，一个个鲜活的身躯正在流淌汗水、经历危险、感受疼痛、体验劳累，劳动过程中作为有经验能力的身体的感知过程，以及以身体感知为途径的身体经验势必带来主体的另类感受。"[①] 这种另类感受在吴化新的采脂"受苦"经历中表现为：

76年左右，我跟着包工头在山上干了半个月，我说明天休息一天，我头发长的连耳朵都看不到，工头说明天还要干一天。第二天收了一挑油，有一百四五十斤，要挑十多公里，挑到收购点去卖。路上他一下都不帮你挑，我那个时候才18岁，累得半死，我们是几个人一起去的，挑完油，他们几个去店里炒菜炒盘，给我五毛钱吃一碗面，那个时候，回来又是米、豆角、青菜，比油还重，又要挑回来。担回来，东家那个水缸很大的，要十来担水，才能挑满，又要我挑水，挑满了东家生产队分稻谷，又要帮他挑谷子，一起吃他们都不煮饭，又要我煮饭，煮了饭洗了碗就到晚上九点钟了，那天叫休息。上半夜蚊子咬，睡不着，下半

---

① 秦洁：《"下力"的身体经验：重庆"棒棒"身份意识的形成》，《广西民族大学学报》（哲学社会科学版）2010年第3期。

夜很好睡的时候，一点钟闹钟响了，又要起来做饭，饭都不给你吃饱。每天东家都烧我砍的柴，如果今天晚上没有带回来柴火就没有饭吃。我那个时候第一年出门，不做到下山回来会给人家笑话，一个小伙子出去干不到头，所以就坚持忍下去，眼睛没合下来我真的是很气①。

像吴化新这样年纪不大就外出"放松香"的现象在竹源地区很普遍，有些人在十四五岁左右就有了第一次外出采脂经历，这主要因为16岁左右的孩子在生产队基本没有工分，如果一个家庭中这样年纪的孩子人数较多，其生活负担较重，实际上16岁左右的孩子并非完全没有劳动能力，"放松香"为他们提供了谋生机会。他们在生产队里得不到工分，但是在采脂中却能凭借自己的劳动获得口粮以及少量现金，这使得更多家庭愿意让自己的孩子从事采脂。与此同时，正因为这些孩子年纪较小，他们只能跟随年纪较大有采脂经验的人外出，相互之间结成师徒关系，但实质上是雇佣关系。由于年龄、阅历等方面的差异，徒弟常常要顺从师傅，一旦不顺从，可能会出现身体惩罚、遣送回家或者克扣收入等现象。就如同吴化新所言，如果中途被遣送回家，无论自己还是家里人都会很没有面子，这使得他即便遇到如此对待也要坚持忍耐下去，而像他这样遭遇的现象并非个例。

3. 艰苦的生活条件

松香生产群体尤其采脂群体的异地艰苦生活条件，表现在衣食住行各个方面。

（1）不方便的山棚生活。采脂群体在异地劳作时通常选择在山林中搭建山棚度日。一方面，当地农户并不一定乐意与外地人住在一起，而且住在一起，还需要给主家干活。另一方面，住在山林中，能缩短到达采脂区域的时间，也能避免当地人清楚自己的收益。在现实利益诉求下，他们主动选择搭建山棚居住。已经熟悉现代生活方式的人一定难以想象在深山中生活的情景。但竹源松香生产群体就在这样的环境中一住十几年，"住山棚那个是真的苦啊，什么都不方便，买菜买米都要自己

---

① 小竹溪村民吴化新口述，时间：2018年8月17日，地点：福建霞浦大京村出租屋内，访谈人：王惠云、胡雪琪。

异地边缘化与乡土认同

背上去,我带着小孩,老公在山上,几天到城里一次,后面背着一个大牛仔包,前面背小孩。以前我们搭山棚也是这样一间一间的,用松木搭起来,床铺中间用茅草隔开,住山棚没有电,水是方便的,虫子蚊子都有,住山棚就是上半年潮湿一点,毕竟是室外,那个是连蛇都会爬上去的,基本上到冬天两个月就回家了,就将就一下,冷得不行就火盆放在床铺底下"①。

人人都希冀有舒适的居住环境,搭建山棚居住实际上违背人的发展需求。到了今天,流入地农村产生诸多闲置旧屋,它们通常远离当地中心区,基础条件较差。以江西浮梁寿安镇采脂工人居住的闲置屋为例,8月份的江西,天气极度闷热,房间里只有一台小型电风扇,晚上热到翻来覆去无法入睡,这栋房子靠着马路边,来往的汽车呼啸而过,尘土飞扬,周边除有一小型加工厂外,其他房子基本废弃,无人居住。马路对面是一条河,长满杂草,是他们夏天洗澡的地方。无论居住环境还是居住设施都非常简陋,但比起住山棚的好处是可以使用电。既然"松香客"要在外劳作生活10个月,他们为何不改善居住条件?修缮废弃屋的投入不小,这无疑增加他们在外的生活成本。更为重要的是,农民不愿意为别人的房屋投入成本,即便他们要在流入地暂居很长时间。

图 2-6 山棚
由许蔚虹提供,
时间 2018 年 3 月 5 日。

图 2-7 闲置房屋
拍摄于 2018 年 8 月 7 日,拍摄地点:浮梁县寿安镇出租屋,拍摄人:王惠云。

---

① 小竹溪村民郑丽华口述,时间:2018年8月8日,地点:江西浮梁寿安镇出租屋内,访谈人:王惠云、胡雪琪。

第二章 松香生产群体的技术民俗与异地边缘性

"松香客"没有把流入地当成自己的家，家不以居住时间长短而是以血缘地缘关系来定义。只要他们能将收入带回家，能在家乡修建新房，就能忍受异地艰苦生存环境。他们外出不是为了生活，而是为了生计。

（2）走路外出。从竹源走路去江西、福建，从居住地走路去山上采脂，在山上靠脚力来回奔波，走路将粮食、日用品背到山上，在20世纪90年代以前，双脚就是他们的主要交通工具，使用自行车和摩托车都是近10年来的事情。"在江西吉安县，从住的地方到山上要走一个多小时，带饭去。"①"老爸跟我讲了好多他们割油的故事，他们走路到江西弋阳，没有钱就是穿草鞋，要走半个月去弋阳"②，正因为常年走路，他们的小腿比常人粗壮，这也是苦累留在身体上抹不去的印记。

（3）穿草鞋、旧衣服。"我上面三个姐姐都是割油的，以前都是走路去的。到龙泉要三四天，都是穿草鞋，一个月顶多给你一双草鞋，草鞋不能穿了就用绳子一直绑一直绑，在山上很容易摔跤"③，"那个草鞋穿起来真的很辛苦，脚都起血泡，如果下雨天山上比较滑，一摔跤所有工作就白做了"④，"平常在家就是布鞋，做工的时候不要穿好的衣服，穿草鞋，就是为了节省"⑤。穿草鞋本来已经很不舒适，加之走路量多，脚上起血泡在所难免，即便这样，他们第二天也得忍着疼痛继续劳作。现在他们已经用解放鞋代替草鞋，但常年在潮湿山林中穿梭仍然免不了脚上有毛病。采脂的劳作环境难以保持着装干净，为了节省衣物，他们常穿着旧衣服或者松香厂发放的粗制工装，这也让外界产生他们是苦工的印象。

---

① 小竹溪村民吴化新口述，时间：2018年8月17日，地点：福建霞浦大京村出租屋内，访谈人：王惠云、胡雪琪。
② 内容由小竹溪村民吴华杨口述，时间：2018年8月11日，地点：江西浮梁丰林松香厂内，访谈人：王惠云、胡雪琪。
③ 内容由小竹溪村民潘青忠妻子口述，时间：2019年2月12日，地点：小竹溪家中，访谈人：王惠云。
④ 内容由小竹溪村民吴化天讲述，时间：2019年2月17日，地点：小竹溪松香博物馆内，访谈人：王惠云。
⑤ 丰林松香厂片长潘常贤口述，时间：2018年8月11日，地点：江西浮梁丰林松香厂内，访谈人：王惠云、胡雪琪。

（4）吃干菜、松香饭。"穿草鞋，吃干菜、白菜，头一年出去没有米吃了，当时我表哥从家里带出来的米，到6月份才舍得拿出来吃，拿出来都虫蛀了，没办法也要吃"①，"菜干用盐巴晒好了我们带出去吃，搞一点点菜干，烧一点汤，就喝那个汤当菜了。到山上干活，我们就拿一个饭袋，把饭烧得生不生熟不熟，我们叫松香饭，耐饱。猪肉肥一点拿去熬油，半年有一餐肉吃就很不错了"②。无论吃干菜、没有肉吃，还是之前提到的穿草鞋，住山棚，走路外出等都基本上是20世纪90年代以前的事情，那个时候也是竹源乡民外出从事松香生产较为集中的年代，即便外出"放松香"的衣食住行等生活条件都非常艰苦，他们也还是继续在这个行业里坚持下来，因为年底收油后他们就有了现金，可以解决来年的生活问题，而不外出采脂留在家里就只能过紧巴巴的日子。现在松香生产群体的饮食有很大改善，蔬菜、水果、肉类成为日常必备，这与松香生产群体总体生活水平提高有关，也是包工头与采脂工人建构稳定雇佣关系的策略，山上采脂劳作已经非常辛苦，饮食上如果得不到改善就难以调动小工的劳动积极性。

（5）没有及时看病治伤的条件。"采脂很苦，一家人两公婆带着小孩住在大山里，现在说起来眼泪都要出来了，很苦的，第一年出去，穿草鞋下坡的时候一根竹子插进去，没有去医院，自己草药治好的，医院很远很远，有七八十里路。"③受伤或者生病一是住山上不能及时得到治疗，二是意味着不小的花销，为了节省开支，他们宁愿忍痛利用掌握的草药知识进行自我治疗。现在，发生常见的感冒、发烧、中暑、流血等情况，他们也基本不去医药诊所，或是自备常用药物，或是使用松节油止血，用鱼腥草泡水解暑。这反映了松香生产群体在外以赚钱为根本目的，尽量将就节省的生存观念。

---

① 内容由小竹溪村民潘青忠口述，时间：2019年2月12日，地点：小竹溪家中，访谈人：王惠云。
② 内容由松香老板唐广跃口述，时间：2018年2月3日，地点：松阳县家中，访谈人：王惠云、关静、许蔚虹。
③ 内容由小竹溪村村民吴金发口述，时间：2018年1月23日，地点：小竹溪家中，访谈人：王惠云。

第二章　松香生产群体的技术民俗与异地边缘性

（6）与外部社会互动不畅。20世纪八九十年代交通、通信方式不发达，再加上采脂工人在深山劳作，很难及时接收到外界信息，一些包工头从自身利益考虑，常常会采取封锁消息的办法让小工安心为自己劳动，"我16岁就没有爸爸了，9月份的时候我爸爸死掉了，以前没有手机电话都是电报，我家里发了电报到我那里差不多半个月才收到，我爸爸都已经抬出去了，我表哥村里人说我爸爸去世了，他也不给我知道，让我安心给他做事。然后我又知道有点事，我就哭起来了"[1]。深山采脂实际上使人脱离了常态生活轨道，人的社会性被暂时削弱。随着居住环境和交通工具变化、手机等通信设备使用，封锁信息不再可能，生产群体在外生活内容也相对变得丰富。

总体上，20世纪90年代之前，松香生产群体在流入地的劳作环境和生活条件较为艰苦，近10年来，他们在异地的生活条件有所改善，但仍有在外谋生节省生活成本的思维，生活改善程度有限。艰苦的劳作环境、劳作中身体的劳累疼痛感以及较低水平的生活条件使得松香生产技术不仅不能为松香生产群体带来技术地位和社会地位，还会使他们形成底边化身份意识，也会让外部社会尤其是流入地民众对松香生产群体形成做苦力的身份印象，从我对竹源"松香客"在江西浮梁县和福建霞浦县的生产区域调研来看，当地民众基本不以采脂为生。"我们江西人都不愿意采脂，到山上太辛苦了，我那里（赣州）几乎没有做这行的了，现在谁还去啊，那么辛苦，我那里九几年就有很多人去广东打工。"[2]"我们霞浦本地人都没有做松香的，这个事情说实话我看了也很辛苦，在山上，天气热的时候蚊子多，我上去一趟就赶快跑出来，我都受不了。"[3]竹源乡民因生活艰苦流入江西等松树资源集中地采脂，而江西等地的农民对采脂职业并不认可，以浮梁县民的生计为例，历史上

---

[1]　内容由小竹溪村民潘青忠口述，时间：2019年2月12日，地点：小竹溪家中，访谈人：王惠云。
[2]　内容由丰林松香厂王总口述，时间：2018年8月11日，地点：江西浮梁丰林松香厂内，访谈人：王惠云、胡雪琪。
[3]　内容由福建霞浦县长溪村村民汪晖口述，时间：2020年2月5日，电话访谈，访谈人：王惠云。

"县民摘叶为茗，伐楮为纸，坯土为器，茶瓷互利，农工商并举"①。改革开放以来，除种植水稻和茶叶外，县内茶叶厂、陶瓷厂、煤厂、大理石矿厂等多家工矿企业以及外出务工逐渐成为县民生计重要来源。20世纪60年代以来，该地松树资源就主要由浙江人承包采脂，"人民公社那会也是浙江人在搞采脂，反正这个东西一上市就是浙江人在搞"②。松香生产在大部分流入地基本属非常态职业，加之异地松香生产中艰苦的劳作生活环境与下力的身体感受，使生产群体形成底边化身份意识，正如潘青忠所言，"当地人看你出门很苦，看不起你出门做事"③，当潘青忠做出这样的表述时，他自身就有了底边化身份意识。

2. 自称"乞丐"：底边化身份意识

松香生产群体底边化身份意识最直接的表现是自称"乞丐"，受苦的身体感受、艰苦的生活条件、不开割松树就没有收入的劳作特性以及背井离乡的外来人处境等塑造了"松香客"的"乞丐"身份意识，生产群体在技术操作中经历的艰苦生存环境和高强度劳作，使得他们无论如何也不会将松香生产视为具有吸引力和竞争力的职业。在现实生存困境下，竹源乡民选择"放松香"过渡物质匮乏的日常生活，随着生活条件改善，他们不再愿意继续当小工，而是雇佣同乡或者非同乡小工为其采脂，小工成为采脂的直接操作者，而包工头只需管理好小工就可以获得更多收入。新一轮小工来自更为贫困的家庭或地区，目前以云南、广西等地的工人居多。我在浮梁县对云南澜沧地区的工人进行了访谈，他们年龄大多在23岁左右，小的只有18岁，外出是因为家里生活困难，自己又没有技术和文化，没办法去工厂打工，采脂虽辛苦，但可以解决吃住，年底还有余钱带回家，他们外出辛苦赚钱的愿望仅仅是买电视机或者摩托车。竹源乡民从亲自劳作，到雇佣同乡，再到雇佣贫困地区小工，实际上反映了采脂是生活困顿，缺少其他就业机会者的无奈之

---

① 浮梁县地方志编纂委员会编：《浮梁县志》，方志出版社1999年版，第1—2页。
② 内容由浮梁县人高谷隆口述，时间：2020年2月5日，电话访谈，访谈人：王惠云。
③ 内容由小竹溪村民潘青忠口述，时间：2019年2月12日，地点：小竹溪家中，访谈人：王惠云。

举，可以现学现用、只需体力付出的采脂技术符合了这些人的生存需求，采脂群体处在了社会结构的底层。

乞丐作为生活中的边缘人，处于不被主流社会接受的阈限状态，采脂工人将自己喻为"乞丐"也充分地表明他们在流入地找不到认同感和归属感。有关农民的社会地位研究，乔健提出了底边阶级的概念，"'底'指社会地位低下，处于社会底层。'边'是边缘，指的是在士农工商之外，一般指从事非生产性行业的群体"[①]。其中乞丐被归在下九流职业里面，其社会位置低于农民。尽管松香生产群体尤其是采脂群体将自己的职业身份喻为乞丐，但他们毕竟不是真正的乞丐，不是真正的底边人。底边人在社会中无法获得体面的位置，属于无根的浮萍，在社会中找不到文化认同。而松香生产群体只是在异地劳作时才会有技术身份底层化的现象，在与他们从事同一职业的群体内部，以及在他们返回家乡后，这种现象被集体性的技术身份认同和文化认同所消解。因此，我们只能说松香生产群体有底边化身份意识，而不是真正的底边身份。

本节从有技术无地位和底边化身份意识两方面展开对松香生产群体技术身份底层化的分析。在分析底边化身份意识时主要侧重采脂群体，这是因为采脂群体人数众多且底边化现象突出。加工群体虽然底边化意识相对较弱，但不意味着其技术身份没有发生底层化，他们不能依赖技术进步获得社会地位，囿于技术单一、重复劳作、有安全风险、缺少职业转型能力、收入有限等因素，他们同样处在社会阶层结构的底端。本节对松香生产技术历史、特性等的分析指向对生产群体的底层化技术身份的阐释，这是基于日常生活转向对技术民俗学研究做出的新理解。底层化技术身份使生产群体的异地生存状态具有边缘性。

第二节 技术实施中的劳作与生活异化

基于日常生活研究视角，本书的技术民俗学研究是通过技术理解相

[①] 乔健编著：《底边阶级与边缘社会》，立绪文化事业有限公司2007年版，第15页。

关民众的生活实践，技术关联民众生活诸多方面，塑造他们的劳作模式和生活模式。松香生产群体的异地生存状态具有边缘性，这不仅表现为技术身份底层化，也表现为在流入地的生产与生活异化，且生产、生活异化主要是"松香客"在技术实施中内部建构的结果，其背后有一定的实践逻辑。松香生产群体分为采脂群体和加工群体，采脂群体经历了老法采脂技术时期的师徒组织形式和新法采脂技术时期的包工头—小工雇佣组织形式，20世纪80年代以后，又因受雇于同乡开办的松香厂，形成包工头—小工和工厂—工人双重雇佣组织形式。20世纪80年代以前，竹源乡民虽掌握蒸煮加工技术，但囿于国营松香厂的加工职位由正式工人担任，并不能形成加工群体。20世纪80年代以来加工工人的人数增多，主要采用工厂—工人雇佣组织形式，加工群体人数远远少于采脂群体人数[①]。从"松香客"从业经历讲述来看，通常松香老板从采脂工人和包工头发展而来，包工头从采脂工人发展而来，2010年前后大多数竹源乡民都有包工头从业经历，且采脂工人同时也可能有加工经历，这使本书可以从某一松香从业者处获得采脂、加工、承包与经营等多种信息，且本书在分析松香生产群体的异地边缘性时需要考虑到此种组织形态的影响。

本节从劳作异化与生活异化继续展开松香生产群体异地边缘性论述。劳作异化，指在老乡游戏和产量游戏下形成自我剥削。生活异化，指生活—劳作边界的模糊和空间、交往的区隔。采脂工人和加工工人的劳作、生活异化虽受多劳多得激励有自我剥削成分，但主要是被工厂与包工头建构。包工头的边缘性建构比较复杂，他是工厂的被雇佣者，因多劳多得报酬给付形式与工厂达成利益一致；他是采脂小工的雇佣者，通过从小工产量中抽成获取收益，需对小工的劳动过程进行监督以保证自身收益；他还是采脂工人，亲自参与到采脂劳作中，基于多重身份，包工头实际上自我建构劳作与生活异化。而这些都离不开上述组织形态

---

① 小规模滴水法松香厂，通常只有一名加工工人和二三十名采脂工人，中型滴水法松香厂通常有两名加工工人和上百名采脂工人，大型蒸汽法松香厂，通常有四五名加工工人和三四百名采脂工人，正因单个松香厂的加工工人数有限，本书对加工群体生产实践的分析较弱。

的影响。技术实施中的劳作、生活异化进一步建构松香生产群体的异地边缘性，使其不可能实现异地融入，也强化其对乡土认同的现实需求。

一 劳作异化：老乡"游戏"与产量游戏

松香生产群体的异地边缘性建构，首先表现为劳作异化。劳作异化发生在雇佣关系中，涉及的核心问题是雇主对雇工的劳动控制。对松香生产群体的劳动控制，关系技术效率和松脂产量，关系经济收益和经营成败，前期资金投入较大的包工头和松香老板对劳动控制非常重视。布洛维的劳动控制理论提出了"超额"游戏现象[①]，面对超额游戏激励，工人同意了工厂的强制性劳作。郑广怀等人在中国个案基础上又提出了老板游戏，即人人当老板的观念模糊了雇主对雇工的剥削[②]，这也是"同意"劳动控制的一种方式，本书同样涉及劳动控制问题。20世纪90年代以来，同乡已不能满足竹源松香经营群体的劳动力需求，非同乡雇工大量进入竹源松香行业，这使得劳动控制同时涉及同乡雇主—雇工以及非同乡雇主—雇工两对关系。雇主和雇工是同乡，这种情感性与工具性相混合的关系，实际上掩盖了雇主对雇工的劳动剥削，雇工反而有可能主动表现得勤劳，为的是在熟人社会获得好名声。或者说，雇工担心不勤劳的名声传到熟人社会里，因而选择卖力劳作，此为老乡游戏。非同乡雇主—雇工的劳动控制实则主要源于多劳多得的产量游戏，这种正向激励达成了雇主和雇工的利益一致，促使雇工卖力劳作。利用熟人社会的行为约束机制和雇主—雇工利益共生关系，竹源松香行业实现了雇主对雇工的劳动控制。随着多劳多得的产量游戏成为当前普遍的报酬给付形式，雇主和雇工利益一致使得雇工自觉地加入自我剥削进程中来。与此同时，对劳动力是否卖力劳作的不确定，使得雇主发展出一套监督策略以保证自身利益。共生利益关系加上监督策略，使得"在异地的劳作时间占据了他们生活的大部分光阴，他们沉浸于自我构建的

[①] [美]迈克尔·布若威：《制造同意：垄断资本主义劳动过程的变迁》，李容容译，商务印书馆2008年版。

[②] 郑广怀、孙慧等：《从"赶工游戏"到"老板游戏"——非正式就业中的劳动控制》，《社会学研究》2015年第3期。

劳动现场里"①，劳作发生异化。

雇工外出谋生，为的是能有更多经济收入，虽然同乡雇工卖力劳动与熟人社会约束机制有很大关系，但他们自身想要增加收入也是促使其卖力劳动的动机和动力，尽管每年工资固定，但超额完成生产任务，就会获得涨工资机会，这也起到激励劳作的效果。多劳多得就更加直接地刺激了工人的劳动积极性，他们为雇主赚取得越多，自身收益也越多。通常在行业里有两三年劳作经历后，一些有头脑善于交际的雇工很有可能去承包松树资源，加入包工头行列，工人到包工头的相对低门槛，以及包工头实行柔性管理方式，模糊了工人对包工头"剥削"的反抗，他们反而以更加卖力的劳作积累上升成为包工头的资本，加入工厂和包工头为他们建构的劳作场域中。

二 生活异化：边界模糊与区隔

多劳多得的报酬给付形式以及熟人社会约束机制使得松香生产群体尤其是采脂群体在有限的体力和劳作时间内，希望采割更多松树以获取更多经济收益。即便生活也主要是围绕第二天劳作展开。基于离家外出对赚钱的渴望，他们在异地的生存表现为多劳动、少消费、少闲暇的特点，生活和劳作边界发生模糊。与此同时，松香生产群体一年中大部分时间都在山上或工厂内，劳作环境相对封闭，与外界交流机会较少。雇主从安全和利益角度考虑，也希望雇工减少与当地民众接触，这里雇主和雇工涉及不同群体。首先是包工头和小工，他们同吃同住，包工头可以对小工工余时间进行监督。从小工角度来看，他们从事繁重的体力劳动，在工余时间也没有精力与当地人有过多接触。"我们割十天休息一天，不休息就走不动了，休息就睡觉"②"每天回来也是磨刀一两个小

---

① 黄志辉：《自我生产政体："代耕农"及其"近阈限式耕作"》，《开放时代》2010年第12期。

② 由云南拉祜族小工李查口述，时间：2018年8月8日，地点：江西浮梁寿安镇出租屋内，访谈人：王惠云、胡雪琪。

时就先睡觉,晚饭七点以后就睡觉休息了"①。其次是工厂老板与加工工人,工人的活动范围在工厂内,外出需要请假,因而工厂也能对加工工人的工余时间形成监督,繁重的体力劳动和管理制度的限制使得加工工人不会与当地民众有过多接触。还有一对雇佣关系是工厂和包工头,包工头既是被雇佣者也是雇佣者的双重身份,使得他出于利益考虑需要对采脂工人进行充分监督,因而也不可能把时间明显花费在与流入地民众的交往上。总体上,雇主主动建构雇工与当地社区的区隔,而雇工受客观条件制约接受这种区隔。结果是,除了必要的日常消费和工具性互惠外,他们很少与流入地民众有日常往来,生活与劳作边界模糊以及与流入地交往区隔,造成松香生产群体的生活异化,这在松香生产群体的日常生活讲述,以及我在浮梁县寿安镇和霞浦县长春镇的实地观察中得到印证,松香生产群体虽流动到异地劳作,受劳作特性影响,在异地居住10个月左右,但从他们的生产、生活讲述与实践来看,与流入地社区和民众的交往较弱,20世纪90年代之前,他们主要居住在山上,下山需要1个小时左右,一天劳作10小时后下山与流入地民众交往不太现实。而且,他们通常在某地采脂三五年便流转到其他省份的采脂区,即便在同一地区采脂长达数十年,也多在不同山场间轮换,这更加使得他们在某地居住时,与当地民众的交往较为缺失。劳作特性及其塑造的生活特性,使他们呈现与异地区隔的生存状态。

(一)生活—劳作边界模糊

技术革新可以提高生产效率,节省人力。理论上讲,"松香客"受苦的身体感受能够得到缓解,也能有更多可支配工余时间。然而事实并非如此,在劳动效率提高后,他们选择将节余出来的时间用于采割更多松树,而不是让生活变得更轻松。生活和劳作边界发生模糊,根本原因在于,他们来异地是为了谋生。他们选择暂时异化自己的生活,目的是将更多收入带回家乡,在家乡弥补闲暇生活不足。

采脂群体生活与劳作边界模糊表现为,他们在山上劳作并搭建山棚

---

① 内容由松香老板曾农丰口述,时间:2018年1月16日,地点:松阳松泰地产办公室,访谈人:朱霞、王惠云、关静、刘梦悦、许蔚虹。

居住，以此缩短到达采取区的距离，以便有更多时间用于采脂。采脂工人多劳动就会有更多收益，赚钱是他们外出采脂的全部目的，采脂之余的生活是附带品，他们不强调采脂之余生活的丰富性和舒适性，反而如果身体和松树自然特性允许，他们愿意让渡休息时间增加劳作强度。即便在非采脂时间，他们也做着与劳作有关的事情，讨论与劳作有关的话题，他们的所有生活节奏和生活内容似乎都被劳作组织打上了劳作烙印。在与浮梁县寿安镇采脂工人同吃同住中，我观察了他们每日的行动轨迹，早上六点左右外出"放松香"，下午四点左右返回出租屋，开始磨刀、制作蚊香盒、制作松阳刀的手柄等，晚上七点左右吃晚饭后，包工头和他们聊山上采脂遇到的问题，现在塑料袋里有多少松脂了，哪片松树出油多之类，或者将工厂和护林员对采脂的要求传达给工人，要他们在林业部门检查严格时，注意割面不要明显超过采脂规程等。生活—劳作边界的模糊在已成家的采脂工人身上表现得更为明显，"在山上我只管做事干活，没有办法，自己负担重，四个孩子养大，还做了两间新房子"①，他们承担养育子女和赡养老人的责任，为了家庭生计，他们必须思考如何在有限时间内，获得更多收益，而多劳多得的报酬给付形式，使得采脂工人既是为老板工作，也是为自己工作，他们的利益连在一起，因而采脂工人选择主动模糊生活和劳作边界。

加工群体生活与劳作边界模糊表现为，他们的生产和生活都在工厂内，即便在非工作时间，也要从事与闲暇无关的其他劳作，甚至还要上山协助采脂工人完成采脂前的修路等准备工作。总之，松香生产群体在异地的生活呈现多劳动、少闲暇特点，生活—劳作边界模糊，使他们在流入地的生活发生异化。

（二）空间区隔与交往区隔

采脂技术实施中，为尽快到达劳作区域，也为了工人的劳动积极性不被外界干扰，采脂群体形成住山棚以及与流入地民众交往区隔的生活方式。在加工技术实施中，为了保证岗位人员稳定，也为了减少人身安

---

① 内容由横岗潘昂常口述，时间：2018年1月24日，地点：横岗村口，访谈人：王惠云、潘慧萍。

全事故，加工群体形成住工厂的半封闭生活模式。在居住空间与交往区隔中，包工头和工厂属于主动区隔一方，采脂工人和加工工人属于被区隔一方，被区隔一方最终加入主动区隔。居住空间区隔具体表现为，采脂工人从技术实施和经济利益出发选择居住在山上。即便一些采脂工人选择在山下租住房屋，出租屋也是在村头或村尾，靠近采脂区，远离人口集中区。以竹源采脂工人吴化新在福建霞浦县长春镇的居住地为例，他居住在山上简易房屋内，从山上走下来需花费 20 分钟左右的时间，居住地距离附近的大京村和长春镇政府驻地分别是 5 千米和 14 千米，居住地四周除了山林和国道外，几乎没有人烟。浮梁县寿安镇采脂工人居住在农户的闲置房屋里，居住地四周分别是 S205 国道、废弃房屋、农田和山林，距离寿安镇中心区 7 千米左右。加工工人的生产生活都在工厂内，化工类工厂出于安全考虑也大多建在村落或者乡镇边缘。这使得无论采脂群体还是加工群体的生活空间都与当地社区形成一定区隔。

图 2-8　寿安镇居住地

拍摄于 2018 年 8 月 7 日，拍摄地点：浮梁县寿安镇，拍摄人：王惠云。

图 2-9　长春镇居住地

拍摄于 2018 年 8 月 17 日，拍摄地点：霞浦县长春镇，拍摄人：王惠云。

尽管空间区隔并不必然造成交往区隔，但松香生产群体还是与当地民众形成了交往区隔，尽管这种区隔不是完全性的，比如在购买日用品中有浅层次接触。客观上讲，一天 10 个小时或者 12 个小时的高强度劳动，使得生产群体走下山来或者走出居住地、工厂与当地人进行交往变得不可能。以采脂工人一天的生活内容安排为例，早上三点起床做饭，早上六点上山，采割完3000棵左右的松树后返回居住地的时间一般在下午四点左右，然后开始洗漱，再磨刀一两个小时，到晚上七点左右吃晚饭。七点之后他们也不可能跑到外面进行社交活动，因为第二天早上还要开始新的劳作。住在没有电的山棚里，夜晚来临，工人们只能相互聊天打发时间，但住在山林中的诸多不便和禁忌习俗，又使得他们的聊天内容不那么自由，采脂的日子过得更加单调乏味。有过采脂经历的人提到"感觉我们做这一行真的很压抑，每天重复同样的事情，帮人家做，不管身体好不好，舒服不舒服，必须把那点事情做完，不做完就没有钱带回家，在山上根本和外界断绝联系"①。松香生产群体的空间位置在当地社区犹如孤岛一般，他们的劳作、居住、交往都有明显的边缘性，边缘性并非主要被流入地社区排斥，是技术实施的结果。

加工群体的交往区隔表现为，他们的生产和生活都需要遵守工厂规定。以小竹溪村民在浮梁县经营的丰林松香厂为例，工人外出需书面请假，返回后要销假。其目的，一是知道工人去向，以免发生安全事故。二是为了保证生产稳定，各岗位需要预留充足人员。对于工厂来讲，他们从生产稳定和人身安全等角度考虑，并不希望工人与当地民众有过多接触。"工人和当地相处机会少，他可能也不需要融入，以前没有这么严格，接触也是不少，出事情的也有，融入只有坏处，有什么好处呢？确实就是没事就惹事情，采脂也是，融入越少，融入多了是坏事。"②从工人角度出发，以生计为目的的流动以及高强度劳作使他们客观上缺少与外界交往的动力和精力。"我们是不管外面的事情，没有什么要和外面接触的"③，"我们除了车间加工就是在厂里，和当地人基本不交往，也不需要和当地人交往，我们都是有业务才会和当地人打交道"④。

---

① 内容由小竹溪村民贺法甫口述，时间：2018年1月16日，地点：松阳松泰地产办公室，访谈人：朱霞、王惠云、关静、刘梦悦、许蔚虹。
② 内容由江西浮梁县丰林松香厂管理者许辰峰口述，时间：2018年8月10日，地点：江西浮梁县丰林松香厂内，访谈人：王惠云、胡雪琪。
③ 内容由丰林松香厂王姓女工口述，时间：2018年8月9日，地点：江西浮梁县丰林松香厂，访谈人：王惠云、胡雪琪。
④ 内容由丰林松香厂可重旺村加工工人项宣秦口述，时间：2018年8月11日，地点：丰林松香厂内，访谈人：王惠云、胡雪琪。

第二章　松香生产群体的技术民俗与异地边缘性

无论主动区隔还是被动区隔，空间区隔还是交往区隔，都使松香生产群体的异地生活具有边缘性。

劳作和生活异化以及技术身份底层化，建构松香生产群体的异地边缘性，也强化其对乡土认同的现实需求。从松香生产群体在各地的生产实践与口述资料来看，这种边缘性主要是技术建构的结果，只要他们以松香生产技术谋生，在任何流入地的生存状态都会带有边缘性。边缘性并非指他们是边缘人。边缘人在帕克的定义中指的是有文化认同焦虑的人，在中国，边缘人研究以乔健等人提出的底边人为代表，指从事非生产性行业且处在社会结构底层的人。无论边缘人还是底边人都有特定内涵，并非外来人就会成为边缘人。松香生产群体为了生计流动，他们在任何流入地都呈现劳作和生活边界模糊，其目的是有更多时间投入劳作，获得更多经济收入。为降低外部社会对劳作的干预，他们选择与当地社区形成空间和交往区隔，待年底劳作结束主动返回家乡寻求认同归属感。

学界常常认为流动农民因被流入地排斥无法融入其中。本书松香生产群体同样属于流动农民，他们确实与当地社区形成区隔，没有融入其中，但没有融入并非来自流入地排斥，从我在浮梁县和霞浦县的实地调研来看，当地民众对处在他们地界上的"松香客"并不了解，也少有接触，"我们本地人对他们做松香的也没有什么了解，我作为护林员天天跟采脂工人打交道，但是工作以外，平常和他们也没有什么交往，采脂工人和我们当地人也没有什么交往"[1]，"他们都是住山上，不怎么下来跟我们这边的人交往，因为人家干活干得也辛苦，一般不下来的"[2]，从流入地民众的讲述来看，他们对"松香客"没有明显的排斥之意，而是客观陈述松香生产群体与他们没有过多交往的原因，住山棚以及高负荷劳作使得生产群体不太可能走下山来与他们有过多交往，异地边缘性主要是技术特性建构的结果。

---

[1] 内容由江西景德镇枫树山国有林场护林员高谷隆口述，时间：2020年2月5日，电话访谈，访谈人：王惠云。
[2] 内容由福建霞浦长溪村汪晖口述，时间：2020年2月5日，电话访谈，访谈人：王惠云。

本节从松香生产技术切入，对生产群体的异地生存状态进行阐释。松香生产技术革新无法为生产群体带来技术地位和社会地位提升，其技术身份趋向底层化。技术实施还塑造生产群体的劳作模式和生活模式。底层化的技术身份以及技术实施中的劳作和生活异化，使生产群体的异地生存状态整体上具有边缘性。竹源松香生产群体为了谋生需在异地停留长达10个月的时间，任何人都不可能持续地在边缘化状态中生存，他作为社会人的完整性，他的日常生活意义可以暂时缺失，但必须得到补偿弥合。补偿弥合的方式一方面在于异地边缘性中的生存策略，另一方面在于返回家乡后的民俗生活平衡与集体性技术身份认同。

第三节 异地边缘性下的生存策略

松香生产群体的异地边缘性，意味着他们不能融入当地社区。从他们在流入地的实践逻辑来看，边缘性是技术建构的结果，而非流入地社区排斥。边缘性使松香生产群体无法从当地社区获得归属感和认同感。然而，任何人都不可能在无认同的环境中持续生存，他们通过将自身纳入技术和行业组织，来寻求认同感和归属感，应对生活异化。与此同时，松香生产群体面对劳作异化没有选择反抗，而是主动加入自我剥削中，将劳作视为在外谋生的全部意义。他们在劳作中的生存策略，表现为如何获得更多经济收入。

一 在技术与行业中组织化

组织机制不仅能保障行业内生产的有序进行，还通过分工规定着行业成员的角色，使他们各司其职又各有所获。有效的组织体系能够将个体成员的行动与组织的整体目标结合在一起。[1] 个体将自身纳入组织体系，可以在组织中获得较为明确的角色，对于组织内群体而言，他们从事相同职业，在组织共同体中获得职业身份的意义，组织成员朝夕相处

---

[1] 高建奕：《组织认同研究综述》，《昆明大学学报》2007年第1期。

第二章　松香生产群体的技术民俗与异地边缘性

产生的情感慰藉，对于远在他乡辛苦劳作的个体来讲是一种生活补偿。松香生产群体的技术和行业组织通常以同乡或者拟亲属形式结成，这使得无论是采脂工人还是加工工人，他们在异地的劳作和生活都不是单枪匹马，而是呈现集体性特点。列文将此现象称为"集体外来人"[①]。由于文化习俗差异以及人们对陌生人尤其是陌生群体的警惕心理，外来人在当地社区多少带有边缘性，松香生产群体的底层化技术身份、劳作和生活异化使边缘性更加明显。而集体性生产、生活实践使他们形成了技术或者行业共同体，在共同体内他们能找到暂时的归属感。然而，这种认同归属及情感慰藉作用有限，并不能完全消解异地边缘性。

（一）集体外来人的技术组织认同

竹源"松香客"群体向外流动经历了链式流动到集体性流动。通过传帮带，竹源松香从业人数不断增加。20世纪50年代以来，他们在采脂生产中结成师徒式、雇佣式、家庭式三种技术传承与技术组织。受人民公社时期人口流动政策限制，并非人人都能外出"放松香"。早先出去的农民，掌握了国营厂采脂招工信息，以师徒关系、年付工资的方式将自己的同乡带到外地采脂。师傅管徒弟吃住并年付工资，1957年工资大约70元。[②] 师徒传承关系确立是双向选择的结果，师傅看重徒弟是否身体健康吃苦耐劳，徒弟对师傅的选择则由父母决定，外出当徒弟的人年龄基本在15岁左右，父母想让孩子出门赚钱但又担忧不舍，一般会打听消息选择可靠的人做师傅，师傅虽不一定是亲戚，但一定是知根知底的熟人。这一时期采脂技术采用老法，人站在松树一侧背后使用钩刀，从前面根部向上提拉采脂，对力度、角度等都有一定要求，没有师傅指导和较长时间操作，难以做到熟能生巧，因此师傅的权威性在老法采脂技术传承中得到保证。20世纪60年代，国家为提高松脂产量开始宣传新法采脂技术，即用松阳三角刀从松树中部开出V字形割面，

[①] 转引自成伯清《格奥尔格·齐美尔——现代性的诊断》，杭州大学出版社1999年版，第141页。

[②] 内容由松阳人曾斤土口述，时间：2018年1月16日，地点：松泰地产办公室，访谈人：朱霞、王惠云、关静、刘梦悦、许蔚虹。

松脂汇聚到交叉点后顺着中沟流入松脂收集装置中，这在提高松脂产量的同时也降低技术门槛，使想要从事采脂的农民无须拜师就可在很短时间习得技术并上手操作，师傅的权威性下降，直接导致师徒关系被常见的雇佣关系所取代。

早期雇佣基本维持在同乡范围内，原因在于劳动力生产积极性直接决定松脂产量。一般来讲，雇佣同村、同乡、同县劳动力可以节省招工成本，又因为有人情纽带，同乡劳动力不太可能会偷懒或频繁跳槽，这就保证了生产稳定性。一些头脑灵活的同乡雇主与国营工厂管理者攀交情，在互惠关系中承包松树资源，进而将这些资源分配给同乡雇工。以同乡关系结成技术组织，可以为远离家乡又在深山中劳作的采脂人提供归属安全感。随着松香生产规模扩大需要更多劳动力，非同乡雇工进入生产组织中。竹源乡民雇佣外地工人，以同吃同住的办法对工人进行管理，双方实际上是纯粹利益关系，但为了更好地激励工人的劳动积极性，雇主通常与工人结成拟亲属关系，或采用柔性管理办法树立好雇主形象。雇工承受雇主的"好"，自然会相对卖力劳作。雇主和雇工之间虽没有同乡情谊，但是利益一致，有共同经历，深知采脂辛苦，从人性角度出发，他们也一定程度上能够惺惺相惜。

在技术中组织化，之所以能产生认同归属感，在于他们都从事同样的职业，掌握同样的谋生技术，积累了相似的技术知识和技术经验，比如如何修路能使得每棵松树都被采割到，在采割时如何权衡国家采脂规程和松脂产量等。共同的职业经历建立了内部知识体系，使得一个群体区别于其他群体。而劳作中的相互协作，加深了彼此间的相互了解和默契度。围绕技术和劳作，他们还形成了住山棚、拜山神的生活习俗。"松香客"群体模式化的日常生活往往成为共同体的风俗，成为该群体不同于其他群体的外部标志，正是因为"我们"共同经历着或经历过这样的生活，所以"我们"才是这个群体中的一分子。总之，共同的技术实践和围绕技术的生活实践，都使得他们在内群体中暂时找到了归属感。在采脂技术组织中，还有一类是家庭式，即参与采脂的团队由夫妻和子女组成或者夫妻搭档，这也是为什么他们能在艰苦的采脂劳作中

第二章　松香生产群体的技术民俗与异地边缘性

坚持下来的原因之一，相比女性或者孩子留守在家而男性外出打工模式，家庭成员共同劳作使得采脂群体在异地能够得到较多情感慰藉。然而，即便是家庭成员共同劳作，也不能完全消解他们在异地生活的边缘性，因为他们始终是以外来人身份在他乡土地上谋生。他们并没有要将他乡变为家乡的意愿。外来人只有回到他来时的地方才能获得完整的意义。

(二) 集体外来人的行业组织认同

松香生产群体不能离开行业组织而存在，其一，松香生产是一个从采脂到加工再到销售的生产链，只有分工合作才能完成生产任务，将资源变为资本。其二，松树资源通常由资金雄厚的工厂统一承包，然后再分派给更小一级的生产单位，最后落实到个体生产，因此个人必须加入行业组织。其三，松香生产群体在异地的劳作和生活带有边缘性，将自身纳入行业组织，可以获得行业庇护，基于生存需求，松香生产群体一定程度上形成了对行业组织的认同。行业组织类似于边缘共同体，斯通奎斯特认为，边缘共同体有助于消解边缘性带来的生存困境[1]。萧成鹏也提出边缘性群体倾向于在流入地结成一定的组织以对抗边缘性的消极心理和外界对自身的不认可[2]。

松香生产群体的行业组织经历了不同阶段。改革开放前，由国营松香厂负责协调松香生产，它们将采脂外包给山区农民，加工则为正式工人操作。与国营厂签订承包合同的人成为师傅或者包工头，他们自行雇佣工人进行采脂。国营厂有采脂队长管理所有采脂工人。改革开放后，国营松香厂被私人松香厂代替，采脂队长一职由山场管理员即片长担任，工厂将采脂区域分成不同片区，雇佣人数不等的片长专职管理与采脂有关的大小事务。片长虽由松香厂雇佣，但其主要工作区域在工厂外，且工厂有无片长，与生产规模有关。通常采脂工人达到百人以上的加工厂才会设置片长这一岗位。而那些规模较小的加工厂则由松香老板

---

[1] Ralph M. Stogdill, "The Marginal Man: A Study in Personality and Culture Conflict by Everett V. Stonequist", *Educational Research Bulletin*, Vol. 18, No. 2, Feb 1939.

[2] Paul C. P. Siu, "The Sojourner", *American Journal of Sociology*, Vol. 58, No. 1, Jul 1952.

担任片长一职，以降低生产管理成本。片长连接采脂和加工厂，活动在生产第一线，需要具备灵活处理各种突发事件、精打细算地为工厂老板节省开支以及做好采脂工人生活安置等工作的能力，通常情况下，有过采脂经验或者松香从业经验的熟人来承担片长一职较为常见。也正由于片长长期活动在生产第一线，他们在与采脂工人以及采脂所在地的政府和村民打交道的过程中，积累了一定人脉，也积累了一定处事经验，这又强化了工厂对片长的倚重。合格片长需在早上六七点左右上山检查采割面，对于明显违反国家采脂规程的现象及时指出并督促改正。片长既是采脂工人的监督人也是保护人，采脂工人的生活安置、生活费发放、与当地村民的矛盾纠纷等，都由片长出面解决。而片长对于工厂来讲又是得力管家，他们将工厂外的事情处理得井井有条。规模较大的松香厂在片长以上还有管理层，以浮梁丰林松香厂为例，有三个平行管理层，一个负责对外联络、经营人情关系以及处理纠纷矛盾等，一个负责厂内后勤，包括伙食和工人生活等，一个负责松脂收购、质量检测，在质量检测的管理者之下，还有一个车间主任负责直接监管加工。在松香老板—管理层—片长—加工工人和采脂工人的行业组织体系内，岗位人员各司其职，相互协作，共同使得资源转化为资本，组织内每一个个体的利益诉求得到基本实现。

　　松香厂根据生产经营规模不同，会同时雇佣几十到几百不等的采脂工人，采脂工人随山场分散分布，数个山场由多名包工头承包，包工头再组成自己的采脂团队，为了便于管理，通常单个包工头的采脂团队成员不超过十人。除采脂团队内部形成组织并进行交往外，团队之间实际上也有往来。尤其是包工头之间为同乡关系时，相互往来更为频繁。由于采脂劳作辛苦且繁忙，山与山的距离较远，劳作日不可能相互走动。但一遇下雨天气，采脂工人不能外出劳作。"下雨天的话，树上流出来的东西会被雨水冲掉。所以雨天是不能割的。一般是下雨天大家都休息，十来里路都会聚一下的。以前我们在溧阳，光那一片就有九十多个工人，不超过三十公里就有十几家，一到下雨天都会这次到你这里去玩，下次到他那里去玩，一辆摩托车只要能带得上都一起出去。天晴是

第二章 松香生产群体的技术民俗与异地边缘性

没有时间玩，很苦的。我们聚在一起关心价格、山场，哪个管理员啰唆哪个好说话，讨论小工在山上的作息时间，出工量，谁做得好，你割了多少刀，我割了多少刀，我袋子里已经有多少油了。都是做这个的，有共同话题。"[①] 自然环境给予的休息日促成不同采脂团队之间相互往来，他们谈论与采脂有关的话题，传递从不同渠道获得的家乡信息，正是在下雨天的交往中，他们进一步获得情感慰藉，平日里与木头打交道的孤独寂寞，区隔生活中的枯燥乏味，异化劳作中的不自由，在闲聊说笑中，在小酌碰杯中，得到暂时的缓解，雨天减少了收成，却增加了热闹。同乡之间还存在生产互助现象。正式采割前，需完成修路、刮皮、开中沟、挂袋子等准备工作，如果 A 包工头和 B 包工头是同乡且关系较亲近，尽管他们承包的山场不在一处，一般也会组织双方工人一起劳作。这样可以在达到适宜采脂温度前较早完成准备工作。此外，当某个山场的包工头遇到生产或者生活困难时，在外的同乡也会伸出援手，不求回报。原本不怎么往来的人因生产互助而建立良好关系，相互给予鼓励、关心和帮助。

尽管松香生产群体可以在技术和行业组织中获得一定的认同归属感，以补偿异地边缘性，但这种组织认同的作用有限。首先，技术组织中，成员大部分时间都在独立劳作，他们返回居住地后继续第二天的劳作准备，山上生活的禁忌，以及缺少私密空间，又使他们不能随心所欲地谈论各种话题，长期与树木打交道，加之高强度劳作等原因，都使技术组织内成员的实际交流相对较少。其次，行业组织分散，加工工人在工厂空间内劳作和生活，但众多采脂工人分散在各个山场，行业群体数量多，但分布不集中。它不可能像北京的浙江村那样形成有形社区，为行业成员遮风挡雨。最后，"松香客"群体虽形成技术和行业组织，但他们总体上被当地社区包围，在陌生环境中，他们的生产和生活都需要保持低调，甚至依赖当地社区的同意，因而无法也不能与当地陌生力量形成对抗。此外，无论是技术组织还是行业组织总体上都是建立在利益

[①] 内容由小竹溪村民郑丽华口述，时间：2018 年 8 月 10 日，地点：江西浮梁寿安镇出租屋，访谈人：王惠云、胡雪琪。

基础上，组织内部成员难以从中获得充分的情感支持。这些因素使技术和行业组织对生产群体的异地边缘性的补偿作用有限。

二 经济行为中的变通策略

以往研究行动主体尤其是农民的经济行为，有"道义说"和"理性说"的观点，而"农民经济行为选择体现生存智慧"的观点主张从实践出发去理解农民的经济行为。"农民传统行为是基于生存境况所做的选择，常常是谋生的最合理方式。农民在生存困境的长久煎熬中世代积累传承下来使其家系宗祧绵延不绝的，应该称为生存的智慧。"① 郭于华也认为，"所谓道义经济和理性小农的区别并非一个真问题，对农民行为的分析必须放在其特定的、具体的生存境遇、制度安排和社会变迁的背景中进行"②。任何行动主体包括农民在内，他们的行动逻辑并非一以贯之，他们具有生存的强大适应性，能够根据不同场域选择合适的行动策略。对松香生产群体而言他们利用变通和互惠策略获得更多经济收入。

针对新法采脂技术，国家在 2006 年前后出台采脂规程。对采割面、营养带、采脂年限、采脂树径、采脂方法、采脂流程等做了规定和说明，并要求各地有关部门对采脂工人进行岗前培训和新技术教授等。其中规定马尾松第一刀开割处，距离地面垂直距离不少于 1.3 米，胸高直径不少于 18 厘米，湿地松胸高直径不少于 14 厘米。采割面长度不超过 25 厘米等技术细节，此外规程还鼓励采用科学采脂新技术、新工具，严禁采用挖孔、大割面、砍劈明子等损害松树的不规范采脂方法。③ 这一新法采脂技术规程的出台与竹源松香商人的努力有关。燕庄村松香商人叶向耀提到，"我们在江西做大（松香行业）以后，还是干了几件别

---

① 王飞、任兆昌：《近十年中国农民理性问题研究综述》，《云南农业大学学报》（社会科学版）2012 年第 3 期。
② 李红涛、付少平：《"理性小农"抑或"道义经济"：观点评述与新的解释》，《社科纵横》2008 年第 5 期。
③ 《松脂采集技术规范》，资料来源于江西省林业局网站，http：//jxly.gov.cn/id_ f3e2ba05a20b4a94890efcdc6f0272bf/news.shtml。

第二章 松香生产群体的技术民俗与异地边缘性

人都没有干过的事情。我是第一任江西省松香协会的会长，当时只要你进入山上采脂，你的合法性没有依据。一棵松树割50%还是60%没有标准。有些采割严重的话就会割到80%—90%，这就不行了。江西省的湿地松采脂标准是我们定起来的，现在是全国采脂标准"①。

确定采脂规程不仅出于合理利用松树资源的目的，更多的是使民间经济在处理与政府的关系时有了依据。然而有了采脂规程，不代表采脂人员会完全按照规程来操作，采脂规程规定的采割面等内容是将松树的存活率保证在一个相当安全的范围内，这样范围内的采割面使得采脂人员获利较小，他们付出了辛劳，自然要求从中获得较多经济效益，在具体操作时，可以发现他们灵活变通地应对国家采脂规程。国家采脂规程以一系列具体数据指导采脂操作，工人在具体技术实施时不可能拿着工具准确测量操作是否精确地符合国家数据要求，数据和经验之间的不完全匹配就在国家和民间关系之间产生张力，在此处产生了非正规经济的变通。按照塞托的定义，采脂规程是一种规范化策略，民众的变通实践属于一种战术，民众在日常生活实践中"使用、操作和改变规范性策略的使用方式"②，以此来实现自身利益。需要注意的是，变通并不是无视国家规定，采脂工人实际上有生态保护意识，他们特别强调不能割断松树营养带，以保证松树存活率。

还有一种变通发生在工厂规定和包工头实践之间。包工头从工厂承包松树资源，工厂从自身效益出发要求包工头在承包山场中安排充足的工人，比如一片山场，从包工头的角度考虑，四个人就可完成采脂，工厂则要求安排五个人，五个人划分固定的松树数量，每个人分得的松树减少，相比松树多的时候三到五天割一刀，松树少的时候两到三天就能割一刀，五天之内一刀和两刀之间就有油量差距，工厂以此方式保证自身效益，每一个工人则因分得松树减少而收入下降，工人的劳作时间还

---

① 内容由燕庄村民叶向耀口述，时间：2018年1月16日，地点：松阳县城汽修厂内，访谈人：朱霞、王惠云、关静、刘梦悦、许蔚虹。
② 王杰文：《日常生活实践的"战术"——以北京"残街"的"占道经营"现象为个案》，《民间文化论坛》2018年第2期。

会出现间断。为了将工人空余时间利用起来，包工头会想办法承包更多松树，如果再承包工厂的松树资源，就需增加工人数量，工人出现空余劳作时间的问题得不到解决。因而，他们通常与私人签订承包合同，而工厂担心工人采割私人松树会分散精力，影响工厂收益。尽管如此，私自承包松树资源的现象仍暗中进行。塞托认为"这是弱者警觉地利用特殊形势在对所有者权力的监督中所开启的断层"①。一次"冒险"的私人承包牵出多条利益关系，他们在权衡利害中做出行动选择，在变通中获得经济收入。这种变通是生存智慧，更是生计所迫之举。

无论是将自身纳入技术和行业组织，还是在变通和互惠中获得经济收入，都是谋生的权宜之计。它不能为松香生产群体提供根本性认同，也构不成松香生产群体日常生活的全部意义。被陌生人包围着的，承受身心煎熬的"松香客"需要获得生活调剂与认同归属感。这一现实需求可以在流出地家乡得到满足。在流出地，竹源乡三分之二以上的人口以松为生，一些村落80%以上的村民都有松香从业经历，这使得松香成为流出地的标志性文化，松香生产群体可以在流出地获得集体性身份认同，与此同时，他们在家乡的生活不以劳作为主要内容，而是通过民俗生活获得调剂补偿。在返回家乡期间，他们获得经济属性、文化属性和社会属性的完整性。松香生产季节来临，他们又踏上离家征途，年复一年地外出谋生，返乡生活。外出是为了在家乡有更好的生活，离乡实际指向返乡。

本节以竹源松香生产群体为表述对象，对其异地边缘性与生存策略展开分析，集体性现象实际上基于诸多鲜活的个体实践。民俗学转向日常生活研究，应同时关注集体性传承与个体性实践。为进一步呈现个体的生存智慧和希冀诉求，更加突出民俗学的人文主义情怀，后文将对郑丽华的异地生产实践进行专门描述分析，以强化个体视角，凸显个体轮廓。

---

① ［法］米歇尔·德·塞托：《日常生活实践1：实践的艺术》，方琳琳、黄春柳译，南京大学出版社2015年版，第97页。

第二章 松香生产群体的技术民俗与异地边缘性

第四节 个体"民"的凸显
——郑丽华的异地生产实践

民俗学对"民"的理解经历了从底层到所有人的变化,"民"的范围的扩展与社会变迁、学科发展相适应。很长时间,民俗学较为关注集体性民俗事象传承,对"民"的主体性的强调不够,对个体的"民"的关注较弱。学界对民间故事家、技艺传承人的研究,近年来对个人生活史的关注,弥补了个体性"民"的相对缺失,且此方面的研究还需继续加强,以使鲜活的个体及其文化、智慧和诉求能呈现在学术前台,这既是对民众个体的尊重,也有相应的学术意义。事实上,即便是集体性现象,也是从对个体的访谈、观察与互动中获得认识和理解。本书在分析松香生产群体的异地边缘性与生存策略时,多次提及郑丽华的案例,但她的个体轮廓并不清晰。本节对郑丽华及其相关者的异地生产实践进行专门描述,以强化个体视角,使个体轮廓得到更加清晰生动的呈现。个体实践不仅反映社会、行业变迁与集体性知识,也能亮出个体经验、忧虑、生命力、智慧与希望。

一 夫妻共同劳作时期的经历讲述

郑丽华是江西贵溪市人,1992年嫁到浙江松阳竹源乡小竹溪村,与丈夫吴华甫的相识离不开松香牵线搭桥。20世纪70年代,文坊镇附近开办国有天华山林化厂,由于经营不善,1984年由吴华甫的大哥承包,吴华甫和弟弟妹妹在工厂帮忙,郑丽华的父亲在该厂打零工,结识了吴华甫一家。据郑丽华讲,她那时还在读书,一开始与吴华甫并不熟。工厂承包期间发生火灾,吴华甫被烧伤且住院一月有余仍旧外伤发炎,郑丽华的母亲觉得23岁的小伙子外出做事很是可怜,常常带了面条稀饭去看望吴华甫。1989年工厂承包期限将至,吴华甫委托大哥和当地村里有威望的人去说亲。当地少有与外来做松香的人结亲,加之吴华甫的兄弟多、家贫,父亲不太同意这门亲事,而母亲觉得吴华甫活泼

99

聪明、勤劳能干，郑丽华对吴华甫也比较满意，觉得他"蛮潇洒"的。在母亲和女儿的坚持下，父亲起初提出4000元彩礼的要求，那时候吴华甫一年工资才800元。父亲转念一想，即便借来4000元，女儿嫁过去也要还债受苦，于是彩礼之事作罢，提出让双方亲戚朋友坐在一起体面地吃顿饭，还放了两晚上电影。结婚前，郑丽华虽对松香行业有些了解，但从未实际参与过，江西本地也少有人从事采脂或办松香厂。婚后，她和丈夫辗转于云南、江西等地从事采脂近30年，采脂也是小竹溪其他村民的主业。集体化时期，当地乡民就在外地的国营松香厂采脂，家里兄弟姐妹从事同一职业的现象非常普遍。改革开放后，一些乡民在亲朋的资金支持下承包或开办松香厂，获利后带着亲戚朋友一起做，在传帮带下，乡民集体性以松为生。1992—1997年，吴华甫大哥又在云南开办松香厂，夫妇二人为其帮忙，在此期间，他们的两个女儿出生。由于大哥的工厂经营不善破产，1998年前后，吴华甫向亲朋借了一些钱，和他人合伙在云南开办松香厂，由吴华甫提供加工技术。一年后吴华甫撤出，在云南独立承包松树，花费六个多月的时间，投入18万元成本、带过去50多名同乡工人后，被林业局告知承包范围内的松树分作了生态林，不允许采脂。而他们在与当地农户签订承包合同时，压根不知这一消息。据郑丽华讲，"我们就是消息不灵通，那时候以为只要和村里私人和队里说好就可以了"[1]。出现这么大的亏损后，吴华甫觉得对不起妻子，辛辛苦苦一起爬山割松油赚来的钱，就这样亏掉了。郑丽华对丈夫讲，"这些钱你又不是挥霍掉了，都是为了把家庭搞好，想多赚一点钱，从哪里跌倒就在哪里爬起来，亏了以后颓丧是没有用的，要打起精神来重新做"[2]，2002—2007年他们在大理采脂，2008年小儿子出生后，他们选择到江西景德镇堂兄经营的丰林松香厂采脂，一直持续到2020年前后。三个孩子中大女儿由娘家父母照顾，

---

[1] 内容由郑丽华口述，时间：2018年8月10日，地点：江西浮梁寿安镇出租屋内，访谈人：王惠云、胡雪琪。
[2] 内容由郑丽华口述，时间：2018年8月8日，地点：江西浮梁寿安镇出租屋内，访谈人：王惠云、胡雪琪。

第二章 松香生产群体的技术民俗与异地边缘性

二女儿从6岁起在邻居家住，12岁独立生活。小儿子先是跟着外出，稍大一些后由大女儿照顾。为了多赚钱供孩子读书，给他们更好的生活，与孩子聚少离多的日子持续了十几、二十年。据郑丽华讲，她的孩子小时候常常带在身边，懂事起就上山给父母送饭送水，了解父母采脂的艰辛不易，所以生活上都比较节约。讲到采脂时，郑丽华用讨饭来形容劳作，用乞丐来形容职业身份，"讲得难听一点，我们采脂和讨饭差不多。不上山采割就不会有松脂流出，所以勤劳很重要。你看我们像不像乞丐，脸上、手上都会沾上松油，洗一个多小时都洗不掉，以前用小苏打或者柴油洗衣服。现在条件好了，山上一套衣服，家里一套衣服，别人根本不知道我们是割松油的"①。夫妇二人从2000年前后雇佣小工一起采脂，起初还能雇佣到同乡工人，近10年来，多雇佣云南、广西等贫困地区的小工。小工年龄多在20岁左右，没有受过多少学校教育，没有谋生技能，去工厂打工要受管理制度约束，去工地打工收入不多且受工头盘剥严重，给私人小老板做事要自行解决吃住，包吃包住包路费的采脂职业相对有吸引力，云南等外地小工加入采脂团队使得报酬给付形式从固定工资变为多劳多得。郑丽华夫妇承包松树资源成为包工头，从采脂工人的产出中抽成获利。多年承包采脂积累了较为可观的收益，他们有能力投入几十万元在小竹溪建造新房，为孩子们提供更好的生活条件。就在日子一天天变好时，2015年吴华甫被查出罹患癌症，最终不幸逝世。吴华甫住院期间，正值承包的松树到了收油期，在景德镇附近采脂的同乡无偿前来帮忙，"有些横岗村的，我们之前一点交情都没有，听说我老公的事情后都来帮忙，本来说是一天付给200元，他们不肯要，说谁没困难，都是帮来帮去，现在我们还是保持很好的关系，正月他们会来我家里，我会去他们家里"②。同乡不仅在困境中伸出援手，也在平常的生产实践中相互帮助。丈夫的逝世使得郑丽华更加坚强，为

---

① 内容由郑丽华口述，时间：2018年8月8日，地点：江西浮梁寿安镇出租屋内，访谈人：王惠云、胡雪琪。
② 内容由郑丽华口述，时间：2018年8月8日，地点：江西浮梁寿安镇出租屋内，访谈人：王惠云、胡雪琪。

了三个孩子撑起家庭继续前行，她是竹源松香行业里为数不多的女包工头。2018年1月我在小竹溪村结识了郑丽华，并到她劳作的浮梁县寿安镇进行实地调研，我们同吃同住，她跟我讲松香从业经历，讲身边的人和事，谈自己的所思所想，在持续互动中，我感受到了她的孤独、无助、挣扎、勇敢、坚韧与乐观。

二　女包工头身份的当下实践

2015年至今，郑丽华独自承包松树资源，雇佣云南澜沧等地区的小工开展采脂劳作。每年她都亲自到云南走街串户地寻找合适小工，合适指有外出打工意愿、身体健康、无不良嗜好、能吃苦且年龄在50岁以下。是否掌握采脂技术不成为招雇条件，这是因为新法采脂技术只需一两天就可习得。她生动地讲述了雇佣云南小工时出现的戏剧性抢人事件。

澜沧这个地方，新疆山东老板很多，他们找工人基本都是经过黄牛，不管工人做不做得住，只要把人带到宾馆里，你就必须给他钱。去年我就碰到新疆老板跟我抢工人，说实在的，在澜沧街上我虽然是女的，但是不怕他们。我还是1992年的时候就到那里了，那条街上几个厉害人的名字我还是说得出来的。我找的工人给我打电话说要来县城，我说我们一起吃晚饭，那条街我们都是比较熟悉的，一般吃饭不是每家店都去的，在哪一家店就是哪一家店，他们都会知道的。那个新疆老板也是在那里叫人，我以前的一个工人要跟那个新疆老板做事，但是其他的工人还是愿意继续跟着我，吃完饭我们要分开的时候，那个新疆老板就打电话叫了一个本地人出来，那个本地人问我是干什么的，问我为什么要把他的工人叫去，我说哪一个工人是你的？这几个都是帮我做过松油的，我说帮谁做都是他们的自由，让他们自己决定。然后我发短信给工人，说你们千万不要告诉他我住在哪里，如果他说今天晚上让你们跟他去，你们可以拖延时间，只要你们说回自己家里拿点什么东西，地址不要告诉他们，假如你是这个村的，你可以报外面那个村的。只要他今天晚上不把你带走，只要你不想跟他走，根本没事，你可以骗他脱

第二章　松香生产群体的技术民俗与异地边缘性

身，他们就按照我说的做了。①

　　与外地老板、当地黄牛的周旋，是生存压迫下磨砺出的勇敢与智慧。除了翻山越岭、走街串户地招雇工人，她还利用已有小工的同乡关系招雇新人，在采脂团队中，小五已跟着郑丽华采脂七年，郑丽华从不拖欠小工工资，双方建立了基本信任，郑丽华答应小五，他每招到一个工人就有500元补贴，利用小工的熟人关系，郑丽华可以安安心心地在宾馆里等消息。有时陌生人的费尽口舌都比不上熟人的一句话，"他们叫人很简单的，他们也就是一句话的事情，有些想来的，他自己就会问，启程的那天你带着他来，不用花力气，你就能得到500块。如果是我去叫，他们有一种防着一样的心理，不放心你。熟人叫来的工人，他们都不问工资的，往年的规矩是怎么样的，他们是一个传一个。小工不仅叫人，还对自己叫来的人进行管理。比如他会这么告诉那些小工，你在这里做得勤快，做出了油，老板娘是不会少你的工钱的"②。随着云南等地招雇小工不易，她和同村潘青忠有时候结伴去周边招工人，尽管一路颠簸，可辛劳风险过后，意味着一年生计有着落。为了更好地生活，她需要不停地为自己加油打气，再苦再累也要坚持下去。

　　4月份开割松树，8月份收第一批松油，12月份收第二批松油。非收油时段包工头和小工除从工厂每月预支500元生活费外没有任何收入，去云南等地招雇小工的开支、小工来劳作地的路费、劳作期间包吃包住的费用等，都需包工头先期投入，而松脂产量由自然条件与工人出勤率决定，实际上无论自然气候还是工人出勤率都不是包工头能完全控制的，这意味着先期投入有一定风险，"一般人都是本钱投下去了，做一天就要看到一天的效益，看到现钱，这样就积极率更高一点。像我们的话，钱投下去了，我差不多2月28号开始做，到现在（8月份）我还一分钱的收益都没有，如果我们不是长期做这行，心理压力会相当

---

　　① 内容由郑丽华口述，时间：2018年8月10日，地点：江西浮梁寿安镇出租屋内，访谈人：王惠云、胡雪琪。
　　② 内容由郑丽华口述，时间：2018年8月10日，地点：江西浮梁寿安镇出租屋内，访谈人：王惠云、胡雪琪。

大。这个就是靠天吃饭，如果不是靠我自己的精神在这里支撑的话，我的那些小工肯定也会有动摇的想法。看到一坨一坨流下来的新鲜松油我们就看到了希望。那些出油少的松树就看不到希望，但是只要每天割一刀，多少还会流点，积少成多，我是这样鼓励他们的，我也经常跟他们说哪里的松油又满袋可以换包了，或者把人家有油的树拍出来给他们一个个看，这样激励他们。你不能打击他，鼓励他去割，总是会有油的"①。面对未知收益，他们只能凭借以往的经验和坚定的信念继续劳作，看到松油就看到了希望。

行业的特殊性质使包工头需不断积累管理工人的办法以保证出勤率和劳作效率。除了行业通用的分采脂线路监督、检查割面刀数，两人合作相互监督外，郑丽华还采取其他策略，一是推心置腹的谈话。比如只要勤劳，年底就可以买想要的东西。她也会采用激励法，告诉小工哪个人一年的产量多少，一年有多少收入，他们的生活条件有怎样变化，以此来提高小工劳作积极性。二是工人管理工人。在双方互不了解的情况下，包工头采用工人内部管理办法。工人和包工头并非同乡，但工人之间基本是同乡关系，她常常以奖励或者区别对待的方式在工人中间培植内部监督者或游说者。三是柔性管理。她和小工属于雇佣关系，随着愿意从事采脂的人越来越少，包工头需要花费一定的时间和精力才能招到工人。20世纪六七十年代，基本是同乡雇佣，如出现偷懒现象，会有不让吃饭、罚跪等惩罚，"以前我老公帮别人做，有一次给用竹子的枝丫打都打过，那时候他个子是最小的，六七个人中间他最小，但是嘴巴又厉害，南方的天气响雷一下子雨就来了，他说看到天黑下来，赶快跑到山棚里，身上就是干的，其他的人跑慢一点回来身上就是湿的，人家后面回来说，别人都是湿湿的，你是干的，你肯定老早就回来了，就骂他偷懒，他嘴巴硬，就被打了"②。今天，多数雇主和雇工并非熟人，

---

① 内容由郑丽华口述，时间：2018年8月10日，地点：江西浮梁寿安镇出租屋内，访谈人：王惠云、胡雪琪。
② 内容由郑丽华口述，时间：2018年8月9日，地点：江西浮梁寿安镇出租屋内，访谈人：王惠云、胡雪琪。

第二章　松香生产群体的技术民俗与异地边缘性

这种利益关系很不牢靠，一旦雇主以惩罚性方式对待雇工，雇工可以选择逃离或者以法律手段维权。雇主不愿意承担和雇工关系破裂的风险，因而常常采取柔性管理方法。比如郑丽华和小工结成拟亲属关系，关心小工的身体，定期让他们休息，以改善伙食、不拖欠工资、年底奖励、后续关系维系等方式呈现好雇主形象。比如，有个小工四岁时妈妈离家出走，不太懂事起就开始照顾瘫痪的爸爸，一直没有过生日经历，郑丽华为他买蛋糕庆贺，让他很是感动。每到端午、中秋等比较重要的节日，小工会分到八宝粥、乳制品、肉粽等食物，日常饮食也比几年前有很大改善。当然也不是所有包工头都像郑丽华这样柔性地对待小工，女性包工头在管理小工方面有自身优势。以上策略既是基于情感，也有利于包工头来年再雇佣这批人，或者经介绍雇佣到他们的同乡。一旦现有小工无法引入新工人，郑丽华也会考虑更换小工以延续传帮带模式。

尽管劳作地景德镇距离娘家和小竹溪都不算远，但郑丽华在生产期还是很少回家探望父母和孩子。讲到父母孩子，她觉得愧疚，说自己不是称职的女儿和母亲，她会在忙碌时忘记孩子的生日，陪伴他们的时间太少，尽管日夜期盼与他们团聚，但为了多赚钱，还是选择留在劳作地监督管理小工，"我娘家离得不是很远，但是像我这样根本走不开，走开了自己也不放心，说实在的，这个本金投进去，他们多割一天，也有两百多块钱的收入。如果不这样，靠我一个女的做小工养活一家人也赚不到多少。我是这样计算的，小工7个人，做不做饭是照样要吃的，我到现在已经八万块钱投进这里面来了，去云南一趟我花了两万块钱，他们来的时候身上一分钱都没有，吃的喝的用的，甚至是坐车，如果是时间对不好的话还要住旅馆，这些都是我自己出的，所以像我们这种管理不好就不行"[①]。也就是在生活历练中，她逐渐能独当一面，游刃有余地混迹在以男性为主的松香行业里，比很多男性包工头都做得出色。然而，对职业的熟悉不能抵消辛苦与心累，她需要每日上山检查采割情况，按照护林员要求修改割面，还需要监督工人劳作，时刻关注小工的

---

① 内容由郑丽华口述，时间：2018年8月7日，地点：江西浮梁寿安镇出租屋内，访谈人：王惠云、胡雪琪。

情绪变化，提防有心人干扰小工的劳作积极性，以便及时做好疏导预防工作。连续下雨或久旱都会使松脂减产，风力过大会刮倒松树和松脂收集装置，使辛苦付出清零。再加上劳作之余少有亲人陪伴、少有能吐露心里话的人，得不到必要的关爱，有时还会遇到无理取闹的人等，都使郑丽华在异乡感到艰辛、无助与孤独。每当心情烦躁时，她也学着借酒消愁，但她说自己越喝越清醒，漂泊异乡的孤单和诸多痛苦无人诉说，她期盼能有理解自己的知音，感叹没有依靠的女人生活之艰难，每当脆弱之时，她会想到懂事孝顺的孩子，他们是坚强的后盾，因而再苦再累也要扛下去，她不再有大树可以依赖，她自己得做一棵大树，为孩子们遮风挡雨。但是她又讲自己其实并不想做女强人，只想做贤妻良母。虽然有这般希冀，但她也告诉自己必须坚强，适应孤独，如此才能在困难面前不被打倒。现在手机是她生活中的重要物品，利用手机与亲人联系，打发时间，用纷繁的内容暂时麻痹自己，在微信上分享身边的人和事，倾诉自己的心声，得到大家的鼓励。她既希望自己坚强，也希望有人依靠，复杂的心绪恰恰表明她的挣扎、坚韧与乐观。她对我讲，我们同住的时间里，她把几年的话，能说的不能说的都向我道出来了。我感谢她的信任，也给予她力所能及的关心和鼓励，希望她的生活越来越好，为孩子们奋斗的同时也能有好归宿。

郑丽华常常思考，为什么很多行业都在使用机器，而他们几十年来还是必须依靠人手操作工具，她认为行业重视的是松香价格，没有人关注他们工人的辛苦和难处，他们在行业里也没有任何待遇保障，有时提前说好的松脂单价，如遇松香行情不好还会遭公司克扣，他们既没有维权途径，又因为都是熟人，不好意思拉下面子去讨价还价。尤其招雇工人越来越难，年轻人都选择去城市打工，只有没有文化上年纪的人才会选择在山上采脂12小时的苦力活。总之，面对这些事情，每到年底结束劳作，她都在犹豫来年要不要继续做这行，"说实在的，割油人真是辛苦，我做了这么多年松油，我真的是不想做了，身体吃不消了"①，

---

① 内容由郑丽华口述，时间：2018年8月7日，地点：江西浮梁寿安镇出租屋内，访谈人：王惠云、胡雪琪。

第二章　松香生产群体的技术民俗与异地边缘性

转念一想，去工厂打工赚不到多少钱，自己又没有技术还得继续做苦力。朋友也劝说，"你一个女人，还能做什么，你进到工厂工资你能拿到三五千，你一年可以赚多少钱？他也是和我在这里算这个账，只要我在这里把这些小工管理好了，我比一个男的赚得都多。他这样劝我，虽然你的家庭现在是轻松了，但是你还有一个小的儿子，真的好多事情我很烦，好多事情我不想说出来，感觉一个女的凭自己的能力特别累"①。在做与不做间挣扎后，新年伊始她又要着手外出，离家的日子漂泊辛苦，但别无选择。

好在异乡的艰辛还有家乡亲情、友情和乡情补偿。她讲等老了就回到小竹溪村，家乡的空气好、水好、人好，"我的邻居都很好，很照顾我。尤其是我老公生病那几年，每年冬天我回到村子里，他们已经帮我种好菜。这家让我去拿菜，那家让我去拿菜，我就很不好意思，我一年带头在外面做事，也没有给人家什么帮助。我们都是常年不在家里，大家年底回到家里像是走亲戚一样，特别热情，比天天见面时的关系都要好"②。正因如此，包括郑丽华在内的大多数乡民都愿意将大部分积蓄拿出来甚至借钱在村里盖新房，家乡是他们年底的归宿，也是最终的归宿。异乡漂泊的心终究要在家乡停靠，一句"外地不如家乡好"道出了"松香客"对家和家乡的认同。辛苦还在继续，但希望不灭。

小　结

本章讨论竹源松香生产群体如何在异地自然条件下"放松香"？有怎样的技术实践、劳作模式和生活模式？其背后的实践逻辑为何？竹源乡民掌握采脂技术流动谋生，在流动中习得滴水法和蒸汽法加工技术，松香生产群体包括采脂群体和加工群体。松香生产群体是统称，内部有

---

① 内容由郑丽华口述，时间：2018年8月7日，地点：江西浮梁寿安镇出租屋内，访谈人：王惠云、胡雪琪。
② 内容由郑丽华口述，时间：2018年8月7日，地点：江西浮梁寿安镇出租屋内，访谈人：王惠云、胡雪琪。

职业、层级、差序区别，在具体讨论其异地实践时，常常会分对象表述。尽管松香生产群体内部有多个表述对象，但同为外来人，同为打工者，他们呈现出相似的劳作与生活特点，异地的生存状态具有边缘性。首先，他们以采脂技术和加工技术谋生，技术低门槛使其不能实现技术地位和社会地位提升，异地劳作和生活中受苦的身体感受又使其形成底边化身份意识。有技术无地位、受苦的身体感受和底边化身份意识塑造底层化技术身份。其次，他们在流入地发生劳作和生活异化。在老乡游戏和产量游戏机制下，他们沉浸在劳作场域中自我剥削。劳作占据生活大部分时间，劳作—生活边界发生模糊。基于生产技术实施与利益考虑，他们还与流入地民众形成居住空间区隔和交往区隔。技术身份底层化和劳作、生活异化共同构筑生产群体的异地边缘性，他们在技术和行业组织中获得有限认同，年底返回家乡后，在参与民俗生活和集体性以松为生中获得认同归属感。松香生产群体的异地边缘性不因流入地不同而改变，它是技术特性建构的结果，而非被流入地社区和民众排斥。本章从松香生产技术切入分析松香生产群体的异地边缘性生存状态，这一思路基于技术民俗学研究是通过技术理解民众生活，而且技术关联生活内容诸多方面，塑造劳作模式和生活模式，从技术切入的研究指向的是民俗生活的整体研究。民俗生活并非指传统意义上的民俗事象，而是事象融在生活里，指的是民众如何过日子，基于何种逻辑展开行动，如何呈现日常生活意义。本章在分析群体性现象时，注重对个体"民"的凸显，表达对个体"民"的尊重，每一个生产者都是鲜活的个体生命，他们的所思所想、诉求、智慧和希望需要呈现在学术前台。部分竹源松香生产者并未止步于做卖力的底层劳作者，在社会变迁和时代机遇中，他们凭借自身能力和同乡支持，通过建构行业关系网络开办松香厂，实现经济地位提升。他们在流入地的行动轨迹与实践逻辑又呈现另一番景象。

第三章 松香经营群体的行业网络建构与异地边缘位置

20世纪80年代以来，部分竹源"松香客"抓住创业机会，从松香行业里的打工者成为经营者，他们在流入地的经济地位发生变动，阐释竹源松香经营群体在流入地的实践逻辑以及与流入地的关系是本章核心内容。在经济政策、市场环境、先前生产经验、示范带动、社会关系网络、个人能力等多方面因素共同作用下，竹源松香经营群体形成。他们在流入地的日常生活以行业关系网络建构是主要行动逻辑，一方面利用同乡关系降低生产管理成本和交易成本，在松香行业里抢占发展先机。另一方面建构异乡关系获得松树资源采脂承包权，实现异地生产经营顺利进行。同乡关系支持和非同乡关系建构推动竹源松香经营群体在多地成功办厂，竹源松香行业形成并发展，行业诸多特点又建构经营群体的异地边缘位置[1]。具体表现为，一方面，行业关系网路建构异地"不融入"。非同乡工具性关系的冰冷性和不稳定使竹源松香经营群体不愿也不能融进流入地。同乡分散共赢的经营模式又使其难以在异地结成同乡聚合社区。另一方面，竹源松香行业低端性和非正规化，使松香经营群体出现经济地位和社会地位不一致，流入地又难以为其提供充分的社会地位补偿。竹源松香行业的诸多特点使部分"松香客"在异地获得财富后，不愿也不能融入其中，他们的外来人身份没有发生变化，客观上

---

[1] 本书特别强调是竹源松香行业的诸多特点建构异地边缘位置，因为在竹源"松香客"的行业实践之外，广西等地还有国有性质的规模化办厂模式，它们的行业特点不同于竹源松香行业的关系网络与非正规化、低端性。

处于异地边缘位置。本书在分析竹源松香经营群体与流入地的行业关系建构时，虽提到江西浮梁丰林松香厂和福建霞浦滴水法松香厂两个案例，但主要还是使用口述记忆资料对其展开分析，20世纪80年代以来，竹源乡民在多地有办厂经历，每一次办厂都需与流入地的相关利益主体建构维系关系，与原来流入地的利益主体基本中止关系，2015年前后，诸多经营群体逐渐退出松香行业，他们在行业实践中与各流入地的关系维系没有延续至今，这使得我们主要使用口述记忆资料同时辅以案例实践对20世纪80年代以来的关系建构进行模式化分析。与异地边缘化不同，家乡能为其提供认同归属感与社会地位补偿，他们基于乡土认同主动返回家乡进行生活与建设。

第一节 "松香客"的职业身份与经济地位变动

有技术无地位、受苦的身体感受和自称"乞丐"的底边化身份意识，使竹源松香生产群体的职业身份趋于底层化。生存理性使他们尽管对底层职业身份不满意，也没有选择从事其他行业，一方面，他们缺少职业转型能力，脱离不了受苦境遇。另一方面，家庭再生产不允许他们放弃现有职业。然而人人追求更美好的生活，总有人不甘于底层化身份，对财富的渴望和追求激励部分生产群体大胆行动。人民公社时期，私人经营不被允许，但改革开放后宽松的社会政策和市场环境给了他们追求财富的机会。借着改革开放的时代东风，部分"松香客"及时把握创业机会，通过承包松树资源、承包国营或社办松香厂，从小工成为包工头，成为厂长。随着政策变动、经验积累、示范带动以及关系运作等，他们从承包发展到与政府合办乡镇企业、开办私人松香厂，一步一步地实现经济地位提升和职业身份转换。当部分松香生产群体成功地迈入经营群体行列时，竹源"松香客"内部出现工人—包工头—片长—管理者—老板的层级划分，从片长到老板组成松香经营群体，行业关系网络建构与运行是他们在流入地的主要行动逻辑，同时也影响他们与流出地的关系。

第三章 松香经营群体的行业网络建构与异地边缘位置

一 竹源松香经营群体的生成

本章主要讨论竹源松香经营群体在流入地的实践逻辑以及与流入地的关系。竹源松香经营群体如何生成是首先要回答的问题。竹源松香经营群体基本从包工头发展而来,这意味着他们创业之时,已经不是一般意义上的农民身份,比如他们具有一定的风险意识和市场意识,但他们还没有完全脱离农民性,以竹源地区松香经营最为成功的老板贺法甫为例,在谈到小竹溪村民如何致富时,他讲"我们做事情可以慢慢培养,但农民不这样想,巴不得今年投进去,明天就把本金拿回来,哪里有这么好的事情呢。我们就会充分做好前期思想准备,慢慢来。"[①] 在他的表述中,"我们"指的是经营者,农民是与我们不同的另一方,他不再将自己视为农民或具有农民意识。然而在谈到投资理念时,他又讲"一个部门老总跟我说,我们能不能做点创新产品,我说这个事情你不要和我说,如果是做一点事情,我就做物业,这个赚不到钱反正也不会亏,我不做不成功的事情,这一点上,我算是失败的"[②]。不愿创新,喜欢稳扎稳打,怕有风险的思想实际上表明其并未完全褪去农民性。竹源松香老板在经营成功后,将大量资本用于买商铺、买房子,而不是主要用于生产设备的提升和生产规模的扩大,他们长期保持小规模滴水法家庭作坊的经营模式,通过关系运作进行非正规经营等,都表明松香经营群体并未完全褪去农民意识或农民性,"我们把钱全部都拿到松阳买房子了。我们农村人,前几年松香好的时候,大家都赚到钱,天天豪车开起来,我们山区出来的人,在县城里买房子,我们也是感觉很有成就感的"[③]。"我们的眼光没有那么好,有钱了也不去投资,他们(其他松

[①] 内容由小竹溪松香老板贺法甫口述,时间:2018年2月4日,地点:松泰大院,访谈人:王惠云、关静。
[②] 内容由小竹溪松香老板贺法甫口述,时间:2018年2月4日,地点:松泰大院,访谈人:王惠云、关静。
[③] 内容由可重旺松香商人周忠宜口述,时间:2018年2月2日,地点:天元名都会客厅,访谈人:王惠云、关静。

香老板）有一点钱就去县城买房子。"① "我们这些人大部分没有知识，不懂得投资，上半年三四月份去，十一月份才回来，在家里三五个月，一般人走在一起就是玩赌，不懂得投资。"② "这些做松香的人赚钱以后第一步就是买房子，这个就是老思想，传统观念，有的人回来一口气买四套五套。"③ 因而本书虽认为他们不同于一般意义上的农民，但鉴于其保留不同程度的农民意识，仍然将其纳入流动农民研究视野下，探讨他们在异地的创业实践与经营逻辑。

当前学界基本从社会环境特性、先前从业经验、社会关系网络、个体能力特质几个方面展开创业分析。④ 从竹源"松香客"的创业实践来看，社会政策与市场环境是他们创业的前提。国家将松香作为换取外汇的大宗出口物，国内工业发展对松香需求的不断提升，国家先采脂后砍伐提升林业经济效益的政策，尤其是改革开放的时代背景，为"松香客"创业提供了良好的宏观环境，"松阳人其实是改革开放给我们带来了契机，如果还是合作社的话，就只能给国营工厂打打下手，连管理层都进不去。有了改革开放，承包办厂放开以后，再有契机给你发展，当然这也少不了经济头脑"⑤。已有行业知识使得他们能够计算到成本和收益，降低了开办松香厂的风险。同乡支持以及行业关系网络扩张，是他们经营成功的关键因素。个体在经营过程中的每一次创造性变革使其获得更高经济收益。以上这些因素共同推动部分竹源松香生产群体实现职业身份和经济地位转换。

---

① 内容由小竹溪村民吴根土口述，时间：2019年2月12日，地点：小竹溪村家门口，访谈人：王惠云。
② 内容由小竹溪潘昂宗口述，时间：2018年3月3日，地点：潘家大院，访谈人：王惠云。
③ 松阳县史志办主任刘关洲口述，时间：2018年1月22日，地点：史志办办公室，访谈人：王惠云、关静、许蔚虹。
④ 吴小立、于伟：《环境特性、个体特质与农民创业行为研究》，《外国经济与管理》2016年第3期；蒋剑勇、钱文荣等：《农民创业机会识别的影响因素研究——基于968份问卷的调查》，《南京农业大学学报》（社会科学版）2014年第1期；许昆鹏、杨蕊：《农民创业决策影响机制研究——基于创业者资源禀赋视角》，《技术经济与管理研究》2013年第3期。
⑤ 内容由松阳松香设备制作者庞勇兴口述，时间：2019年2月11日，地点：永鑫机械厂内，访谈人：王惠云、许蔚虹。

第三章　松香经营群体的行业网络建构与异地边缘位置

(一) 社会环境特性：政策和市场

创业依赖动态的政治与经济环境，没有宏观的社会支持，任何创业行动都不可能成功。竹源"松香客"带有创业意味的经济行动开始于承包松树资源。中华人民共和国成立后，国家大力提倡松香生产，这为掌握采脂技术的竹源乡民提供谋生出路。人民公社时期提出割资本主义尾巴，不允许私人经营行为，家庭副业都视为小私有制残余[1]，竹源乡民没有机会成为经营者，他们甚至不能在松香行业里习得新加工技术，因为这一技术只在国营厂正式工人间传承。虽然政策上不允许农民有个体经营行为，但实践远比政策规定要复杂。对于国营松香厂而言，国家分配的松香生产指标不可能单靠正式工人就能完成，20世纪五六十年代，国营工厂到各地招雇采脂工人，即脂农。采脂工人在与国营工厂的合作中获得承包松树资源的信息，他们与国营厂签订松树资源承包合同，国营厂将采脂生产交由资源承包者负责，"70年代那会，我们还不会用滴水法加工松香，以前都是国营为主，等于是国营厂请一些外劳包给采脂"[2]。承包范围内需要多少名采脂工人，采脂工人的报酬给付形式等，都由承包人自行雇佣和决定。承包人在自身无法独立完成生产任务的情况下，考虑到采脂能带来比种地更多的收益，方便共同劳作或管理，以及在信息闭塞和低流动社会中，人们通常倾向于跟随熟人外出等因素，他们将采脂工人雇佣锁定在亲友范围内，随着对采脂工人需求量的加大，雇佣范围扩展到同乡。人民公社时期虽然将外出采脂视为需要向生产队缴纳工分费用的集体副业，但承包松树资源和雇佣同乡工人基本都是个体获利行为。尤其外出采脂长达10个月，采脂名义上是副业，实际上已经成为这些人的主业。

雇主为雇工提供松树资源、采脂工具、居住地、伙食和固定工资，雇工在生产周期内完成约定产量。包工头从工人产量中获得的收益远远

---

[1] 罗郁聪：《再论农村社员家庭副业的基本性质是小私有制残余》，《中国经济问题》1961年第4期。

[2] 内容由小竹溪村松香老板贺法甫口述，时间：2018年2月4日，地点：松泰大院，访谈人：王惠云、关静。

高于他付给工人的固定工资。正是在国家重视松香生产和国营厂外包松树资源的社会背景下,竹源部分采脂工人获得了承包松树资源的机会,成为依赖采脂工人劳动获利的包工头。尽管在国营厂看来,包工头仍旧是采脂工人,他们的职业身份没有根本性改变,但他们的经济收入得到提升。采脂工人成为包工头,需依赖互惠关系建构非熟人之间的联系,即便这一时期有承包松树资源的政策,但谁能承包,承包什么质量的松树,都需要关系运作。承包松树资源,从工人变为包工头虽发生在不允许私人经营时期,但其实质属个体获利行为,可视为竹源乡民松香创业前奏。

"针对过去把家庭副业、集市贸易等当作资本主义尾巴加以限制的做法,党的十一届三中全会提出,社员自留地、家庭副业和集市贸易是社会主义经济的必要补充部分。这为个体经济的发展提供了依据。"[1]在改革开放的时代背景下,农村率先实行家庭责任承包制,随后承包制度在其他领域蔓延开来。"承包制把经营的自主权还给了经营主体,从而使经营主体的经营热情与愿望获得了现实条件,承包制赋予了各主体以市场角逐的动力,发包方对承包方做结果要求,承包方在经营过程中有较多自由,这使得承包方的经营活力得到提升。"[2] "承包制在企业的普遍推行,不仅阻遏了经济的滑坡,而且还促进了经济的发展。自1986年下半年起,主要经济指标都有不同程度的回升。"[3] 相比计划经济下的国营松香厂,私人承包国营厂的积极性和灵活性,为松香生产经营带来活力,既使得国家资源得到有效利用,也提高了国家财政税收,更满足了市场需求,推动了工业发展。非体制内的竹源乡民具有灵活头脑,比如在销售上,受信息不畅通限制,他们利用旅馆的公共电话簿、地图以及打听消息等方式主动出击寻找可能的市场。还有一种销售方式是按兵不动,等人上门。松香成品加工好以后,等那些掌握需求信息的

---

[1] 卫兴华:《改革开放40年:我国基本经济制度的确立和完善》,《人民日报》2018年9月19日。
[2] 唐公贻、顾培东:《论承包制的历史地位》,《中国工业经济研究》1989年第1期。
[3] 唐公贻、顾培东:《论承包制的历史地位》,《中国工业经济研究》1989年第1期。

人上门买货。他们还破除了国营厂繁杂的行政经营体制,安置了国营厂职工,雇佣同乡劳动力,提高了劳动生产效率,同时节约经营成本,在开源节流中使得承包的国营松香厂恢复生机。

竹源乡民为何能率先在外地承包国营松香厂?"改革开放后,松香开始发展,我们这边的人去到政策比较落后、慢半拍的福建、江西,我们浙江这边已经搞承包了,他们还没有,我们就过去承包,抢了先机,后来胆子越来越大,开始办厂,八九十年代全都在外面做松香。"① 有采脂经验的浙江地区的竹源乡民相较江西等地更早获知允许私人承包国营厂的政策,加上他们在承包松树资源中积累了本金,与国营厂建立承包合作关系时积累了信息和人脉,当政策到来时,他们优先获得承包国营松香厂的机会,从包工头一跃成为厂长。他们从国营厂获得松香加工技术、加工设备,习得某些经营管理制度,摸清了生产经营以及销售环节上需处理的各种关系。在承包中积累经营经验,获得更多收入,实现职业身份的较大转变,这是竹源"松香客"创业的第二步。

从承包国营松香厂到购买国营松香厂,工厂的性质从国营转为私营。除了购买国营松香厂,一些人与松树资源所在地的政府合办乡镇企业。改革开放后,如何发展地方经济,帮助农民增收是各地政府政绩考核的重要内容。在此社会背景下,外出创业受到贫困地区地方政府的欢迎。以竹源黄下村王岩庆创业为例,1982年前后,他和六个同乡每人带着两千元去贵州黔东南地区寻找松香创业机会。用他的话来说,"我们没有文化,没有资本,但是我们有头脑,我们去了黔东南一个县,和当地政府谈办厂合作,政府提供资金、场地,我们提供技术,双方五五分成"②。地方政府对合办乡镇企业的重视,在周忠宜贵州台江县创业案例中也有体现。"我在贵州台江县办厂,那时候我们办厂规模很小,但是地方政府很欢迎我们,县里给我设立了一个松脂办公室,每一个乡里还有一个副乡长专门给我管松脂,

---

① 松香设备制作者庞勇兴口述,时间:2018年1月20日,地点:松阳永鑫机械厂内,访谈人:朱霞、王惠云、许蔚虹。
② 内容由竹源乡黄下村松香商人王岩庆口述,时间:2018年1月17日,地点:中林置业办公室,访谈人:朱霞 王惠云、关静、刘梦悦、许蔚虹。

异地边缘化与乡土认同

每年政府还将其纳入年终考核，所以说每个乡镇是有任务的，比如我们看到哪个地方的老百姓思想不积极，乡里就来帮我们做工作，现在松脂办公室是撤销了，但是县里面还是对我们很支持的。当时我去的那个县还是帮了我们不少，比如给老百姓统一价，全乡统一价格，全县统一价格。"①合办乡镇企业，为当地政府带来税收，为当地民众带来收益和就业机会，也为松香经营者带来丰厚利润。在前人创业成功的示范带动效应下，更多人流动到云南、广西、广东等地偏远山区寻找创业机会，只要当地有丰富的松树资源，他们就去与林业局、林权单位谈合作获得松树资源采脂承包权。到20世纪90年代，竹源松香经营群体开办的滴水法作坊遍地开花。从不允许私人经营，到实行承包制，再到私人经营的全面到来，竹源"松香客"的创业之路与国家政策和市场环境紧密相关。我们从社会环境视角对"松香客"的创业实践进行分析时，实际上也涉及个人能力、社会关系网络等因素。创业实践同时受多种因素影响，具体分析时无法将其割裂开。

（二）先前从业经历

"行业经历能够提供农民关于创业活动有价值的知识和技能。一方面，创业所在行业的工作经历使个体更理解行业的价值链，更加明白企业创建过程中有哪些关键利益相关者，实际上很多情况下，个体可利用已经在该行业中建立的关系来实施创业活动。另一方面，行业工作经历能让个体更有可能了解该行业的一些重要信息，如定价、成本结构、需求趋势等，这些信息能够使其做出更好的决策并在企业创建活动中更有效率。"② 中华人民共和国成立后，国营松香厂招雇脂农，使竹源乡民有机会在松香行业里流动谋生，在生产实践中，他们意识到要想增加松脂产量，提升经济收益，必须勤快肯吃苦，"采取不能偷懒，产油高低要看你出勤率高低，今天不去，树上是不会流油的。只要你去了，把它树皮上捅出伤疤来，松脂就会从伤疤上流出来。如果你休息，就没有人

---

① 竹源乡可重旺村松香商人周忠宜口述，时间：2018年2月2日，地点：天元名都会客厅，访谈人：王惠云、关静。
② 转引自蒋剑勇、钱文荣等《社会网络、先前经验与农民创业决策》，《农业技术经济》2014年第2期。

给你发工资,所以说偷懒绝对不可以"①。因而当他们从国营厂承包松树资源成为包工头后,重视对工人劳动过程的控制和监督。成为包工头后,他们对国营松香厂的运行流程和管理制度有更多了解,也深知国营厂的经营症结,这使得他们在获得国营松香厂承包机会后,迅速变革原先国营厂行政化的管理制度,通过简化生产管理环节、雇佣高效率同乡工人、节约工厂运行成本等方式,提升了原国营厂的经营活力,也获得了更多经济收益,"我娘家(贵溪)隔壁村就有国营松香厂,他们冬天空闲清理车间的时候根本不会把松油刮下来,那时候拿国家工资没有那么勤劳,现在你看那些私人老板差不多都是一滴滴把松脂当黄金一样珍惜。国营工厂发展不下去就是这样"②,"1998年、1999年,湖南浏阳有一个国有工厂改制,我就花了88万买过来,把他的工人每人两万块钱都处置掉,雇佣我们松阳人"③。他们在承包国营松香厂中又习得新加工技术、积累经营管理能力,为随后开办私人松香厂奠定基础。

在创办私人松香厂时,他们首先寻找丰富的松树资源,通过与当地林业部门、林场打交道承包松树资源,然后与这些关系主体维系连接以保证生产经营稳定。"1988年左右,我去了西双版纳,发现他们那里好大一片资源,得到市里面找局长,找林场。一到办公室,讲话又好听,我想把林业开发出来,对你们有效益,第二天就落实了。"④一旦所在地的社会关系出现断裂或者所在地松树资源产出效益大幅度下降,他们就将这一模式复制到新的资源地,"我在西双版纳搞了九年,割油,再要继续不好赚钱,我野心大了,只要松树资源好,投资再大我也不怕,我就去了四川凉山西昌,把那儿的国营厂买来,国营厂做不了的我能

---

① 内容由竹源燕庄松香老板叶向耀口述,时间:2018年1月16日,地点:松阳汽车城内,访谈人:朱霞、王惠云、关静、刘梦悦、许蔚虹。
② 小竹溪村民郑丽华口述,时间:2018年8月10日,地点:江西浮梁寿安镇出租屋内,访谈人:王惠云、胡雪琪。
③ 竹源燕庄村松香老板叶向可口述,时间:2018年1月19日,地点:松泰大院,访谈人:朱霞、王惠云、许蔚虹。
④ 内容由松香老板唐广跃口述,时间:2018年2月3日,地点:松阳县城家中,访谈人:王惠云、关静、许蔚虹。

做。后来到湖南郴州、江西"①，流动经济模式使私人松香厂遍地开花，竹源松香经营群体逐步形成。

（三）示范带动效应

"考虑到农民创业以及农村社区内聚型社会资本的特点，模仿性甚至复制性创业可能在农民创业活动中占有相当大的比例，农村地区创业榜样的可能作用及其发挥作用的机制也应该得到关注。"② 在竹源"松香客"的创业行动中，创业榜样发挥了重要作用。竹源黄上村王光闰被公认为整个竹源乡，乃至松阳县敢于承包国营松香厂的第一人，"到1983、1984年我们松阳有个王光闰，第一个承包景德镇瑶里地区国营松香厂"③。"我是小竹溪村第一个办加工厂的。那个时候黄庄王光闰，叫我去管理他的松香厂，我刚刚当兵回来没钱，王光闰借给我五万块钱创业。"④ "我和媳妇从1990年采脂，干到1993年，那个时候我们松阳已经有第一批人，如王光闰、王成亘、唐广跃等，他们已经开始办松香厂赚钱了，我们看着他们挣钱，就跟着开松香厂，不是他们带动，我们哪里知道松香能赚大钱。"⑤ 20世纪80年代初承包国营松香厂的这批人成为创业前辈，20世纪90年代开始松香创业的人，从前辈那里获知经营松香产业能获得高额利润，获知展开松香创业需要具备的条件等，他们的创业成功概率提升。从松香博物馆的统计数据来看，21世纪初，包括竹源在内的松阳人已经开办了两百多家松香厂，以滴水法家庭作坊居多。创业榜样能够产生正面示范和带动作用，在乡土社会中，榜样发挥作用的空间更大，"我们非常感谢老前辈，他们带我们出去，之前肯定也经历

---

① 内容由松香老板唐广跃口述，时间：2018年2月3日，地点：松阳县城家中，访谈人：王惠云、关静、许蔚虹。
② 蒋剑勇、钱文荣等：《农民创业机会识别的影响因素研究——基于968份问卷的调查》，《南京农业大学学报》（社会科学版）2014年第1期。
③ 内容由小竹溪松香老板贺法甫口述，时间：2018年1月16日，地点：松泰地产办公室，访谈人：朱霞、王惠云、关静、刘梦悦、许蔚虹。
④ 内容由小竹溪村松香老板潘昂宗口述，时间：2018年3月3日，地点：潘家大院，访谈人：王惠云。
⑤ 内容由燕庄松香商人叶向耀口述，时间：2018年1月16日，地点：松阳汽车城内，访谈人：朱霞、王惠云、关静、刘梦悦、许蔚虹。

过很多失败，才慢慢积累了成功经验，我们第二代创业时感觉轻松很多，少走很多弯路。松香创业起起落落，但我觉得松香人不能忘了挖井人，要懂得感恩，这是我真实的想法"[①]。吃水不忘挖井人，对后辈创业者来讲，前辈不仅是榜样，更是需要感恩的人，竹源松香人在创业中互帮互助，共同推动了竹源松香产业发展，松香经营群体队伍壮大。

（四）个人因素

即便有宏观社会政策和市场需求支持，有丰富的先前从业经验，有成功榜样带动，"松香客"的创业活动还是起起落落，这与松香行情不稳有关，也与创业者的个人特质有关。竹源"松香客"的个人创业能力首先表现在扩展和维系关系网络方面，如不能妥善处理产业链条上各方主体利益需求，就会造成生产和经营的某些环节无法正常运转。其次，表现在创造性变革方面。当一种模式被普遍应用以后，经营者需要创新以发现新的经济增长点，比如在技术、设备和生产管理制度等方面进行革新以提高劳动生产效率，降低生产交易成本，在开源节流中提升企业竞争力。最后，个体能力还表现在对市场行情的估计和对经营风险的管控。市场波动使得经营中机遇和风险同在，经营者由于信息掌握不足、不够理性会造成判断失误，受文化水平和价值理念影响，经营者会出现将资本主要投入购买不动产、消费甚至赌博等方面。这些因素都会影响创业结果，本书以多个松香创业经营案例对以上三方面进行说明。

首先，社会关系网络在创业中发挥至关重要的作用。"松香客"利用同乡关系降低生产交易成本，建构异乡关系获得关键性松树资源。在"松香客"创业中，同乡关系和非同乡关系同等重要，缺一不可。由于非同乡之间缺乏关系基础，竹源松香经营者常常使用请客吃饭等方式与其建立工具性互惠关系。成功的创业者往往能实现产业链上相关主体利益共赢，而一旦某一主体的利益需求没有得到满足，整个创业活动都将面临失败风险。前述松阳人吴华甫在云南创业失败的例子就表明实现产业链上相关主体利益共享在具体操作时的困难，只要有一个环节做不到

[①] 内容由竹源乡小竹溪村松香商人潘祥威口述，时间：2018年2月4日，地点：松阳县城家中，访谈人：王惠云、关静。

位，就满盘皆输。

其次，创造性变革对于创业成功也意义重大。这在小竹溪村民贺法甫的创业活动中表现尤为明显。他意识到越来越多的竞争者进入松香领域使松树资源被不断分割，长此以往，将导致自身经营中松树资源不稳定。于是借着异地林业改革政策的东风，购买湿地松山场。与"租山"的承包方式不同，买山以后，企业有培育、采割、砍伐、再种植松林的权利和义务，无须担忧资源续约问题，这极大地提高了资源端的稳定性，降低了因资源变动产生的关系投入成本。"我不做不成功的事情，这是性格。高科技我不敢去试，我怕失败的概率太高。我创新的地方就是买山，在江西很多地方我都买了，在全国我是第一个，出于我对松树的了解，我想，雇人再厉害最多就是干十几个小时，十几个小时这个人已经很勤劳了，我这个松树二十四个小时都在生长，他的工人在睡觉的时候我的树还在长，他肯定赢不了我，这在2000年，我就是这样想的。不买山我就没有立足之地，肯定会被人家淘汰。不是自己的山要五块钱一斤，你帮我割我付你两块五，但是这个山是我自己的，我两块五都不用，我自己的山更好，来帮我做事的劳动力更轻松，我给你的单价可以更低。我现在20万亩都已经是成林了，买的时候两三百块钱一亩。过了七八年，变成三四千块钱一亩。"① 在没有前人提供经验的情况下，他凭借对松树资源的了解，对松香行业的预测，对降低人力资源成本的考虑，以及对在竞争中胜出的渴望，做出了买山的成功决策。

最后，减少投入成本是竹源松香经营者获得经济收益的重要方式。以小竹溪村吴敬更的创业活动为例，"我手下只有二十几个采脂工，加工就是我和我老婆，多少还能赚二三十万。2010年行情好，滴水法加工出来的松香一吨卖到二万一，2011年松香掉到一万三，这边跌下来，那边工人工资增加上去，所以亏本很多。我的话，打个比方我和我老婆自己加工，就省了两个工人的工资和吃饭钱，一年十来万，我就赚那个钱。我自己山上运输、加工、包装，我老婆就帮忙放一下。讲实在的还

---

① 内容由小竹溪松香商人贺法甫口述，时间：2018年2月4日，地点：松泰大院，访谈人：王惠云、关静。

是比较稳定的"①。在成为松香经营者的同时,兼做加工、运输和山场管理等工作,这属于自雇现象,自雇形式降低了人力资源成本,以家庭为单位,具有自愿超时劳作和自我剥削的特点,经营灵活,抗风险能力较强,只要节约成本,增加劳作强度,就能有较为稳定的收益,这是小规模滴水法家庭作坊的生存之道。而那些经营规模不大,又不愿意节约成本的创业者,通俗来说就是有老板做派的创业者,常常面临创业失败的境遇。创业失败还因为对市场行情判断失误,20世纪90年代前后,松香价格猛跌或暴涨的情况时有发生,对市场行情判断失误将直接导致经营破产,"我现在是安全下岗了,现在我们行业跌倒的很多。我们的名誉会长最后还是倒下了。我们副会长和理事中倒下来的也很多,市场冲击很大,亏掉破产,很残酷的"②。破产等因素使竹源松香经营群体的成员组成不断变化。

创业经营成功与否还与创业者的文化程度、价值观念等因素有关。松香创业者基本为农民,他们有对财富的渴望,有灵活的经济头脑和创业勇气,有乡土关系支持,但存在文化教育水平低的现象。在竹源松香创业群体中,文化教育水平最高的是燕庄村叶向可,他曾是乡政府干部,后下海经商,为高中学历,其余创业者都是初中以下以小学学历为主,尽管文化教育水平低不代表创业不能成功,但有可能限制他们的创业行动。比如他们可以在松香初加工领域做得风生水起,但基本无法成功进入需要更高技术和知识的深加工领域。

总体上,创业成功并在该行业坚持下来的松香经营者,离不开社会环境支持、先前从业经验、示范带动、个人能力、行业关系网络等因素共同作用,其中,行业关系网络建构与运行既是竹源松香经营群体生成的关键,这一问题也是竹源松香经营群体在流入地的主要行动逻辑,下一节将对这一问题进行集中分析。

---

① 内容由小竹溪村民吴敬更口述,时间:2019年2月16日,地点:小竹溪家中,访谈人:王惠云。
② 内容由竹源黄下村松香老板王岩庆口述,时间:2018年1月17日,地点:松阳中林实业有限公司办公室,访谈人:朱霞、王惠云、关静、刘梦悦、许蔚虹。

二 经济地位获得与内部阶层分化

创业成功使部分竹源"松香客"在行业里发生经济地位变动,"松香客"内部出现明显阶层分化,我们将"松香客"分为生产群体和经营群体。经营群体的构成因工厂规模不一而有多种类型。滴水法家庭作坊通常由两夫妻经营,他们是松香老板,也是加工工人,还是山场管理员与松脂运输司机,这种自雇组织,获利全凭节约成本和超时劳作,也与市场行情相关。有百名工人的较大滴水法加工厂,经营群体包括松香老板和片长,片长又称山场管理员,是工厂老板在采脂现场的代理监督人,他们通常有过采脂或办厂经验,是老板的亲戚或朋友,懂得行业内部知识,了解监督工人劳作的办法,长期活动在第一线,不仅负责掌握采脂生产情况,也负责解决工人矛盾纠纷,"所谓的片长就是我们。当初我们来有点不习惯,以前我们是自己办厂,自己当老板,片长事情比较杂,我们也是老本行,比较懂一点,不要上面老总交代自己就会做,什么程序都清楚,所以老板就比较轻松了,大老远也叫我们来。和老百姓打通关系也是我们做的,老百姓要刁难工人必须要解决,解决不了汇报上面,我们不单单管理工人,给他们发生活费,采割面积包括收油,送油桶,运输到工厂,安排车来装,登记统计,我们那一片的都是我们来做"[1]。总的来讲,片长充当了工厂和工人之间的信息传递中介,片长管理能力影响工厂效益,他们在较大规模的松香厂中不可或缺,相较生产群体,其经济地位有提升。

规模化蒸汽法松香厂的经营群体构成更加丰富,除老板、片长以外,有管理生产的车间主任,车间主任与片长处于同一层级,一个分管采脂,一个分管加工。在片长和车间主任以上,有分别负责对外联络、生产安全和后勤保障的管理层,他们的头衔上已经加上"总"字,尽管片长也协调对外关系,但高一级的管理者协调的对外关系更加复杂。他们首先需要清楚工厂经营需要哪些关系,想要建构关系需与哪些个体

---

[1] 内容由江西丰林松香厂片长潘常贤口述,时间:2018年8月11日,地点:丰林松香厂内,访谈人:王惠云、胡雪琪。

打交道，不同个体如何构建关系，又如何维系关系，在关系有断裂风险时，如何巩固关系，这一套关系哲学需灵活运用。而送礼、请客、喝酒、打牌这些听起来不那么正规的方式往往是他们构建维系关系的重要手段，关系建构的目的是获得资源，获得庇护。所以对外联络的管理者在整个工厂经营中发挥至关重要的作用。"这个行业关系很复杂的，什么样的人都有，我们的信息渠道需要通畅，经常沟通，喝茶喝酒聊天就是搞这些，这就是酒桌文化，所以这块主要靠沟通。"[1] 负责生产的管理者需要抓质量、抓安全，松脂进入工厂后要进行称重和质量检测，大规模加工厂在承包松树资源的同时，也收购外面的松脂，有时会出现掺假掺杂情况，一旦生产管理者不能识别松脂质量问题，会导致工厂盈利受损，雇佣有经验负责任的管理者非常重要。在对外联络和生产之外，后勤保障对于工厂的正常运转也很必要。工厂规定，工人外出需请假销假，后勤管理者是否准假要根据生产情况决定，为的是预留充足的岗位人员保障生产稳定。管理者辅助松香老板并实际执行关系网络建构维系，也属经营群体，但鉴于竹源松香行业以滴水法松香厂为主，管理人员并不多，此处松香经营群体仍以松香老板为主。

第二节 异地行业关系网络建构与运行

本章讨论松香经营群体在流入地的行动逻辑以及与流入地的关系。"关系"是分析竹源松香经营群体异地实践的重要维度。乔健提出亲属、同乡、同学、同事、同道、熟人等十二种关系类型，以及继承、认亲、拉关系、钻营、套近乎、联络等建立和维系关系的方式[2]。黄光国将关系分为三类：情感性、工具性和混合性。"情感性的关系长久稳定，给人安全感和归属感。尽管其中也含有工具性成分，但是情感性压

---

[1] 江西丰林松香厂管理人员许辰峰口述，时间：2018年8月10日，地点：丰林松香厂内，访谈人：王惠云、胡雪琪。

[2] 乔健：《关系刍议》，载杨国枢主编《中国人的心理》，中国人民大学出版社2012年版，第82—96页。

到工具性。情感性关系一般指的是家庭内部。工具性关系以获得自身没有的物质为目标，短暂且不稳定，工具性关系遵循公平法则，如果感觉交换对自己不利可以讨价还价，也可以中止关系，在工具性关系中，人情、面子的权力游戏最为明显。情感性和工具性关系的混合通常发生在亲戚、同乡、同事等之间，由此形成一张复杂的关系网，对中国人的社会行为形成重要影响。"① 杨国枢将关系分为家人—熟人—生人。翟学伟认为现有关系研究共同存在的问题就是 "不能解释一个现实情境中的中国人是如何表现其社会行为的"②。现有关系研究纷繁复杂，面对具体的关系分析时，确实很难说哪一分类具有普遍适用性，本书的意图不在于给关系进行概念或分类界定，而是从松香经营群体的行动实践出发，分析他们在异地建构怎样的关系，如何建构关系，如何运用关系展开行动等具体问题。他们以行业关系网络建构与运行为异地主要行动逻辑，一方面基于同乡关系支持实现行业制胜，同乡劳动力的勤劳卖力助其实现经营管理成本降低和劳动生产效率提高。同乡经营者在分散共赢逻辑基础上通过小范围合作降低交易成本。生产管理成本和经营成本降低使其抢占行业发展先机。另一方面基于非同乡关系建构获得关键性松树资源，并实现产业链上相关主体的利益共享。在竹源松香经营群体的行业实践中，同乡关系和非同乡关系同等重要，缺一不可。

一　同乡关系支持行业制胜

竹源松香经营群体在流入地的日常生活以行业实践为主，而同乡关系降低成本是他们在20世纪90年代前后实现行业制胜的关键因素。亲缘、地缘纽带推动竹源乡民集体性以松为生，也为松香经营群体的行业实践奠定同乡关系支持。历史上，利用亲缘和地缘关系展开经济活动已相当普遍，如同乡会馆在各地的设立，"来自同一地区的人群经营相同的行业，利用同乡或同族关系建立商业网络，实现对市场和资源的垄断

---

① 黄光国、胡先缙等：《人情与面子：中国人的权力游戏》，中国人民大学出版社2010年版，第7—11页。

② 翟学伟：《中国人行动的逻辑》，生活·读书·新知三联书店2017年版，第134页。

第三章 松香经营群体的行业网络建构与异地边缘位置

与控制"①，这一现象即同乡同业。从中国本土文化脉络来理解同乡同业，其主体往往是农民，创业的地点常常在城市或乡镇。通常认为，农民以农耕为生，安土重迁，流动性较低，实际上，中国很多农村地区都有手工业、商业兼业传统，随着农村人口增多，原有耕地不足以养活所有人口，外出流动谋生成为必然选择，农民在外经商创业时，往往利用亲缘、地缘的天然优势，联合起来增强抵御外部风险的能力，这种联合既包括以师徒、雇佣关系扩大从业人员规模，也包括建立行会、商会等组织以实现同乡经营者间的联盟合作。近年来，一些学者关注同乡社会关系嵌入经济活动后对行业经营的影响。谭同学从亲缘、地缘与市场互嵌的角度，对湖南新化打印业进行分析，提出同乡关系降低学习成本和经营成本，使得湖南新化人快速打败其他同业竞争者。②吴重庆研究孙村人通过技术革新，降低技术门槛，实现该地打金从业人员陡增，然后通过延伸打金产业链，将工具生产、批发销售、信息采集、原料收购等环节都掌握在自己手中，完成生产要素在地集结，大大降低生产交易成本。与此同时，销售者可以低成本低风险地从同乡生产者那里获取产品，并将消费者的需求及时反馈给生产者，产品的顺利销售意味着产业链上所有同乡主体都能受益③，降低生产和交易成本并实现同乡共生共赢是孙村打金业实现行业制胜的关键。在研究者看来，利用同乡关系开展经济活动可以起到降低成本的作用，至于降低哪类成本则要根据案例分析，比如新化打印业研究认为降低学习成本和经营成本，孙村打金业研究认为降低生产要素成本，而本书的竹源松香行业利用同乡关系降低管理成本和交易成本，更重要的是提高生产效率。同乡关系在支持竹源松香行业发展的同时，也使"松香客"与流出地家乡保持紧密的结构性纽带。

---

① 郑莉：《东南亚华人的同乡同业传统——以马来西亚芙蓉坡兴化人为例》，《开放时代》2014年第1期。
② 谭同学：《亲缘、地缘与市场的互嵌——社会经济视角下的新化数码快印业研究》，《开放时代》2012年第6期。
③ 吴重庆：《"界外"：中国乡村"空心化"的反向运动》，《开放时代》2014年第1期。

125

（一）同乡信任产生产量优势

同乡关系支持竹源松香行业发展首先表现为，松香经营者基于信任雇佣同乡劳动力，而同乡劳动力勤劳、卖力使其实现生产管理成本降低和生产效率提高。在本书案例中，同乡雇佣关系经历了不同阶段。20世纪50年代前后，竹源乡民结成师徒关系外出采脂，新法采脂技术推广后，师徒关系转变为包工头和工人雇佣关系。当竹源乡民开办松香厂时，分布在各地采脂的同乡人数众多，这一方面因为竹源乡内生经济资源匮乏，在享受到采脂副业改善生活条件的好处、掌握新法采脂技术以及适应山上采脂生活以后，乡民主动选择将采脂作为主业。另一方面，其他地区的农民或是没有采脂技术，或是对采脂职业不认可，或是难以忍受山上艰苦生活，而没有选择以采脂为生，这也客观上为竹源乡民提供采脂机会。"我最佩服松阳人的地方有两点，第一点就是能吃苦，真的能吃苦，你看我们湖南的资源很好，但是没有人去山上干。松阳人基本上两夫妻在山上搭个棚子，待一年，在山上住多艰苦。"① 这一结果最大影响是为竹源松香经营群体提供充足的同乡采脂工人，而之所以雇佣同乡劳动力，基于的是信任机制。在个案中，同乡雇佣关系的信任一方面表现为雇工认为雇主能够按时发放生活费，年底不发生欠债，"松香老板是老乡的话，比起对广西人，还是对我们松阳人好一点。派车、生活费好拿"②，这对于外出打工者非常重要。另一方面表现为雇主信任同乡雇工卖力勤快、不会偷油、稳定性更高，这关乎行业经营成败，"同样一块地，我请不熟悉的人干活，我们有一个磨合期，他对我不信任，他怕我不给他钱，我怕给了钱他跑掉。双方不信任的话，他没有赚到钱，我也赚不到，而请老乡我们就相互信任"③。在这对信任关系中，松香经营者获利明显，他们依赖同乡雇工的勤劳、卖力、稳定在同业竞

---

① 内容由深加工商人曾光剑口述，时间：2018年2月4日，地点：松泰大院，访谈人：王惠云、关静。
② 内容由小竹溪采脂工人吴化新口述，时间：2018年8月17日，地点：福建霞浦大京村出租屋内，访谈人：王惠云、胡雪琪。
③ 内容由小竹溪村松香商人贺法甫口述，时间：2018年1月16日，地点：松泰地产办公室，访谈人：朱霞、王惠云、关静、刘梦悦、许蔚虹。

争中以低成本高产量的优势胜出。

(二) 同乡经营者的分散共赢逻辑

同乡关系支持竹源松香行业发展还表现为同乡经营者的分散共赢与小范围合作。谭同学在研究湖南新化打印业时提出，亲缘、地缘为同乡合作提供基础，但亲缘、地缘关系在嵌入市场的过程中，也会受到来自市场规则的影响，出现同乡之间相互竞争。即便同乡间成立商业协会等自组织，也不能消解竞争性，因为自组织从本质上是市场关系网络。亲缘地缘与市场互嵌，不能避免同乡间的弱肉强食竞争[1]，吴重庆则提出孙村打金业没有出现大鱼吃小鱼的资本主义逻辑[2]。本书认为，亲缘、地缘与市场镶嵌是否会造成同乡竞争，甚至是恶性竞争，实际上与行业本身的经营特点有很大关系，比如打印店通常集中在城市，因为城市有更多的打印业务，尤其是学校附近的打印店分布集中，大家都想在市场需求多的地方营业，僧多粥少势必加剧竞争。而孙村打金业的市场分布广泛，从乡村到大中小城市，都能找到市场需求，这使得同乡不需要集中在一个地方也能实现盈利。从本书案例来看，松香经营并非市场导向型，而是资源导向型，松树资源多点分布，造成松香加工厂的分散性。因松脂内含有的松节油属于易挥发物质，为了保留更多的松节油，也为了提高松香成品质量，不宜长距离运输，所以松香厂一般开办在距离资源地不远的乡镇。中国松树资源分布广泛，同乡经营者没有必要集中到一处进行有限松树资源竞争，最终两败俱伤。竹源乡民在开办松香加工厂之前，已经分布在各地进行采脂，分散流动采脂使得经营者清楚哪些地方可以找到丰富的松树资源，在一定程度上降低了同乡竞争。

同乡之间没有形成恶性竞争还受到其他因素影响，首先，开办松香加工厂通常要得到前辈指点，同乡在充当行业领路人的同时，自然也会考虑到新加入的同乡是否会成为自己的竞争对手，因而同乡之间

---

[1] 谭同学：《亲缘、地缘与市场的互嵌——社会经济视角下的新化数码快印业研究》，《开放时代》2012年第6期。

[2] 吴重庆：《"界外"：中国乡村"空心化"的反向运动》，《开放时代》2014年第1期。

有不成文规矩,即被传授加工技术和经营知识后,要在其他地方开办加工厂,以避免同乡之间恶性竞争。其次,地方上有一县一厂政策,为的是避免恶性竞争浪费松树资源,也为了保证地方税收,这客观上降低行业竞争性。最后,松阳松香商会起到调解同乡纠纷、强化同乡情谊的作用。"我们对松香还是感情比较深的。虽然是资源竞争的行业,我们基本上也成了不成文的规定,你那个县我们基本不去,没有必要恶性竞争,比较团结,特别商会成立后,商会出面解决问题,聊一聊就聊开了,好像一个老娘舅出来做工作,谁都要让步一下。"① 同乡之间的不成文规定、一县一厂政策、商会组织调节以及松树资源丰富性,使竹源松香经营中共生共赢理念代替弱肉强食逻辑。分散共赢逻辑使竹源乡民开办的松香厂遍地开花,竹源松香行业在整个松香行业中占据一席之地。

与此同时,分散经营降低同乡竞争,但也限制同乡更大范围联合。他们流动到各地经营松香厂,形成全国性商业经营网络,但网络内部互动较弱。受生产分散和经营分散限制,竹源松香行业难以在流入地形成类似北京浙江村的有形聚合社区,也难以为作为外来人的竹源"松香客"在流入地提供较强的认同归属感。

竹源松香经营群体利用同乡关系开展经济活动,并在同业竞争中产生优势,此现象即同乡同业,从古至今,同乡同业例子屡见不鲜,因地区、行业、群体等的不同,同乡同业的运行逻辑不尽相同,在竹源松香经营案例中,同乡关系支持并不是其全部运行逻辑。

二 非同乡关系的建构与运作

在同乡关系支持外,非同乡关系建构对松香经营活动的开展也至关重要,它影响关键性生产要素的获得与生产交易的顺利进行。在竹源松香经营实践中,流入地的林业部门、林场、农户、护林员等,都是非同乡关系建构的对象,"松阳人在松香行业里能让脂农受益、企业受益、

---

① 内容由竹源乡小竹溪村松香商人潘祥威口述,时间:2018年2月4日,地点:松阳县城家中,访谈人:王惠云、关静。

林部所有者受益,林地所有者受益,大家都有积极性"[1]。非同乡关系建构涉及生产经营各个环节,与任何主体关系建构失败都会阻碍行业发展。关系经营艺术虽为中国人熟知,但想经营好关系绝非易事。经营者需要知道有哪些关系主体,知道不同主体的关系建构方式,还要有维系和巩固关系的能力。竹源松香经营群体的非同乡关系建构以获取利益为导向,具有较强工具性,建构关系常用且有效的方式是送礼,送礼者和受礼者从陌生变为认识,再通过称兄道弟、请客喝酒上礼等方式,从认识变为有交情,这时双方建立了较为稳定的互惠关系,这也使得没有先天优势资源的农民能够快速积累财富。然而,正因为非同乡关系基本建立在利益基础上,即便较长时间交往会产生人情,此人情也基本带有工具性,不同于熟人社会中的乡土情谊。一旦双方不能互相满足利益需求,工具性关系就有断裂风险,这使竹源松香经营群体与流入地的关系不稳定,他们难以对缺乏情感基础的流入地产生认同归属感。

(一) 资源环节的关系建构

松树资源是松香生产经营的关键和前提,巧妇难为无米之炊。当然,松香经营者也可以不直接掌握松树资源,将采脂环节和加工环节分离开来,只单独经营加工环节,即从别处购进松脂资源。他们没有选择这样做的原因在于,松脂资源在20世纪80年代初存在价格不透明现象,松香销售市场又不稳定,购入松脂的成本和松香成品售价之间的收益不明确,这不利于稳定经营。已有行业知识使竹源松香经营群体意识到掌握松脂资源的重要性,在开办私人松香厂时,寻找丰富的松树资源,与松树资源相关主体建构关系就成为首要任务。松树资源采脂许可归林业局管理,所有权则归属林场、集体与农户。获得松树资源采脂许可和使用权并非遵循价高者得逻辑,因为并非人人都知松树有采脂经济价值以及合理采脂不会破坏松树。有的地方政府对采脂能给当地带来经济效益持怀疑态度。在金钱不能直接解决松树资源的情况下,社会关系开始发挥作用。在中国,资源相配有其自身文化,在资源给不给以及给

---

[1] 内容由松香商会理事长贺祖俊口述,时间:2018年2月4日,地点:松泰大院,访谈人:王惠云、关静。

谁都可以的情况下，肯定会优先选择有社会关系的一方。

1. 与国有林场建构关系承包松树资源

分田到户以后，松树资源分散在林场、集体和农户等林权单位。大约2010年之前，国有林场主要将松树资源承包给个体户，关系操作较为容易。随着松香行业转型升级，规模化、正规化松香厂逐渐取代没有营业执照的小规模松香厂，国有林场也以投标方式将松树资源主要承包给公司，"现在我们国有林场都是跟大公司接触，不愿意和私人搞了，90年代和个体打交道的多，浙江松阳人也都是个体小老板，小厂肯定是没有营业执照，不规范。现在承包都是搞投标，跟原来承包方式不同，投标看公司财力，而且大公司有营业执照，有法人代表，经济实力雄厚，采割国有林场的松树也规范，做得长久。"① 以江西省浮梁县丰林松香厂②为例，他们以公司名义向枫树山等国有林场承包松树资源，"我们公司比较大，基本上是和林场合作，和林场签合同按照株数，有的是亩数，价格不一样。签订合同需要经过招投标，林场挂牌，评定公司实力，看公司的资金、技术力量、当地交税情况"③。投标方式使得松树资源获取逐渐透明化，但也不代表互惠关系的结束。

企业或个体承包国有林场松树资源后，需按照约定遵守国家采脂规程，并接受国有林场护林员的监督管理。2008年雪灾事故导致江西松树大面积死亡，政府认定该事故与不规范采脂有关，因而2008年以后严格管理松树采脂，即便是与林业部门、林场建构关系也不允许明显违反国家采脂规程，"刚刚搞的时候90年代没有什么管理措施，采割面大了以后，起台风或者下雪，树很容易倒掉，2008年雪灾把我们江西的树都压倒了，这次教训后，我们开始严抓采脂，去年公益林也全部停止

---

① 内容由江西浮梁县枫树山国有林场资源科陈继泉口述，时间：2020年2月21日，电话访谈，访谈人：王惠云。

② 丰林松香厂隶属江西丰林林产有限公司，吴华土妻子的弟弟贺法甫是股东之一，20世纪80年代以来浙江松阳人在松香生产经营中积累了丰富经验，因而丰林松香厂在贺法甫搭线下由其姐姐一家负责实际经营，他们雇佣同乡为管理者、片长，雇佣同乡和非同乡为包工头和工人开展生产经营，而资金链和产品销售仍由丰林林产有限公司负责。

③ 内容由丰林松香厂许辰峰口述，时间：2018年8月10日，地点：丰林松香厂内，访谈人：王惠云、胡雪琪。

采割"①。2018年8月我在江西浮梁县进行松香调研时,正值林场、林业部门严查采割面,丰林松香厂从管理人员到包工头、采脂工人都抱怨采割面管理太严格,但还是按照要求进行整改,减小采割面。

2. 与村集体、农户建构关系承包松树资源

林场之外,承包村集体或农户个体的松树资源,需与村委会及农户个体取得联系。较大规模的丰林松香厂基本不再承包农户个体的松树资源,"因为作为公司你是竞争不赢私人的。这块都是有人情的。比如这块资源是你这个村民小组的,你跟其中某个人关系比较好,他就可能把资源给你做,我企业哪怕高几毛一块的价格也不会给我做,所以我们只有利用公司优势承包国有林场"②,而像小规模滴水法松香厂仍在承包村集体和农户个体松树资源。鉴于农户众多,挨家挨户询问资源需投入大量时间和精力,尤其在农户并不觉得采脂能给他们带来多少收益时,即便承包人给他们计算可能收益,也不一定获得他们的信任,此种情况下,竹源松香经营者先与资源地有能力的个体建构关系,再由当地人给农户做工作。"现在林权都是在农户家里,我们打个比方,一个生产队如果人人都有树,那我就找你一个,你去帮我联系村民,误工费补贴你,我都是让村里的人联系资源的。"③ "我要包树肯定是要通过村里,要摸清楚,调查清楚哪个人有能力,他讲话人家才会听。或者通过乡政府和县政府。这些关系都肯定是缺一不可的"④。以小竹溪吴敬更承包福建霞浦县长溪村的村集体和农户松树资源为例,他在找到一片松树资源后,向林场打听资源归属主体,获知资源归属长溪村村集体和农户后,找到长溪村管理治安的村委会成员汪晖,付给他一定的费用并请他落实资源承包工作,汪晖在与吴敬更建立联系后,与村民和村中有威望

---

① 内容由江西浮梁县枫树山国有林场护林员高谷隆口述,时间:2020年2月5日,电话访谈,访谈人:王惠云。
② 内容由丰林松香厂许辰峰口述,时间:2018年8月10日,地点:丰林松香厂内,访谈人:王惠云、胡雪琪。
③ 内容由小竹溪村民吴敬更口述,时间:2018年8月24日,地点:霞浦县松香厂,访谈人:王惠云、胡雪琪。
④ 内容由小竹溪村民潘常贤口述,时间:2018年8月11日,地点:丰林松香厂内,访谈人:王惠云、胡雪琪。

的老人商量承包事宜，在得到长辈和村民的同意后，组织吴敬更和村民当面协商，最终约定松树价格和给付方式。吴敬更按照约定给付资源费并保证松树不死亡，村民也会不定期上山检查采割情况，在采脂过程中遇到当地人阻挠时，由汪晖出面协助解决。"吴敬更在我们这边已经很多年，问了上面的人说松树是长溪人种的，他就找到我，我是村里管治安的，我就找村里几个威望的老人，跟他们商量。我们村民也有意愿把松树包出去弄点钱美化村里，钱是村集体的，不是村民个人拿走。双方都有这个意愿了，我就叫长辈和吴敬更坐在一起商量，一年给付两次费用，树木如果割死掉，要赔偿的，一棵树要赔偿 30 块。"[①] 采割国有林场的松树资源基本要按照国家采脂规程操作，且采割时有护林员监督，采割村集体和农户的松树资源则要求相对宽松，这使小规模松香厂有利可图。

3. 与林业部门建构关系获得采脂许可

"松香客"只有获得松树资源采脂许可才能在异地开展生产经营，松树资源所有权归属国有林场、集体林场和农户等林权单位，当企业或个体与林权单位有采脂合作意向后，需向县级林业部门申请采脂许可，"国家以及地方政府要求各地严格执行松林采脂申报审批程序。国有林需报该县林业局审核同意后方可组织采脂；集体的松脂采割由林权所有者村民会议或村民代表代表三分之二以上村民同意采脂后报当地乡镇审核，符合条件报该县林业局审批后方可采脂"[②]，"企业或个人和林场谈合作，由林场向林业局提出采脂申请，林场申报后我们林业局到林权单位核实树的年龄、胸径，一般要胸径达到 14 厘米以上才允许采脂，核实后我们请林业局设计队进行采脂作业设计，就是做样源，估算一亩林地有多少棵松树，设计以后我们允许他们采脂。我们也是要求他们按照国家采脂规程采脂，后续的监督由林场配合我们，如果严重违反采脂规

[①] 内容由福建霞浦县长溪村汪晖口述，时间：2020 年 2 月 5 日，电话访谈，访谈人：王惠云。

[②] 内容来源于江西省林业厅江西省吉安县规范松林采脂管理，作者：赖丽萍，2014 年 3 月 7 日。

程,我们会交由执法大队处罚。以前江西采脂管理很宽松,连采脂设计都不要,后来因为我们浮梁县是林区,2008年雪灾又倒掉很多树,采脂这块管理严格起来,大约2011年开始,林权单位都要向林业局打申请,哪块山要采脂,林权证复印过来,我们就委托设计队设计,允许采脂"[1]。只有从林业局获得采脂许可,企业或个体才能与林权单位落实承包合同。对经济林进行开发利用以提升其经济效益可以按照审批制度合法推进,国家从20世纪50年代起就号召各地开办国营或社办松香厂,地方政府应该清楚松树可用于采脂并能产生经济收益。在政府熟悉采脂相关规定的情况下,还需进行工具性关系建构,这在20世纪90年代之前比较常见。

乔健将关系建构方式分为认亲、拉关系、钻营、套近乎、联络等[2],杨美惠在《礼物、关系学与国家》一书中指出"在当代中国,地位和级别低的人常常感到有必要向有职位、级别、可以向他们提供通向产品和机会途径等不可转让的财富的官员和职员送礼,送礼创造了等级关系的某种程度的逆转的小天地,送礼者变得比接受者更具有道德优势,使他们现在对他们的送礼者负有恩惠义务,象征性资本补偿物质、职务或政治资本的空缺"[3],这解释了为什么人们热衷于通过送礼来办事。如果需要持续性地依赖某段关系,就要在关系建构后维系和巩固关系。通过非正式方式获得采脂许可在松香经营群体的早期行业实践中普遍存在,有人认为非正式制度和非正规经济阻碍市场公平交易,但在特殊年代它确实在活跃经济方面做出贡献,在当代社会它仍有存在空间,受经济活动嵌入社会关系决定。

一旦所在地松树资源产脂效益严重下降,松香经营者会主动选择流向新的资源地,松树资源广泛分布,滴水法松香厂投入成本低,再加上

---

[1] 内容由江西浮梁县林业局蒋姓业务员口述,时间:2020年2月10日,电话访谈,访谈人:王惠云。

[2] 乔健:《关系刍议》,载杨国枢主编《中国人的心理》,中国人民大学出版社2012年版,第82—96页。

[3] 杨美惠:《礼物、关系学与国家:中国人际关系与主体性建构》,赵旭东、孙珉合译,张跃宏译校,凤凰出版传媒集团、江苏人民出版社2009年版,第178页。

松香经营模式可复制,使得多次多地建厂较为普遍,滴水法松香厂是竹源松香行业的主流办厂模式。一旦离开原来的资源地,与当地建构的关系就会基本中止。

(二) 生产经营环节的关系建构

生产经营环节的关系建构涉及非同乡工人、护林员、混混和林业局以外的其他政府部门。当竹源松香行业的经营规模扩大到同乡劳动力不能满足人力资源需求时,非同乡工人进入竹源松香行业中。鉴于采脂职业吸引力低,能否雇佣到充足的非同乡工人并保证其劳作积极性,直接影响经营收益,竹源松香经营群体从非同乡劳动力中培植代理人并利用代理人的同乡关系网络实现劳动力稳定。非同乡关系之外,与流入地的护林员建构关系也事关生产经营的有序开展,护林员代表国家监督采脂工人的劳作是否符合采脂规程,严格遵守采脂规程将使得松香行业基本无利可图,这就在规定和实践之间产生张力,通过送礼等方式与护林员建构关系可以有限地游离于采脂规程之外。流入地的混混之所以能影响生产经营,是因为松树资源无论属于哪一方主体,都是在某个村或乡的地界上,混混常常向松香老板索取保护费,或者在松脂从采脂区运输到加工厂途经村庄时收取过路费,要求得不到满足就会阻挠采脂和运输。在走法律程序无法很好地解决此类事件的情况下,松香经营者采取妥协的办法或者以大混混制衡小混混的办法获得生产经营的暂时稳定。松香生产经营中会产生废水废气以及安全隐患等,与环保和安监等部门的关系建构必不可少。总之,以上这些主体事关生产经营能否有序顺利进行,关系建构既有必要也呈现工具性。

1. 与非同乡工人建构关系稳定人力资源

21世纪初,云南、广西、贵州等偏远地区的农民代替同乡成为竹源松香行业的主要采脂劳动力。不同于亲缘、地缘纽带的同乡雇佣,竹源松香经营者在雇佣非同乡劳动力时,采取了一套新的办法,即在承包山场后,将雇佣采脂工人的工作外包给某个人并利用此人的同乡关系网络。"包片的还是广西、贵州那边的,他把这个山场包下来,他自己叫工人上来采脂,我们就额外补贴他五分钱,等于一斤松脂我们给他一毛钱。我们承包山等于他们帮我们承包叫工人。"① 当我问在丰林松香厂采脂的广西女工,你们怎么联系到这边采脂,她讲,"好像你干这种活,就像上学一样,在村里有朋友,在初中有同学,在高中又另外接触同学,有时候就朋友介绍朋友,亲戚介绍亲戚"②。当竹源松香经营者利用自身同乡关系网络不能再继续招雇到采脂工人时,他们将这一思维延续到非同乡工人当中,利用非同乡工人的同乡关系网络稳定人力资源。随着采脂职业越来越得不到现代人尤其是年轻人的认可,松香行业的采脂劳动力雇佣将面临较大压力,可能会雇佣邻近国家的劳动力或是中国松香行业有可能利用机器而非人力实现松脂生产。

2. 与护林员建构关系降低采脂要求

护林员代表国家对采脂进行直接监督,国家的采脂规程和采脂工人的利益诉求之间存在张力,与护林员建构关系可以在国家采脂规程的严格规定之外,有商量的余地。当然关系建构的前提是护林员认为采脂工人提出的要求对自身并不构成潜在风险。简单来说就是在护林员权责范围内他能做得了主。"(采割面规定45%,但是割了50%不可以吗?)按照道理是不允许的,实际上超了一点点基本也可以,也说得过去,因为一刀下去不可能就是45%,我们也就稍微马虎一点,超的太多比如60%,那就不行,我们就要给他制裁,叫他停工。实际上,我们现在管这块也没有什么根据,超的太多,我们也过不去,这也是我们管理失误。"③ 采脂属于经验技术,不可能按照国家采脂规程精确采割,这就在国家规定和民众实践之间产生张力,护林员提到的"采割面太大是我们管理失误,我们也过不去",实际上表明采割面可以在国家规定之外浮动,比如规定45%,实际可以采割到50%左右,只要不超过追责红线即可。此种情况下,非正式关系发挥作用。

---

① 内容由丰林松香厂吴华杨口述,时间:2019年2月13日,地点:小竹溪家中,访谈人:王惠云。
② 内容由广西采脂女工口述,时间:2018年8月9日,地点:浮梁县林工站集体宿舍内,访谈人:王惠云、胡雪琪。
③ 内容由江西浮梁县枫树山国有林场护林员高谷隆口述,时间:2020年2月5日,电话访谈,访谈人:王惠云。

3. 与混混的周旋：拿钱息事宁人

松脂从采脂区运输到加工厂需要途经多个村庄，当地混混常常在路上设置关卡，只有给予一定费用才能通行，此为过路费，理论上讲，各种道路或为国家出资，或为集体出资，个人没有合法理由收取过路费，但是在松香经营者的讲述中，地方混混收取过路费的现象也是有的。"景德镇的混混也是厉害的，过路拉油都是收钱，没打点好就为难工人。早些年的时候我在武夷山也很多。地痞流氓就是管不住。山场在不同的村子里，都有土流氓，他拿了钱就不会闹事。现在我在的这个山场，老板和他们的关系没有搞好，天天来闹。"①

所谓混混是指"在农村社会没有正当的职业和谋生手段，从事着各种越轨行为以获取非法利益的一个特殊群体"②。乡村混混反映了农村社会结构的变迁，又对农村社会秩序产生影响，因而得到学者的广泛关注。陈柏峰提出了农村社会灰色化的概念，认为"20 世纪 90 年代以后，乡村混混开始追逐利益，原本熟人社会的人际交往和道德机制已经不能对混混产生约束，而基层干部甚至是国家政权在面对混混势力时不仅软弱，而且有可能与混混合谋，使得乡土关系逻辑发生变异"③。宋丽娜提出，"乡村混混虽然使用暴力解决问题，但是因为他们熟知地方性知识，因而实际上能够在国家权力不能解决问题的方面起到作用。混混暴力行为嵌入在村庄结构性力量之中，成为解决村庄内部纠纷问题的新的平衡机制，大多数的混混并不会无原则办事，他们更多的是在秉持一种拿钱买公平的原则"④。

本书涉及的乡村混混还不是针对村落秩序的研究，而是乡村混混与外来松香经营者之间的关系，由于当地混混与松香经营者没有任何亲

---

① 内容由小竹溪村民吴化新口述，时间：2018 年 8 月 17 日，地点：福建霞浦大京村出租屋，访谈人：王惠云、胡雪琪。
② 宋丽娜：《暴力市场化：转型期农村混混行为的新转向：以山东北府村的经验为例》，《中共杭州市委党校学报》2013 年第 6 期。
③ 陈柏峰：《乡村混混与农村社会灰色化——两湖平原（1980—2008）》，博士学位论文，华中科技大学，2008 年。
④ 宋丽娜：《暴力市场化：转型期农村混混行为的新转向：以山东北府村的经验为例》，《中共杭州市委党校学报》2013 年第 6 期。

缘、地缘关系基础，这使得道德机制不能发挥作用。混混追求的是利益，只要达到他们的要求，就不会闹事，但是他们的要求又水涨船高，宋丽娜提到乡村混混拿钱买公平的原则，可能适用于村落内部，对于村外人而言，乡村混混提出的过路费、保护费都可以视为赤裸裸的敲诈。在乡村混混没有严重触犯法律情况下，即便他们被公安机关收押，也很快会被释放出来，不能从根本上解决混混问题。"报警是报了，想来想去，一个地痞流氓没办法，如果是抓进去判刑是没事，如果是拘留十天半个月更不得了，更严重。"① 即便松香经营者与当地村委会、乡镇府、县政府甚至是更高层级的人构建关系，也不一定能有效解决混混问题，因背后涉及地方社会秩序。

此种情况下，外来的松香经营者无法与混混形成对抗，多一事不如少一事的心态使得他们选择退让、拿钱息事宁人，甚至有时候他们需要依赖大混混来对抗小混混，或依赖混混来办成事。"开头这个山场定下来肯定是怕这些流氓捣乱，所以找了一个混混管理山场，等于是保护费，给他一年几万块钱就平安了，有什么麻烦事都可以找他。"② 这使得外来松香经营者与混混之间形成某种微妙合作。与混混关系处理不当会直接影响生产经营。与非同乡、护林员、混混等建构关系可以减少生产经营的成本投入，使得在异地的松香生产经营顺利进行，这些都使竹源松香经营者在20世纪八九十年代快速完成原始资本积累，也使其经营呈现非正规化。

（三）销售环节的关系建构

松香行业处于产业链上游，它生产的松香、松节油产品需进行深加工后制成歧化松香、氢化松香等③，用于油墨、造纸、涂料、油漆、食

---

① 内容由采脂工人吴化新口述，时间：2018年8月17日，地点：福建霞浦大京村出租屋，访谈人：王惠云、胡雪琪。
② 内容由采脂工人吴化新口述，时间：2018年8月17日，地点：福建霞浦大京村出租屋，访谈人：王惠云、胡雪琪。
③ 歧化反应实质是自身氧化还原过程，歧化松香是在催化剂存在下，借无机酸和热的作用，使松香的一部分被氧化，另一部分被还原，即发生了歧化反应所得的产物。氢化松香是一种重要的松香改性产品，具有抗氧性能好、脆性小、热稳定性高、颜色浅等特点，广泛应用于胶粘剂、合成橡胶、涂料、油墨、造纸、电子、食品等领域。氢化松香的传统生产方法是以松香为原料，Pd/C为催化剂，采用熔融法，在210℃—270℃、10MPa—25MPa的高温高压下加氢制得。

品、化妆品、医药、集成电路等下游行业，深加工经营需要较高技术和科学知识，较低文化教育水平的竹源松香经营者难以进入深加工领域，他们只能成为深加工企业的松香原料供应者，竹源松香行业因其低技术含量而被视为低端行业。松香作为半成品原料必须对接需求产家才能真正将资源变为资本，在2018年2月5日松阳松香年会举办之际，我访谈了与竹源松香老板有长期合作经历的广东科贸深加工企业老板，他讲："在我们的行业会议上，我说干采脂太辛苦，松香不涨价我们都不好意思。我们就非常惭愧没有把它的价格体现出来，我们就是想怎么样发挥松香的价值，挖掘它的价值。"① 深加工企业购进大量松香原料，通过技术研发深加工产品，再将其销售给下游行业。松香行业的发展，松香需求的提升，依赖深加工企业对松香价值和用途的开发。与深加工企业建构稳定合作关系有助于竹源松香行业发展。

　　本节以竹源松香经营群体在不同地区的行业实践与口述资料，分析从采脂到销售的整个产业链条上的关系建构维系。关系主体涉及林业局、林场、农户、工人、护林员、混混、深加工企业等。片长和管理层成为松香老板建构关系的辅助或执行人员，他们与松香老板组成经营群体，共同处理生产经营和销售环节中的各种事务。以上复杂关系主体，影响产业链条不同环节，关系建构有先后顺序，但缺一不可，同等重要，哪一对关系没有建构好，都有可能导致经营失败。产业链上各方主体利益共赢是竹源"松香客"经营成功的关键。非同乡关系建构是生产经营的前提和保障，比如不去建构关系就没有办法获得采脂许可，也就不能展开后续操作。实际上高昂的关系维系也不一定总能降低成本，比如承包一棵松树的单价每年只需5元，但用在人际关系上的费用使一棵树的实际承包成本达到10元，非同乡关系建构就像一道门槛，跨过去才能向前进。

　　总之，同乡关系支持和非同乡关系建构成为松香经营群体在不同流入地的行动逻辑，多地办厂的成功实践使竹源松香行业形成并发展，同

---

① 内容由广东科贸董事长曾光剑口述，时间：2018年2月4日，地点：松泰大院，访谈人：王惠云、关静。

乡关系助其降低生产管理和交易成本，提高劳动生产效率；非同乡关系助其获得关键性生产要素并实现有序生产经营。竹源松香行业发展为经营群体带来财富，也建构他们与流入地的关系。

第三节 行业建构松香经营群体的异地边缘位置

竹源松香经营群体在流入地以行业关系网络建构与运行为主要行动逻辑，行业诸多特点也建构他们在流入地的边缘位置。首先，行业关系网络建构异地"不融入"。非同乡工具性关系为经营群体带来经济利益，但缺乏情感基础的工具性关系使松香经营群体难以对流入地产生归属感，他们可以在此地经营赚钱，但难有安家融入意愿，工具性关系不稳定易断裂特点又使其不能融进流入地；同乡分散经营虽实现互利共赢，但也使经营群体无法在异地形成集体外来人聚合社区。无论流入地本身，还是集体外来人内部，都无法为松香经营群体提供异地融入的条件。其次，竹源松香经营群体创业成功实现经济地位提升，但他们使用非正式关系开展经营活动，长期处于低端行业，难以获得与经济地位相匹配的社会地位。地位不一致且流入地无法为其提供充分的社会地位补偿，也是竹源松香经营群体处于异地边缘位置的表现。加之，整个松香行业面临升级转型压力，未来发展前景不明，对经营者的资本、知识、能力等提出更高要求，竹源松香经营群体因无法成功转型而逐渐退出松香行业，退出流入地。竹源松香行业的以上特点，使经营群体虽在流入地获得经济地位，但客观上仍处于异地边缘位置，他们不愿也不能融入其中，外来人身份没有发生变化。与此相反，同乡关系支持使经营群体身处异地仍与家乡保持结构性纽带，家乡地社会地位补偿等因素又推动他们主动返乡，从异地边缘位置走向家乡中心位置。

一 行业关系网络建构异地"不融入"

本节主要讨论竹源松香经营群体与流入地的关系，认为竹源松香行业的诸多特点建构经营群体的异地边缘位置。首先是竹源松香行业的关系网络特点建构异地"不融入"。与异地建立工具性互惠关系,使竹源松香行业获得发展,但工具性关系的冰冷性使松香经营群体难以对流入地产生认同归属感,工具性关系的不稳定又使其与流入地的关系容易断裂,他们不愿也不能融进流入地;同乡分散经营使松香经营群体甚至不能在流入地结成聚合社区。他们始终以外来人身份处于异地社会的边缘位置。

(一)"生处好赚钱不好安家"观念

本章第二节对竹源松香行业的异地非同乡关系建构进行集中分析,无论是为了获得采脂许可和松树资源与流入地林业部门、林场和农户建构关系,还是为了实现有序生产经营与流入地的护林员、混混等建构关系,都使竹源松香经营群体在流入地以关系建构为主要行动逻辑,基于利益目的建构的关系具有较强的工具性。"工具性关系以获得自身没有的物质为目标,短暂且不稳定,不同于长久稳定的情感性关系能够给人安全感和归属感"。[1] 即便通过送礼、宴客等方式维系关系会产生一定的人情,这种人情归根结底具有工具性,它不能给人安全感和归属感,还会让经营工具性关系的人身心俱疲。丰林松香厂负责对外联络的管理者吴总如是说,"我喝酒去年都做了手术,外出打关系很累,做了手术今年都不能喝酒了。每年打关系这是必需的,他们就是看着钱说的,又不是跟你讲人情,没有钱这个东西也就不熟了。社会就是这种,他们是讲利益的朋友,今年不给他就翻脸不认人的,人家不会说我们这么熟了"[2]。讲利益的朋友不是真正的朋友,不能提供必需的情感慰藉,这使得松香经营群体难以从流入地的工具性关系中获得归属感,他们形成了生处好赚钱不好安家的观念,"在赚钱的地方安家不好,在当地安家的话,我的所有开支消费当地人都盯着我,甚至人家知道我发财了,路上和我打招呼,我不时而送包烟给他,大概都不太合适,这个是人家分

---

[1] 黄光国、胡先缙等:《人情与面子:中国人的权力游戏》,中国人民大学出版社2010年版,第24—25页。
[2] 内容为丰林松香厂管理人吴华杨口述,时间:2019年2月13日,地点:丰林松香厂内,访谈人:王惠云、胡雪琪。

享你赚到的利益的问题，人家知道你的钱是在人家当地赚到的，甚至在当地深更半夜一个电话都心不安，怕什么东西没有办好"①。流入地分享松香经营者利益的情况较为普遍，"我们在贵州办厂的时候一年捐款二三十万，每个村里做事情向你要钱，村里难应付，一万五千上门来讨，我们又在村里，肯定要给一点"②，与流入地的工具性互惠关系虽使松香经营群体获得财富，但难以使其对流入地生发归属感，难以有融入意愿。尤其是即便融入也不能轻易地获得松树资源的情况下，他们就更不会选择在流入地定居，"融入进去也扎不了根，这个行业和融入当地没有关系，融入进去也拿不到资源"③。"外面除了有资源以外，对我们没有其他吸引力，所以我们基本不会在外地定居。"④总之，基于利益目的的工具性关系使得松香经营群体融进流入地的意愿较低，或根本不愿融进流入地，他们在工具性关系建构中实现松香行业发展，而行业的工具性关系建构又使他们不融进流入地，客观上处于异地边缘位置。

（二）工具性关系的主动与被动断裂

竹源松香经营群体不仅主观上不愿融进流入地，客观上也不能融进流入地，因为工具性关系不稳定易造成他们与流入地关系断裂。"工具性关系短暂且不稳定，遵循公平法则，如果感觉交换对自己不利时可以讨价还价，也可以中止关系"，⑤关系中止的主动方可以是松香经营群体，也可以是流入地关系主体。松香经营群体主动选择与流入地关系断裂的原因有二，一是松树资源效益下降，二是关系维系成本压缩利润空间。他们与流入地关系的被动断裂，则主要缘于关系维系失败，流入地

---

① 松阳松香设备制作者庞勇兴口述，时间：2019年2月11日，地点：永鑫机械厂，访谈人：王惠云、许蒴虹。

② 内容由可重旺松香商人周忠宜口述，时间：2018年2月2日，地点：天元名都会客厅，访谈人：王惠云、关静。

③ 内容由丰林松香厂管理者许辰峰口述，时间：2018年8月10日，地点：丰林松香厂内，访谈人：王惠云、胡雪琪。

④ 内容由小竹溪村民潘常贤口述，时间：2018年8月11日，地点：丰林松香厂内，访谈人：王惠云、胡雪琪。

⑤ 黄光国、胡先缙等：《人情与面子：中国人的权力游戏》，中国人民大学出版社2010年版，第24—25页。

的行业相关利益主体不再愿意为他们提供松树资源，不再愿意为行业有序运行提供保障，此类情况发生通常是因为工具性关系互惠中，松香经营群体没有满足流入地利益主体提出的要求，比如不愿继续追加关系维系成本。无论是关系主动断裂还是被动断裂，都使得松香经营群体退出流入地，如此一来，他们就不可能融进流入地。之所以与流入地的行业相关利益主体关系断裂就会造成其退出流入地，表明他们始终处于流入地的边缘位置，或者他们与流入地建构关系就是为了发展行业，行业关系不在，与流入地的关系也就不复存在。

竹源松香经营者在流入地需与林业部门、林场、护林员、混混等建构多对工具性关系，且这些关系在经营期内不能断裂，这意味着关系建构以后还要维系和巩固关系，需要付出关系维系成本，当流入地的松树资源产出效益下降时，居高不下的关系维系成本就会逐渐压缩利润空间。松香经营者是否可以通过降低关系维系成本来提升利润空间？答案是否定的。原因在于竹源松香行业经营具有非正式性和非正规化的特点，经营者利用中国式关系展开生产经营，比如，滴水法设备的安全性较差，国家逐步淘汰滴水法设备，要求改用蒸汽法设备，但蒸汽法设备成本投入大，小规模松香厂一旦投入蒸汽法设备将更加无利可图，这种情况下在某些地区通过建构关系仍可以使用滴水法设备。越是不想按照制度和规矩办事，就越需要进行关系建构，关系维系成本也就越高，"它需要不停地用经济资本去经营关系，需要不断地花费时间和精力去形成和积累关系"①，这使得被过度索需不可避免，关系维系成本居高不下压缩盈利空间，一旦经营者感觉无利可图或对收益不满意时，他们就会停止关系维系成本的投入，主动选择关系断裂，离开某一流入地，寻找新的资源地，开启新一轮的关系建构维系与断裂，基于此，多地多次办厂在竹源松香经营中非常普遍。工具性关系的不稳定性与关系断裂的风险性，使得经营群体融进流入地变得不可能。

---

① 秦海霞：《关系网络的建构：私营企业主的行动逻辑》，博士学位论文，上海大学，2005年。

（三）分散经营难形成集体外来人聚合社区

竹源松香经营群体因工具性关系不愿也不能融进流入地，他们作为外来人是否可以通过结成同乡聚合社区在流入地获得归属感？外来人研究主要涉及两大群体，一是跨国移民群体，二是国内跨区域流动群体。由于明显的文化差异，跨国界移民群体很难完全融入移民地，他们通过结成新的社区或者构建集体记忆寻求认同感和归属感，比如国外的华人社区。国内跨区域流动群体也有在流入地结成新社区的实践，比如北京的浙江村。高德伯格提出"如果在个体的周围有许多和他具有共同边缘生活的人的话，在边缘共同体文化下，他们依然能找到归属感"[1]，斯通奎斯特也提出在流入地通过成为更大群体的成员，来获得安全感和归属感[2]。集体外来人在流入地建构新社区，可以从新社区中获得认同感和归属感，这是外来人在流入地实现定居的重要方式。然而这一方式并不适用于竹源松香经营群体。利用亲缘、地缘的同乡关系，竹源乡民集体性从事松香生产与经营，在流入地形成了集体外来人现象，但松树资源多点分布使得采脂劳作区域多点分布，采脂工人从技术实施和经济收益角度选择在距离采脂区较近的地方居住，这使得某一流入地的竹源采脂人数多，但分布不集中，对于松香经营群体而言，分散共赢逻辑使得某一县通常只有一个同乡开办松香厂，竹源松香经营群体在流入地难形成聚合，不在共同的生活居住区内，降低了竹源"松香客"在流入地的交往密度和强度，他们虽然在技术实施和行业实践中形成技术组织和行业组织，但组织内部的日常互动较弱，只能为流入地的"松香客"提供有限的认同归属感，不足以使他们实现异地融入。从松阳松香产业的全国分布来看，包括竹源在内松阳"松香客"的创业足迹踏遍大江南北，多点分散、多地多次办厂是其主要经营模式。这一模式使竹源松香行业整体上形成规模但

---

[1] 车效梅、李晶：《多维视野下的西方"边缘性"理论》，《史学理论研究》2014年第1期。

[2] Ralph M. Stogdill, "The Marginal Man: A Study in Personality and Culture Conflict by Everett V. Stonequist", *Educational Research Bulletin*, Vol.18, No. 2, Feb 1939.

难形成聚合，不能通过在流入地结成新社区的方式为松香经营群体异地融入提供条件。工具性关系的冰冷性和不稳定、同乡聚合社区难形成，都使竹源松香经营群体不愿也不能融进流入地。行业关系网络建构他们的异地边缘位置。

二 行业非正规化和低端性中的地位不一致

竹源松香行业的非正规化和低端化，使松香经营群体虽在行业中实现经济地位提升，进入私营企业主阶层，但较难获得与经济地位相匹配的社会地位，而流入地又无法为其提供充分的社会地位补偿，这也是竹源松香经营群体处于异地边缘位置的表现。经济地位与社会地位不一致较早由本洛特·斯穆尔安提出[1]，竹源松香经营群体的地位不一致与私营企业主阶层普遍的地位不一致有关，"私营企业主以其独特的经营之道，以小博大、以弱胜强，不畏艰辛，成长为社会精英，他们在实现个人的抱负和社会价值的同时，也为社会主义物质文明和精神文明建设做出了贡献"[2]，尽管私营企业主创造了社会价值，为经济发展带来活力，但私营企业主地位呈现为经济上富有、政治上无权、声望上无名[3]，他们通常利用中国式关系开展经济活动，这种非正规经营方式使得社会常将私营企业主视为投机钻营分子，加之他们经营知识和文化水平有限，难以加入更专业和精细化的行业竞争中。如同技术有高低之分，行业也如此，竹源松香行业基本停留在初加工环节，难以进入依托科研的松香深加工环节。竹源松香经营者即便只有初中以下的文化水平也能在初加工领域风生水起，但基本不能成功进入深加工领域，"我们松阳这一批人不适应深加工，从采脂到加工出松香这是初加工，我们是靠勤奋赚钱，深加工需要靠技术和知识，这一块我们在和云南、广西、广东深加

---

[1] 赵频、赵芬等：《美国社会学家关于地位不一致研究的概述》，《社会杂志》2001年第5期。

[2] 秦海霞：《关系网络的建构：私营企业主的行动逻辑》，博士学位论文，上海大学，2005年。

[3] 陈勋：《从地位不一致到多维地位排序的相对均衡——地位相关关系视角下私营企业主阶层地位的变迁逻辑》，《湖北社会科学》2008年第1期。

第三章 松香经营群体的行业网络建构与异地边缘位置

工工厂竞争时没有优势，他们都是高校出来的"①。竹源松香行业低端性使行业外部对松香经营群体评价较低，竹源乡政府工作人员郑佑和认为"松香真的是技术含量太低了，松香深加工竹源乡人都弄不来。竹源乡人做的松脂都是初加工，为别人作嫁衣。他们除了松香行业其他行业做不了"②。我在江西景德镇浮梁县查阅松香档案时，当地档案局的工作人员也提到松香初加工行业是污染行业，对于从事污染行业的经营者的社会评价自然也不会高。竹源松香行业的非正规化和低端性使经营群体较难获得与经济地位相匹配的社会地位。鉴于此，他们是否可以在流入地获得社会地位补偿？财富、声望和权力可以实现一定程度的转化。有财富的人因为和有权力的人频繁交往，间接地使用了权力。而且获得财富的松香经营者实际上也获得了某些权力或社会地位提升。然而，在流入地获得的社会地位并不稳定而且有限，一旦不能满足对方的利益诉求就会出现关系断裂，导致在流入地的社会地位下降。这些都导致松香经营群体虽获得财富但依然处于异地边缘位置。

竹源松香行业的关系网络、低端性和非正规化特点建构了松香经营群体的异地边缘位置，他们不愿也不能融进流入地。经营群体的异地边缘化并非被流入地排斥，而是行业建构的结果。"松香老板没有跟我们当地有太多交往，他就是一个外来的，我们的山场基本都是浙江人搞，我们是林业大县，但是我们本地人就不知道搞，给了我们搞不来，也不知道卖到什么地方去，明显的他们就是比我们要聪明一点。"③ "我们对他们做松香的人也不是很了解，松香老板的话看到我们会打声招呼，他们在我们这里很长时间也没有什么交往"④，从流入地民众的讲述来看，他们基本没有因松香经营者利用本地松树资源盈利而对其产生排斥心理，松香经营者也与流入地民众没有过多日常交往，总体上，他们的外

---

① 内容由竹源燕庄村松香商人叶向耀口述，时间：2018年1月16日，地点：松阳汽车城内，访谈人：朱霞、王惠云、关静、刘梦悦、许蔚虹。
② 竹源乡政府工作人员郑佑和口述，时间：2019年2月19日，地点：竹源乡政府办公室，访谈人：王惠云、许蔚虹。
③ 内容由江西浮梁县人高谷隆口述，时间：2020年2月5日，电话访谈，访谈人：王惠云。
④ 内容由福建霞浦长溪村汪晖口述，时间：2020年2月5日，电话访谈，访谈人：王惠云。

145

来人身份没有发生变化。而整个松香行业转型升级又对竹源松香经营群体的资本、知识和能力提出更高要求。随着国家自上而下管理制度越来越严密和规范，利用互惠性关系解决问题的时代逐渐结束。非正规经济虽没有失去生存土壤，仍有补充和活跃正规经济的作用，但总体上，它必须在正规经济外衣下生存。国家生产管理制度推动中国松香行业改革，具体表现为大批滴水法松香厂关停倒闭，标准化和规模化的蒸汽法加工厂逐渐开办起来。从滴水法到蒸汽法，不仅仅意味着加工技术和加工设备的改变，更重要的是它从环保、安全、税收、经营管理制度、深加工配套等诸多方面，对松香加工厂的开办和运营提出严格要求，中国松香行业逐渐从分散小规模的粗放式经营走向规模化、规范化和集团化经营，在行业大背景下，长期以经营滴水法松香厂为主的竹源"松香客"因资本、文化水平有限难以实现竹源松香行业转型升级，加之整个松香行业人力资源、设备等生产要素成本加大压缩利润空间，松香替代品增多、国外低价格松香冲击国内松香市场等因素，"松香行业现在的竞争主要是石油替代品和进口，国外松树资源成本低，国内松树可能要五到十块一株，国外可能就两三块一株，还有就是劳动力成本提高，最终国内松香到了四五千一吨，国外可能就是两三千一吨，我们以前是出口大国，70%都出口，创汇后外汇返税给你，政策偏向松香行业，现在是市场经济，反过来我们进口越南，印度等地便宜松香，这对松香行业冲击很大"[①]，经营群体基本从2015年前后陆续退出松香行业，只有少数人还在管理制度不严格的地区开办滴水法加工厂或较为成功地开办中等规模蒸汽法松香厂。

竹源松香经营群体在逐渐退出松香行业的同时，也退出流入地。与此同时，流出地家乡不仅为其提供同乡关系支持，也提供社会地位补偿，这使其在20世纪80年代以来的松香从业历程中形成周期性离乡—返乡流动模式。在他们退出松香行业时，流出地家乡鼓励松阳商人返乡创业，并提供优惠政策，推动松香经营群体完全返乡。尽管竹源乡民逐

---

① 内容由丰林松香厂管理人员许辰峰口述，时间：2018年8月10日，地点：丰林松香厂内，访谈人：王惠云、胡雪琪。

渐退出松香行业，但鉴于较长时间的从业历程、或多或少保留松香产业、松香行业仍是部分乡民的生计来源以及松香市场回暖后一些乡民重操旧业等因素，松香对于竹源乡民日常生活及其所在村落社会结构的影响依然存续。

至此，我们分生产群体和经营群体对竹源"松香客"与流入地的关系进行了讨论分析，无论是技术建构生产群体的异地边缘性，还是行业建构经营群体的异地边缘位置，都使竹源"松香客"即便长期在外流动，也无法实现异地融入，他们的外来人身份没有发生变化。异地边缘化是竹源"松香客"在外流动的总体生存状态，它由松香生产技术和竹源松香行业的诸多特性建构，不因流入地不同而改变。"若流动人口依旧保持过客心态，认为自己只是暂时漂泊、寄居于他乡异地，感到目的地社会是他们的，而不是我们的，自己的未来和根依旧在家乡，感到与流入地居民差别很大，就表明流动人口与流入地存在隔离"，[①] 这恰恰是竹源"松香客"与流入地关系的表现，隔离并非一定是被排斥的消极现象，它有自身机制且异地边缘化强化竹源"松香客"群体对乡土认同的现实需求。对于竹源"松香客"而言，流入地只是劳作、经营之地，流出地才是生活之地，才是根之所在，心之所向，因而一年劳作和经营结束后，他们就返回家乡确认"我们"的存在。

小　结

本章基于民俗学日常生活实践研究视角，主要讨论竹源松香经营群体在流入地的行动逻辑。松香经营群体基本从生产群体发展而来，经历承包松树资源、承包国营松香厂、开办滴水法家庭作坊到开办蒸汽法加工厂的创业历程，从包工头到私营企业主的职业身份转换与经济地位提升离不开社会环境、先前从业经验、前辈示范带动、个人能力与社会关系网络等多方面因素影响。松香经营群体在异地以行业关系网络建构与

[①] 杨菊华：《流动人口在流入地社会融入的指标体系：基于社会融入理论的进一步研究》，《人口与经济》2010年第2期。

运行为主要行动逻辑，一方面依赖同乡关系支持降低生产管理与交易成本；另一方面通过非同乡关系建构实现竹源松香行业有序运行。同乡关系支持和非同乡关系建构推动竹源松香行业发展，竹源松香行业的关系网络和低端化、非正规化的特点又建构松香经营群体的异地边缘位置。行业关系网络建构异地边缘位置表现为，与流入地建构工具性关系可以获得松树资源与实现生产经营顺利进行，但缺乏情感基础的工具性关系使其难以对流入地生发认同归属感，工具性关系不稳定易造成关系断裂，使松香经营群体不能融入异地。分散经营逻辑又使经营群体难以在异地形成同乡聚合社区，松香经营群体既不能从流入地获得认同归属感，也不能通过在流入地结成同乡聚合社区获得较强的认同归属感，总之，竹源松香行业关系网络使经营群体不愿也不能融入异地。竹源松香行业低端性和非正规化特点使经营群体实现经济地位提升，但难以获得相匹配的社会地位，流入地又不能为其提供充分的社会地位补偿，松香经营群体总体上处于异地边缘位置。本书从竹源松香行业切入分析松香经营群体的异地边缘位置，仍然延续技术民俗学是通过技术理解民众生活实践的思路，对技术的讨论与行业分不开，而且"民"仍是讨论的核心和落脚点，在对"民"的分析中，本书既注重集体性传承，也关注鲜活的个体"民"的生动实践，在松香经营者的行业实践中，我们可以看到集体性的行动逻辑，也可以认识到农民创业者的诸多创业精神品质。总之，技术建构生产群体的异地边缘性，行业建构经营群体的异地边缘位置，使竹源"松香客"呈现异地边缘化的整体生存状态，边缘化主要由技术和行业特性建构，而非被流入地排斥，也不因流入地不同而改变，任何流入地都基本不会成为竹源"松香客"的定居地。他们主动返回家乡寻找认同归属感和地位一致，在流动谋生中，家乡是唯一不变的中心。

第四章　竹源"松香客"的乡土认同型返乡

　　流动农民研究的主流观点认为，农民长期流动在外逐渐失去乡土认同，流入地的排斥又使他们难以产生归属感。本书的"松香客"同样属于流动农民，他们从农村流动到农村，流入地和流出地不存在较大文化差异，理论上讲，他们融进流入地的可能性更大。然而，他们一到年底结束劳作和经营立马返回家乡。为什么"松香客"依赖外部社会获得经济收入且长期流动在外还是要周期性返回家乡，要回答这一问题，必须思考他们为何没有融进流入地，因为如果他们在流入地能找到很强的认同感和归属感，他们不一定会返回家乡。而他们没有融进流入地是被当地社区排斥的结果吗？通过第二章和第三章对松香生产群体和经营群体在流入地的实践逻辑的分析，异地"不融入"不能简单地归结为被排斥，它是技术和行业建构的结果。技术建构松香生产群体的异地边缘性，行业建构松香经营群体的异地边缘位置。边缘性和边缘位置使竹源"松香客"在异地呈现边缘化的生存状态，在此情况下，他们形成周期性离乡—返乡流动模式，本书认为"松香客"的返乡不是被动发生，而是基于乡土认同的主动选择。一方面，家乡民俗生活和集体性以松为生的身份认同能够使"松香客"在家乡确认"我"是"我们"的一分子，获得认同归属感。另一方面，"松香客"尤其是经营群体能够在家乡争得面子、声望和社会地位补偿，在家乡获得经营支持，实现经济地位和社会地位统一。在民俗生活、集体性身份认同、经济地位与社会地位统一的共同作用下，"松香客"

异地边缘化与乡土认同

主动返回家乡，异地边缘化的生存状态发生翻转，乡土认同得到维系强化。"松香客"所在村落的传统文化也得到活态传承，物理空间得到建设更新，流动中的村落共同体得以维系，"松香客"群体的日常生活意义得到呈现。

本书对技术和行业的分析始终强调"松香客"的主体性，指向对"松香客"生活实践的理解。技术和行业并非单一事象，它们塑造"松香客"的劳作模式和生活模式，使其呈现异地边缘化的生存状态，同时也激发"松香客"对乡土认同的现实需求，使流动中的村落共同体得以继续维系，"松香客"的日常生活意义在流动实践中得到呈现和表达。从技术和行业切入的民俗学研究归根结底是民俗生活的整体研究。

第一节 "松香客"在家乡寻找认同归属感

"松香客"需要在流出地家乡补偿异地边缘化的生存状态，获得认同归属感。周期性返回家乡就是在确认我是谁，我们是谁。认同是民众的情感维系，也是确认自我安全和自我价值的依据。没有认同的人就如同浮萍，没有着落，没有方向。"松香客"虽身处异地，却心系家乡。在家乡的生活才是他们认为的稳定的、安全的、熟悉的状态，外出的经历是非常规的，非常规生活反过来强化他们的乡土认同。家乡能补偿异地边缘化的根本原因在于乡土认同，通俗来讲即恋家情结。"在外面赚了钱的松香老板选择再回到松阳，我觉得可能跟我们这帮人的整体学历不高有关，恋家情怀太重。我们90年代在江西不愿意把厂房做得很漂亮，因为知道迟早是要回家的。"[①] "我们在外面安家的人不多，把钱全部都拿到松阳买房子。那个时候（90年代创业时期）我们特别恋家。"[②] "松香客"群体的乡土认同既有传统纽带，也离不开异地边缘化

[①] 内容由燕庄村叶向耀口述，时间：2018年1月16日，地点：松阳汽车城内，访谈人：朱霞、王惠云、关静、刘梦悦、许蔚虹。

[②] 内容由小竹溪村松香商人贺法甫口述，时间：2018年1月16日，地点：松泰地产办公室，访谈人：朱霞、王惠云、关静、刘梦悦、许蔚虹。

的刺激。他们在组织和参与民俗生活中确认"我们"作为共同体的存在以及"我"作为共同体的一分子,通过共同经历着和经历过以松为生的模式化日常生活获得集体性身份认同,在家乡民俗生活与集体性以松为生身份认同中,异地边缘化的生存状态发生翻转,乡土社会资源也得到激活整合。

一　家乡民俗生活中的共同体感

民俗生活是共同浸润其中的,人们认同其所属共同体的标志,具有调剂社会生活和心理本能的作用,能为"松香客"提供认同归属感。松香客在家乡的民俗生活集中在年底时期,这与松香生产经营周期有关。清明前后气温达到流脂要求,立冬以后松树产脂通道受阻。加之,正式采脂前需有前期准备,立冬后需收油,采脂群体在外劳作周期有10个月之久。通常,采脂群体在每年的8月份和立冬收油,这意味着8月前后,加工群体也进入正式忙季,其劳作周期相较采脂群体要短些。"松香客"在外劳作与经营周期由松树自然特性与技术实施特点决定,有意思的是,松树在立冬以后基本不出脂的自然特性和松香生产技术实施特点恰恰使其在年底有一段较为集中的空闲时间。这一空闲期与中国重要的节日期重合,为松香客过节日和在节日中进行人际交往提供机会。在空闲期内,人们既有时间和精力,也有经济能力,更有现实需求参与到节日互动中。人不可能日复一日,永无休止地劳作,更何况像松香生产群体那样在非常态的劳作环境中,在劳作和生活边界模糊的状态中,在远离家乡的异地从事底边化职业,就更需要在适当时间进行适当闲暇,休息体力、调剂精神、进行社交活动等,在民俗生活中,民众得到心理补偿[①],确认"我"是"我们"的一分子。在民俗生活组织与参与中确认共同体感是竹源"松香客"返乡的逻辑所在。异地边缘化使"松香客"对家乡民俗生活产生现实需求,在民俗生活实践中,松香客获得调剂补偿与认同归属感,乡土传统文化也得到活态传承。

---

① 钟敬文主编:《民俗学概论》,高等教育出版社2010年版,第24—25页。

(一)"家本位"的民俗生活

民俗生活包括多种类型,对于中国人而言,"家本位"民俗生活无疑非常重要。费孝通在《乡土中国》中提出,家的范围通过与事业相联系可大可小①。我们将父母和孩子组成的家庭称之为核心家庭,核心家庭是个体获得爱和关心的重要源泉。在核心家庭外还有扩大家庭。在竹源地区,核心家庭之外,血缘关系较近的亲属通常共享香火堂,我们将香火堂视为家族关系表征。家族之外宗族关系的情感慰藉意义较弱,但具有事业互助功用。无论松香生产群体还是经营群体,他们返乡的最根本纽带是家庭,因他们流入偏远农村进行劳作与经营,不能将父母和孩子带在身边,与木头打交道、在深山中独立劳作、高强度重复劳作等诸多劳作特性和工具性经营关系又强化他们对温情的家庭生活的渴望,"我们在山上天天跟木头打交道。木头不会跟你说话,我们就想家里人,赚了钱就回来"②,"我们年底要回来和父母孩子一起团圆,过年一般都会回来"③。家庭既是"松香客"流动谋生的动力,又是补偿异地边缘状态的重要力量,在家庭的爱与关心中,"松香客"获得安全归属感。

除了从核心家庭获得爱和关心,年节、人生仪礼时刻在祠堂和香火堂供奉祭品,集资修缮祠堂、香火堂,修缮以后积极组织和参与打清醮仪式等都能反映"松香客"对家族、宗族的重视,通过参与其中,表达认同,获得归属。在竹源地区,村民从事松香行业富裕后常常集资修缮祠堂、香火堂。竹源大岭头村松香老板叶广临称,"我们叶氏修祠堂的时候我出了四五万。去年做族谱也是我们三四个搞松香的人出钱七八万。现在祠堂已经修好了,大年初一就要回去"④。竹源黄下村松香老板王岩庆也提到,"我们的祠堂启动资金我出了8万,我们祠堂搞得比

---

① 费孝通:《乡土中国》,北京出版社2009年版,第59页。
② 内容由小竹溪村松香商人贺法甫口述,时间:2018年1月16日,地点:松泰集团办公室,访谈人:朱霞、王惠云、关静、刘梦悦、许蔚虹。
③ 内容由竹源横岗村村民潘常青口述,时间:2018年2月2日,地点:横岗村村口,访谈人:王惠云、潘慧萍。
④ 内容由竹源大岭头村松香老板叶广临口述,时间:2018年1月17日,地点:中林置业办公室,访谈人:朱霞、王惠云、关静、刘梦悦、许蔚虹。

第四章 竹源"松香客"的乡土认同型返乡

较好"①。竹源可重旺村松香老板周忠宜讲,"我奶奶从周岭根村姓周的人家改嫁到可重旺村姓项的人家,我的姓没有跟着改,那一年项氏造祠堂,我一万块钱买了一对狮子摆在里面,祠谱我是在周岭根做的,但是项氏祠堂这边也要做"②。竹源各村祠堂、香火堂修缮离不开松香老板出资,也离不开子孙后代共同参与,"农村还是比较重人情,好像吴姓祠堂坏掉了大家都还是愿意掏腰包。我们祠堂破旧了,砖瓦破掉了,作为祠堂的祠子祠孙,看看自己老祖宗这样破烂没人修,不像样,脸上没有光彩,出力的出力,出钱的出钱,大家就觉得每个人都有一份,大家都是自愿的"③。"松香客"热衷于祠堂和香火堂修缮,既是为了对祖先表达敬意,在宗族空间更新中彰显子孙后代成功,也能在参与家族、宗族活动中提升凝聚力,获得归属感。祠堂修缮后要举行打清醮仪式,这是一种"由民众集资、延请道士主持的大型社区斋醮活动,其主旨是驱除疫疠灾害、祈祷地方平安"④。参与打清醮仪式有现实意义,"我们为什么相信打清醮,因为打清醮后平平安安,也是为了过好日子"⑤。"松香客"在外生产经营面临诸多不确定风险,以保平安为主要目的的打清醮仪式契合他们的现实渴求。包括打清醮仪式在内的每一次家族、宗族活动,都是为祈求祖先庇佑子孙平安兴旺,获得情感慰藉和认同归属,"我们小房三代亲正月每年搞几桌"⑥。"松香客"在年底参与家族宗族活动中补偿异地边缘状态,获得认同归属感。

---

① 内容由竹源黄下村松香老板王岩庆口述,时间:2018年1月17日,地点:中林置业办公室,访谈人:朱霞、王惠云、关静、刘梦悦、许蔚虹。
② 内容由竹源可重旺村松香老板周忠宜口述,时间:2018年2月3日,地点:天元名都会客厅,访谈人:王惠云、关静。
③ 内容由小竹溪村民吴化天口述,时间:2019年2月17日,地点:小竹溪松香博物馆,访谈人:王惠云。
④ 汪桂平:《平安清醮与傩仪——谈道教与民俗文化之关系》,《世界宗教研究》2004年第4期。
⑤ 内容由小竹溪村民吴敬更口述,时间:2019年2月16日,地点:小竹溪家中,访谈人:王惠云。
⑥ 内容由小竹溪采脂工人吴华甫妻子口述,时间:2018年8月8日,地点:江西浮梁寿安镇出租屋内,访谈人:王惠云、胡雪琪。

图 4-1　女性制作打清醮棉花祭品
拍摄于 2018 年 1 月 31 日横岗潘氏祠堂打清醮，拍摄人：王惠云。

图 4-2　小竹溪吴氏祠堂杀猪饭
由小竹溪采脂工人郑丽华提供，时间：2018 年 1 月 31 日。

（二）以村落为单位的民俗生活

在家本位民俗生活之外，村落民俗生活也是提供认同归属感的重要源泉。年底返乡的"松香客"通过节日、人生仪礼互动和民间信仰仪式确认自己是村落的一分子。"松香客"在组织和参与村落民俗生活中加强人际互动，"我们做松香一般年底两个多月在家，交往走动会多一些，集中的聚会比平时多，我们一般在外面，家里人自己忙自己的，回来就有机会聚聚"[①]。"做松香正月去，十二月回来，在村里没有几天，没有在外面过年的，大家回家更团结。"[②]通过浸润在风俗中获得共同体感，他们不再是与周围隔离的状态，而是融入集体中，获得生活调剂和心理补偿。在村落民俗生活中，民间信仰和以民间信仰为主要内容的节日仪式，尤为"松香客"关注。松香生产群体在深山中劳作，面临刀伤虫咬风险，以松脂作为收入来源又使他们很大程度上靠天吃饭，从人身安全与经济收益出发，他们外出前和返乡后都要向村里主要神灵如徐侯、平水大王、唐葛周等祈福还愿。松香经营群体的加工厂因松脂易燃常常有火灾风险，为了避免损失他们也重视祈求神灵。在组织参与村

[①] 内容由小竹溪村民吴敬更口述，时间：2018 年 1 月 13 日，地点：小竹溪家中，访谈人：朱霞、王惠云。

[②] 内容由小竹溪村民潘安相口述，时间：2019 年 2 月 17 日，地点：小竹溪家中，访谈人：王惠云。

落民俗生活尤其是民间信仰仪式活动中,他们获得调剂补偿,也为来年生产经营做好心理准备,获得继续前行的动力,这在竹源小竹溪村送灯仪式和徐侯信仰中体现尤为明显。

1. 徐侯信仰与送灯仪式的历史

送灯仪式和徐侯信仰是小竹溪村乃至竹源地区较为有代表性的传统节日和民间信仰。送灯仪式以祭祀徐侯为主要内容,徐侯大王被小竹溪村民视为福神。徐侯本是一游方道士,懂得降妖除魔、医术高明,自间山习得道法归来,沿途做善事,对处于危难之际的小竹溪百姓施以援手,百姓为感恩他遂立庙纪念。[①] 实际上,并非只有小竹溪村民信仰徐侯大王,邻近的潘坑村、大东坝等也有徐侯庙,但唯独小竹溪村流传有祭祀徐侯的盛大传统节日。小竹溪村民通过神灵地方化、灵验讲述、飨神得好报等方式,强化徐侯信仰。徐侯大王所在的墨口殿建于五龙山上,此处有五龙戏珠或五龙会山之说,风水俱佳。相传,五龙山下有一石头箱子,里面有五只小鸟孵化,预言此处将出大人物,但箱子被过早打开,小鸟的眼睛没有孵化完全,大人物没有出来,而是有了徐侯大王和他的四个兄弟。[②] 尽管这则故事和上面提到的徐侯大王非松阳本地人,只是途经此处做善事被后人纪念的说法不同,但这恰恰反映了民众通过将徐侯大王地方化而建构徐侯信仰。村民还通过传播和讲述灵验故事强化徐侯信仰,无论是求姻缘、求子还是求功名,徐侯大王都有求必应。他不仅帮民众实现愿望,也对不敬之人进行惩罚,"有一老人路经墨口殿说了不敬重的话,回家以后就莫名其妙地肚子痛,吃了墨口殿里的香灰,对徐侯说了好话之后,病就好了"[③],"还有一原本身体健康的妇人,在祭祀徐侯大王当天吃了猪脚,破了洁净的规矩而突然离世"[④]

[①] 故事由小竹溪村民吴化天讲述,时间:2019年2月13日,地点:小竹溪松香博物馆,访谈人:王惠云。

[②] 内容由小竹溪村民吴融嵩口述,时间:2019年2月10日,地点:墨口殿内,访谈人:王惠云。

[③] 故事由小竹溪村民吴化天讲述,时间:2019年2月15日,地点:小竹溪松香博物馆,访谈人:王惠云。

[④] 内容由横岗村村民潘傅梅口述,时间:2018年1月22日,地点:竹海民宿,访谈人:王惠云。

等。因为虔诚信奉徐侯而获得好报的现实例子也促使民众形成飨神求好运的心理机制。为了表达对徐侯大王的虔诚信仰，小竹溪村形成了八月十五给徐侯大王过生日以及正月十五以后举行送灯仪式两大传统节日，徐侯大王庇佑小竹溪村民的生产生活，其影响深入人心。"我们都是信徐侯大王的，好多人在外面做松香，过年大家都要去徐侯那里拜年，拜个吉利，有好多人是看时辰，争着摆在第一个，抢着当头桌。送灯节日是小竹溪人的信念，不相信徐侯他们也不会回来。大家都搞一下，高高兴兴出门赚钱。"[1]

围绕徐侯信仰在正月十五以后举行的送灯仪式是小竹溪乃至竹源地区一年当中最为重要的传统节日。送灯仪式具体产生年代难考，仅有清代同治年间遗留下来的老龙旗，清楚地表明在那个时候送灯仪式已经成型。据小竹溪村民称，1949年中华人民共和国成立后送灯仪式开始中断，虽曾在1951年恢复过一次，但并没有延续下去。到20世纪80年代，尽管社会环境已相对宽松，送灯仪式连同舞龙灯等传统活动仍处于中断状态。直到1994年前后，舞龙灯仪式才在几个年轻村民的组织下被恢复起来。在此契机下，小竹溪村有威望的老人提议将送灯仪式也恢复起来。于是次年起中断近50年的送灯仪式走向复兴。

2. 松香行业在送灯仪式复兴中的作用

以保平安为核心功能的送灯仪式，为何在20世纪50年代中断后，直到20世纪90年代才得以复兴？本书认为其复兴与小竹溪村民外出从事松香行业有一定关系，在送灯仪式中断期间，小竹溪村民流动到松树资源集中的江西、福建等地以"放松香"为生。借着改革开放的时代东风，小竹溪村一些头脑精明的村民开办私人松香厂，并雇佣同乡为其生产管理，来自同一地区的农民从事相同行业，并利用同乡优势节省生产管理成本，打败同业竞争者，小竹溪村民在松香行业里形成同乡联盟，他们利用亲缘、地缘关系展开生产经营，以松为生的劳作模式塑造了他们的日常生活，也对村落社会结构产生影响。面对采脂、加工、经

---

[1] 内容由小竹溪村民吴华杨口述，时间：2019年2月13日，地点：小竹溪家中，访谈人：王惠云。

第四章 竹源"松香客"的乡土认同型返乡

营中的安全风险与未知茫然,"松香客"迫切需要可靠的精神信仰做支撑。他们生于斯长于斯的地方恰恰有百年传承历史的送灯仪式,以祭祀徐侯为主要内容,以保平安为主要功能,只要村民积极参与其中就能得到神灵庇佑,松香行业激活"松香客"对送灯仪式的现实需求,推动送灯仪式复兴。

松香行业作用于送灯仪式复兴表现在多方面,首先,举行送灯仪式需每家每户准备鸡、猪肉、水果、点心、粽子等,负责头桌祭品的头首还需准备猪头、墨鱼、鹅三牲,20世纪五六十年代,小竹溪村民连基本生计都难以为继,送灯仪式缺乏经济条件支持。20世纪90年代村民集体性从事松香生产经营,生活条件得到很大改善,他们有经济能力举行送灯仪式。其次,异地边缘化生存状态激发了"松香客"的乡土认同需求,他们在年底返乡后希冀通过参与村落民俗生活增强认同归属感,这是送灯仪式被激活传承的另一重要因素。最后,小竹溪村民在松香行业或是从事采脂生产,或是从事松香加工与经营,松香生产经营特性催生他们对平安的现实渴求。采脂群体长期在深山中劳作与居住,幽闭空旷的山林使得他们产生一定的心理压迫感和恐惧感,他们在劳作时通常单独行动,在专注做事时,人特别害怕听到突如其来的声响或者看到陌生的身影等,各种虫蛇走兽也会给他们带来危险讯号,那些磨得相当锋利的刀具也会不慎脱落造成伤残事故。这些都直接促成采脂群体对平安的强烈渴求,他们不仅形成拜山神等诸多生产生活习俗,外出劳作前还一定要到墨口殿祈求徐侯大王保佑平安顺遂,大吉大利。对于松香加工群体与经营群体而言,松香和松节油属易燃化学品,遇火后势态难以控制,因操作不当发生火灾造成人财损失的例子也不少,"松香老板拜神是心理作用,每年每个老板都要选最好的日子开工,那一天不能属火,松香厂火灾事故太多了"[1]。松香生产经营特性直接促成"松香客"对"保平安"的强烈渴求。送灯仪式不仅有深厚的传承认同基础,其核心功能又契合"松

---

[1] 内容由小竹溪松香老板潘昂宗口述,时间:2018年3月3日,地点:潘家大院,访谈人:王惠云。

香客"的现实需求。

　　以上因素使松香行业能激活传统送灯仪式,其核心功能"保平安"在"松香客"的现实需求下重新具有有效性和生命力。复兴以后的送灯仪式成为小竹溪村乃至竹源地区一年当中最为重要的传统节日,村民积极参与其中,不需任何人鼓动,他们都有很强意愿将其传承下去。"不管以后有没有人来我们村看送灯,我们都要一直摆下去,就是纪念徐侯。因为徐侯到我村庄做过善事就一直摆下去。"① "这个习俗是祖祖辈辈一代代传下来的风俗习惯,不是自创的,这种东西不需要人家做宣传工作,都是自发的,每年都要把这个传统文化传下来。现在年轻人都不知道怎么做,都是跟着老人。"② 在送灯仪式中,人、神、祖先互动,外出辛劳寂寞和风险得到消解,参与其中就是小竹溪村成员。小竹溪村民讲"我爷爷奶奶那辈,不参加送灯仪式,不认同徐侯的村民会被赶出村"③,鉴于徐侯信仰和送灯仪式对于确认村落一分子的重要性,"松香客"积极参与其中。

3. "松香客"的送灯仪式参与

　　送灯仪式以保平安为核心功能,"松香客"通过飨神希冀获得神灵庇佑。送灯仪式实行头首制度,仪式中断前,头首按照男丁年龄大小轮流担任。仪式复兴后,头首变为以生产队为单位按照男丁年龄大小由14—20人共同担任。当年的头首聚在一起商讨并有序推进送灯仪式准备工作,他们通常在年底请大岭头村道士选择送灯吉日,考虑到传统习俗和村民劳作时间,吉日一般选在正月十六到正月底之间。头首请村中礼仪先生将送灯时间和流程写于红纸上并张贴在人群聚集处,内容多为"送灯吉课:经上下村灯首商议,决定××年送灯排祭择于正月××日送灯。此日有起送吉课,神在徐侯大王等殿,是明堂黄

---

① 内容由小竹溪村民吴化武口述,时间:2019年2月12日,地点:小房老祖宗房内,访谈人:王惠云。
② 内容由小竹溪村民吴化天口述,时间:2019年2月14日,地点:小竹溪松香博物馆,访谈人:王惠云。
③ 内容由小竹溪村民潘昂宗弟弟口述,时间:2019年2月16日,地点:潘家大院,访谈人:王惠云。

第四章 竹源"松香客"的乡土认同型返乡

道吉日,紫微大帝值日,已备诸煞,祈保村方吉庆、男女平安、丁财两旺、五谷丰登、风调雨顺、国泰民安。上午吉时迎接徐侯大王,下午口䁪保扶面向村头,且分送神回殿安神,庆位永大吉祥"①。将送灯日周知村民,不仅意味着村民可以按照时间节点准备祭品,也意味着村民可以安排外出劳作时间,"松香客"外出劳作经营以送灯仪式为时间节点。

2018年3月3日的送灯仪式,松香老板贺法甫是头首之一,他讲"我们头桌二十个人有义务招待当天来的客人,这是责任是负担也是荣耀,我们都很愿意做。轮到我是头桌,早早就开始准备,怕过年买不到祭品。对我来说送灯很重要,今年搞好了,就风调雨顺赚钱好赚了"②。松香老板的头桌祭品相对丰盛精美,除了有常规的三牲,即猪头、墨鱼和鹅,以及水果、点心、年糕、粽子等带有美好寓意的祭品外,还有用水果、蔬菜雕刻的精美手工艺品,如用南瓜雕刻成龙凤。随着生活水平提高,村民们以花样繁多的祭品表达对徐侯大王的虔诚心意。对于经济能力一般的村民,他们准备的祭品不一定丰盛,但这并不影响他们得到徐侯保佑,"礼轻情意重,轻重没关系,就是心意到了,一心一意就可以,菩萨这个东西很公平"③。待神灵们享用完祭品便迎来整个仪式非常重要的环节,即由道士将村民名字念与徐侯大王等神灵,祈求神灵保佑此人及其家人平平安安。男丁的名字被写在红纸上,其内容为"中华人民共和国浙江省松阳县竹源乡十八都内八保相友社小竹溪上/下村居住奉合众弟子,择于××年正月××日迎接墨口殿钦封判府护国祐民徐侯大王合殿神旗来到我村方看花灯,保佑全村弟子清洁,起送村头村尾左右一切妖魔鬼怪立即出村,保佑全村弟子家门清洁、人口平安、六畜兴旺、田禾丰收、五谷丰登、生意兴

---

① 内容来源于小竹溪上村张贴的送灯公示,拍摄于2019年2月18日。
② 内容由小竹溪松香老板贺法甫口述,时间:2018年3月3日,地点:送灯仪式主街道,访谈人:王惠云、许蔚虹。
③ 内容由小竹溪采脂工人潘安宝口述,时间:2018年3月3日,地点:送灯仪式主街道,访谈人:王惠云。

异地边缘化与乡土认同

隆,全村大小永远太平健康。头首×××……"① 头首后面跟着户主的名字。道士念到户主的名字后,会对神灵讲"某某弟子,托望大王、大夫、许一公、许二公、许三公万临,十八神宗有声有应,飨护佑"②。这一环节结束后,徐侯大王出村并将村中晦气和邪祟一同带走。徐侯返回墨口殿后,道士举行安神仪式,让徐侯等神灵能安稳地继续留在小竹溪村保佑村民。送灯仪式结束后,头首请帮忙的村民和道士吃点心、面条,感谢他们辛苦付出,"大家吃点徐侯吃过的东西,沾点财气,面当场烧起来叫和气面,大家都和和气气团结友爱,乡里乡亲和睦共处,这个年也过好了"③。

整个送灯仪式流程中,保平安是核心符号,也契合"松香客"的现实所需。我在送灯仪式现场观察到松香老板吴敬更全程参与迎神、飨神、送神环节,我问他是否能听得懂道士念什么,他回答"我听不懂道士在念什么,但都是保佑村民的好话"④,我继续追问为什么还没有外出开工,他回答,"我等送灯结束再出去,我们也是靠天吃饭,出一个差错,是要赔的,如果平安无事,我们就赚钱了,所以我一般送灯完灯才出去"⑤。对于松香生产群体而言,送灯仪式同样具有重要意义,采脂工人潘安清讲,"轮到我做头桌也是荣幸的事情,我们一般把送灯做完再出去做松香。大家都一样,做头桌本身就是一个福"⑥,其他村民也表示,"送灯就是徐侯保佑平安,大家出门在外平平安安,每一户都是出门在外做松香"⑦,"送灯结束,说明今年大年

---

① 内容来源于小竹溪村民吴化天手写的"保平安"名单,拍摄于2019年2月25日。
② 内容来源于2019年2月25日送灯仪式当天道士叶隆丹口述。
③ 内容由小竹溪村民吴华杨口述,时间:2019年2月17日,地点:小竹溪家中,访谈人:王惠云。
④ 内容由小竹溪松香老板吴敬更口述,时间:2018年3月3日,地点:送灯仪式现场,访谈人:王惠云。
⑤ 内容由小竹溪松香老板吴敬更口述,时间:2018年3月3日,地点:送灯仪式现场,访谈人:王惠云。
⑥ 内容由小竹溪采脂工人潘青忠口述,时间:2019年2月12日,地点:小竹溪家中,访谈人:王惠云。
⑦ 内容由丰林松香厂吴片长口述,时间:2018年8月11日,地点:丰林松香厂内,访谈人:王惠云、胡雪琪。

过好了，祈求徐侯后心里踏实了，新的一年新的开始，外出做松香了"①。送灯仪式是村民共享的传统，村民因认同这一传统而自然而然地组织和参与其中，"送灯日子出来了，大家都有这个心，所以才有这个活动，大家都有这个意愿，都是为自己祈祷平安发财，这种观念不需要洗脑，一代传一代就有这种思想观念了，已经走到一个自然性的轨道正常运转了，不让做都要做"②。传统送灯仪式早已成为村民日常生活的重要组成部分，以保平安为主要内涵的送灯仪式契合"松香客"降低生产经营风险的现实需求，因而受到"松香客"重视，他们参与其中表明是村落的一分子，获得认同归属感，同时也获得心理慰藉，对于他们而言，参与送灯仪式、虔诚信仰徐侯不能完全杜绝生产经营风险，但无法完全应对未知风险使得他们只能将希望寄托于神灵，祭拜神灵、参与节日得到正面结果后强化了"松香客"对传统节日和民间信仰的重视，"我们采脂最怕的一个是蛇，一个是蜜蜂，这是我们的天敌。因为我们在山上跑，什么时候踩到也不知道。但是被蛇咬的人倒是不多，你说奇怪不奇怪。徐侯大王感觉很灵的，何总他们（贺法甫和他的姐姐都是松香老板）反正大年三十、初一肯定都要去拜的，他们感觉很灵，都是赶着第一个去，我们村还出了这么多松香老板，都说是我们的送灯搞得好，徐侯保佑我们"③。"松香客"参与村落民俗生活获得认同归属感，补偿异地边缘化的生存状态，也为新一轮异地边缘状态提供心理慰藉。一年一度的送灯仪式扫去"松香客"上一年的所有坏运气，使他们能以崭新面貌迎接新生活，周而复始的仪式活动成为"松香客"的心理节点和外出节点，过了送灯仪式一切希望从此开始。

---

① 内容由小竹溪村民潘安相口述，时间：2019年2月17日，地点：小竹溪家中，访谈人：王惠云。

② 内容由小竹溪村民吴化天口述，时间：2019年2月10日，地点：小竹溪松香博物馆，访谈人：王惠云。

③ 内容由小竹溪村民吴华杨口述，时间：2018年8月11日，地点：丰林松香厂内，访谈人：王惠云、胡雪琪。

图 4-3 迎神（徐侯大王）

由竹源乡政府工作人员徐征拍摄，时间：2018 年 3 月 3 日。

图 4-4 送灯仪式

由竹源乡政府工作人员徐征
拍摄，时间：2018 年 3 月 3 日。

图 4-5 头桌祭品

拍摄于 2018 年 3 月 3 日，
拍摄人：王惠云。

在以送灯仪式和徐侯信仰为例讨论村落民俗生活平衡"松香客"异地边缘状态的同时，也有必要对传统一词进行分析，本文认为，传统并非连续体，它具有生成性和现实意义。传统是民俗学关键词，以往学界常常将传统与过去、遗留物、前工业社会关联起来，随着工业化、信息化、全球化铺天盖地而来，"理想"的传统事象不复存在，在意识到原有"传统"概念解释当下社会现象时的捉襟见肘，多数民俗学者认为"传统即过去"的理念必须做出改变。民俗学对"传统"的重新理解，与民俗学转向日常生活这一研究范式息息相关，日常生活研究主张整体性、主体性和当下性，为民俗学成为联结过去、当下和未来的有生命力有解释力的学科，以及为民俗学研究呈现人的生活意义提供方法论指导。民俗学的日常生活转向以及对传统的理解，受德语区以鲍辛格为代表的经验文化学派影响，他们提出"让普通民众反思性地看待那些习以为常的内容，进而形成对日常生活的自觉。日常生活是通向解读社会结构、历史进程和个体物质与精神再生产的出发点，是理解肩负文化重任、置身社会转型之中的'具体的人'的关键所在"[1]。在反思日常生活中，传统这一概念的静止性被打破，传统不再是全然没有中断的、完全连续的传承，它被赋予运动、开放与活力。[2] 在此理念下，我们需要思考一种传统衰微或中断后，缘何还能愈合后再传承，民众又如何延续对该传统的认同。

以送灯仪式复兴为例，本书认为以松为生可以视为送灯仪式恢复生命活力的重要因素，"松香客"的保平安需求使传统的送灯仪式具有现实意义，恢复了有效性[3]。传统从来不是一成不变或是连续统一体，它在与民众日常生活互动中生成和变化。对传统的新理解有助于我们面向当下，更深刻地理解民众的日常生活意义。送灯仪式和徐侯信仰之所以能让"松香客"产生认同归属感，不仅因为它是传统，还因为它契合了"松香客"的现实需求，传统只有契合民众的日常生活才能有生命力。因为有对送灯仪式和徐侯信仰的现实需求，"松香客"积极参与其中，也因为参与其中，他们在年复一年的祭拜中，获得心

---

[1] ［德］赫尔曼·鲍辛格：《技术世界中的民间文化》，户晓辉译，广西师范大学出版社2014年版，总序。

[2] ［德］赫尔曼·鲍辛格：《技术世界中的民间文化》，户晓辉译，广西师范大学出版社2014年版，第157页。

[3] 王惠云：《传统实践及其动力系统——以浙江松阳小竹溪村"送灯仪式"为例》，《民间文化论坛》2023年第3期。

理安慰和精神支持，强化村落认同。送灯仪式结束后，过去一年画上句号，新的一年有新的希望等待他们。如此循环，支撑他们外出，也连接他们返回。

（三）乡土关系交织中的民俗生活

在家、村落之外，乡土关系网络同样能给予"松香客"认同归属感。在竹源地区，各村落间相互通婚、人口迁徙，节日习俗与人生仪礼、民间信仰等文化体系的类似，以及以松为生的共同经历，使扩大的乡土关系网络编织起来，利用乡土关系网进行松香生产互助，又进一步加强网络内成员交往。"松香客"返乡后超越村落范围的民俗生活主要是去别的村舞龙灯。舞龙灯是松阳地区元宵期间的主要庆贺活动。在中国很多地区都有元宵舞龙习俗。舞龙与中国人对龙的信仰和崇拜有关，舞龙既为庆贺，也是祈年之意，在农耕社会，风调雨顺对于民众生计至关重要，龙有呼风唤雨能力，常常是农民祭祀和信仰的重要对象。从20世纪80年代起，乡民基本不以农耕生产为主，但从农耕社会延续下来的舞龙灯仪式活态传承，一方面松香生产经营仍是依赖自然资源靠天吃饭，祈求风调雨顺、国泰民安的舞龙灯仪式契合"松香客"的生计需求。另一方面舞龙灯仪式有信仰成分，也有娱人和加强人际互动的现实功能，能调剂和补偿"松香客"的异地边缘状态。舞龙灯连续数日，"参加人数可达三五十人，龙灯由龙头、龙身、龙尾组成，可根据舞龙人数的多少增减龙节，龙头重达百余斤，每节龙身由一人负责，龙身画有祥云、福、五谷丰登等吉祥寓意图案，出龙为三年一轮，舞三年歇三年，第一年为出灯，第二年为回灯，第三年为收灯，舞龙有游、腾、跃、翻等动作，以及盘圈、S弯、龙头绕过龙身等造型，龙灯舞动之时，男女老少都乐在其中"[①]。年底空闲期给"松香客"组织参与舞龙灯活动的时间与精力，异地边缘化的生存状态又使他们有较强意愿参与其中。竹源乡民普遍称，20世纪90年代到21世纪初，大部分村民从事松香生产经营，这一时期组织舞龙灯活动比较容易，村民的参与积极

---

① 此处资料由松阳县非遗博物馆提供，提供时间2018年2月。

第四章 竹源"松香客"的乡土认同型返乡

性较强。现在多数村民在县城打工,过年期间也不停工,舞龙灯活动组织相对困难。"八十来个人一起参加才能舞得起来,这几年没有什么人来组织,人手问题,现在大家都是上班,很难组织起来,积极性不高。要想恢复起来有一点难。"①"原先参加舞龙灯不付钱,近两年人跟以前大不一样,年轻人懒,有的怕脏怕累。现在关键是组织问题,没有能力只能给钱,一个人五十块一晚。"②"我们村三四年没有搞了。叫人很难叫,有一些人不愿意搞,年轻人不会搞,都去打工,叫人很难的。以前做松香那会好叫一点,现在人都去打工,自己都做到二十七八才回来。"③ 不同时期舞龙灯活动组织情况反映"松香客"对舞龙灯活动的重视。

不管是在本村还是到外村舞龙灯,龙灯进入的空间都需有红色龙灯帖,龙灯帖上写有"今夜太平龙灯到贵庙/贵社/贵府庆贺元宵 正×××村合众拜",有龙灯帖意味着欢迎龙灯到自家除晦气,带来好运,相应地要给予龙灯队一定数额红包。只要经济条件过得去,乡民都愿参与其中,松香客更是如此。小竹溪松泰大院的松香老板,红包可达上万元。舞龙灯还是村际交往的重要活动,村落间因通婚结成的姻亲关系非常普遍,鉴于舞龙灯是体力活,邻村亲戚自愿接替,让亲戚在自己家中休息、吃点心或打牌之类,"别的村来舞龙灯,大家都说我的亲戚来,他也说他的亲戚来,自己的亲戚总不能让他搞,让亲戚到自己家里喝茶吃点心,每个人都是很积极的"④。邻村乡民在舞龙互动中,强化乡土情谊,参与其中获得文化认同。舞龙灯的除晦气、求好运功能,邻村龙灯互动中的乡土情谊,契合"松香客"对平安、好运的希冀,也为其提供同乡支持与认同归属感。

---

① 内容由大岭头原书记口述,时间:2018年1月21日,地点:大岭头村家中,访谈人:王惠云、叶伟跃。
② 内容由小竹溪吴化天口述,时间:2019年2月14日,地点:小竹溪松香博物馆,访谈人:王惠云。
③ 内容由大岭头叶贤宗口述,时间:2018年1月21日,地点:大岭头村家中,访谈人:王惠云、叶伟跃。
④ 内容由小竹溪吴化天口述,时间:2019年2月14日,地点:小竹溪松香博物馆,访谈人:王惠云。

异地边缘化与乡土认同

图 4-6 松泰大院舞龙灯

图片拍摄于 2019 年 2 月 10 日,拍摄地点:小竹溪村松泰大院,拍摄人:王惠云。

  异地边缘化刺激"松香客"对民俗生活的现实需求,在丰富的民俗生活的调剂和补偿中,他们获得认同归属感,也为来年流动提供情感支撑和现实互助。同时,基于乡土认同,他们将在外获得的物质财富带回家乡用于人情往来、房屋修建、子女教育等方面。"我们那边的人即便是打工,也想让小孩和父母过得更好,房子这是最需要的"①,"刚刚分田到户,我们两兄妹赚了钱,回来就盖了新房子"②。"修房子的钱主要是做松香赚来的,小竹溪村民有二分之一的人有新房子。"③ 在民俗生活中,在家乡消费中,"松香客"获得归属,表达认同。

---

  ① 内容由可重旺村项宜秦口述,时间:2018 年 8 月 11 日,地点:丰林松香厂,访谈人:王惠云、胡雪琪。
  ② 内容由小竹溪村民吴敬更口述,时间:2019 年 2 月 16 日,地点:小竹溪家中,访谈人:王惠云。
  ③ 内容由小竹溪村民吴庚图口述,时间:2019 年 2 月 12 日,地点:小竹溪家门口,访谈人:王惠云。

二 集体性以松为生的身份认同

松香客尤其是生产群体的异地边缘化还表现为由受苦的身体感受和底边化身份意识塑造的技术身份底层化。"放松香"在流入地被视为"异样"职业,"我们江西人都不愿意采脂,到山上太辛苦了"①。当"松香客"返回家乡后,"异样"变成常态,松香生产已成为竹源民众自然而然的生存方式,"我接触松香比较早,这就是我们那边的一种生活状态,我原先小的时候就以为这就是我们的生活状态"②,在家乡,松香生产群体的职业身份发生边缘—中心翻转。20 世纪 50 年代以来,松香逐渐塑造竹源地区大多数乡民的日常生活,成为地方标志性认同符号。在此重点分析松香博物馆作为社会空间的生成及其承载的集体性技术身份认同。松香博物馆作为物理空间的生成年代较晚,但其承载的松香历史、文化和社会意义却一直存在,在由共同的从业经历、松香知识代际传承、松香生活讲述等建构的无形空间中,"松香客"能找到集体性职业身份认同。"我们竹源人做松香是全国有名的。我们这儿主要的经济收入就是靠采松脂,宋代我们这儿就有松香了。所以我们是松香发源地。"③"我们这里是松香之乡。每个人几乎大家都知道做松香,这个是最拿手的。"④ 2017 年松香博物馆建成后,它成为竹源地区松香历史和松香从业经历的缩影,其社会意义在于,"作为一种经验事实的体验,它被诠释为一种身份认同与情感归依的生成领域以及实现身份认同、产生自我归属感、获取情感归依和本体性安全的场所,空间的意义最终在于以人为存在主体"⑤。松香博物馆不仅承载松香历史和松香文

---

① 内容由丰林松香厂王总口述,时间:2018 年 8 月 11 日,地点:江西浮梁丰林松香厂内,访谈人:王惠云、胡雪琪。
② 内容由可重旺村项宣秦口述,时间:2018 年 8 月 11 日,地点:江西浮梁丰林松香厂内,访谈人:王惠云、胡雪琪。
③ 内容由小竹溪村民吴化天口述,时间:2019 年 2 月 10 日,地点:小竹溪松香博物馆,访谈人:王惠云、许蔚虹。
④ 内容由小竹溪村民吴敬更口述,时间:2018 年 1 月 20 日,地点:小竹溪家中,访谈人:朱霞、王惠云。
⑤ 潘泽泉:《当代社会学理论的社会空间转向》,《江苏社会科学》2009 年第 1 期。

化，更是以松为生的竹源民众的鲜活记忆，是以松为生的民众寻找身份认同和情感依附的重要空间。当它以物化形式呈现在乡民面前时，每当人们经过这一空间，进入这一空间，它都在一遍遍地诉说那些过往的或是正在经历的故事。有形空间构成地方文化重要景观，自然而然融入民众日常生活，成为"我们"的认同符号，在"我们"的地域范围内有了影响力，在这个地域范围内，我们都是一样的，我从"松香客"成为"松香人"。

图 4-7　松香博物馆
由竹源乡原副乡长许蔚虹提供，
时间 2018 年 3 月 3 日。

图 4-8　生产工具与生活用品
由竹源乡原副乡长许蔚虹提供，
时间 2018 年 3 月 3 日。

松香博物馆作为空间本身有着身份认同和情感依附的社会意义，空间内的文字、图片、实物等物质载体同样表达社会意义，生产集体性技术身份认同。当"松香客"驻足在这些物质载体面前时，他们脑海中闪现鲜活生动的松香记忆，那是褪去苦的身体感受后留存下来的熟悉感。当人们在物质载体面前相互交谈各自经历时，生产的是共同体感。当松香博物馆被向外传播或介绍时，展示的是"我们"的文化。松香博物馆内有松香历史、松香生产技术、松香客的日常生活、松香创业轨迹等诸多内容。松香在中国和松阳地区的悠久历史，使得竹源民众从事松香生产有传统基础和历史厚重感，这是老祖宗传下来的谋生技艺，他们继承并认可这门传统手艺。而那些不同类型的生产工具和在山棚中生活的用具器皿展示最能激起"松香客"共鸣，他们的身体真切地体验过，经历过艰苦生活的乡民能够惺惺相惜。创业轨迹图上的星星点点是他们走过的痕迹，是人生阅历，是为生计拼搏的见证，每一个点的背后都是松香人道不完的故事。从创业轨迹图来看，家乡是永远的中心，乡民从中心向四面八方流动谋生，然后从四面八方汇聚到家乡。外出分散，归来聚合。松香创业成就展示则是从山里走出来的农民能够在外部社会舞台上创造辉煌历史的印记，"我们农村人出来做松香大家都赚到钱，天天豪车开起来，不用人家讲，我们自己山区出来的人，有现在这样的成就我们也是感觉很有成就的"[1]。博物馆里的物质载体记录了历史、生活和情感，生产着认同感和共同体感，并以物化的形式将松香文化代代传承，向外传播。它不仅是内部成员寻找认同的空间，也是内部成员向外部社会展示自我文化的舞台。在松香博物馆的有形空间里，在有松香博物馆的家乡空间里，我是主体，我是中心，我生活在其中，习以为常，空间生产和空间承载的松香历史、文化和社会意义，将集体记忆、身份认同、情感依附作用于"松香客"日常生活，使他们主动选择从流入地边缘走向流出地自我文化中心，完成身份认同再生产。在集体性以松为生的身份认同和民俗生活中，"松香客"身心回归，异地边缘化得到补偿与平衡，流动中的日常生活意义得到呈现。

第二节　"松香客"在家乡实现地位一致

"松香客"尤其是经营群体虽在松香行业里实现经济地位提升，但难以获得与经济地位相匹配的社会地位，与流入地的工具性关系使他们无法在异地获得充分的社会地位补偿，地位不一致也是"松香客"异地边缘化的主要表现。"松香客"在家乡地一方面以炫耀、捐赠、做公益方式争得面子，获得声望和社会地位补偿。另一方面依托松阳松香商会获得行业支持，在家乡实现经济地位与社会地位统一，家乡地的地位

---

[1] 内容由可重旺村松香老板周忠宜口述，时间：2018年2月3日，地点：天元名都会客厅，访谈人：王惠云、关静。

一致促使"松香客"返乡。他们在以捐赠做公益等方式获得社会地位补偿的同时,也为家乡建设做出贡献,村落公共文化空间和基础设施得以更新,一定程度上有利于村落共同体维系。

一 面子、声望与社会地位补偿

面子、声望和社会地位是人生价值和生活意义的重要指标。胡先缙认为"面子是人在社会成就中拥有的声望,是社会对人看得见的成就的承认"[1],何友晖认为"面子是个人由于地位和贡献而从他人那里获得的尊重和顺从,也就是说面子的获得基于地位和贡献,面子表现为他人的尊重和顺从"[2]。实际上,人人都有面子,不一定有地位做贡献才能获得面子。有面子也不代表有声望。从获得面子到获得声望,取决于构筑声望的行为,比如行为是否符合社会期待,通过捐赠做贡献等方式获得社会认可,是获得声望的重要途径。有声望的人一定有面子,有面子的人可能有声望,黄光国也认为"个人的面子是其社会地位或声望的函数,面子能够影响社会地位和声望"[3]。翟学伟提出将面子放在民间情理社会中来呈现多样化的实践形态。[4] 面子是经验性现象,任何定义都不能全面地概括面子的实际内涵,我们需要将面子研究置于具体文化语境中。本书对面子、声望的讨论基于的是"松香客"返回家乡后的炫耀性消费、捐赠、做公益等行为。在获得面子和声望后,"松香客"还获得社会地位补偿,他们被选为乡贤,村干部等,政治地位得到提升,有了建构更大更优质关系网络的平台。本书通过对"松香客"返乡后主要行为以及行为结果的阐述,表明面子、声望和社会地位在具体语境中的转换机制,强调"松香客"在家乡的地位一致。

---

[1] 陈之昭:《面子心理的理论分析与实际研究》,载杨国枢主编《中国人的心理》,中国人民大学出版社2012年版,第122—125页。
[2] 何友晖、屈勇:《论面子》,《中国社会心理学评论》2006年第1期。
[3] 黄光国:《人情与面子》,《经济社会体制比较》1985年第3期。
[4] 董磊明、郭俊霞:《乡土社会中的面子观与乡村治理》,《中国社会科学》2017年第8期。

第四章 竹源"松香客"的乡土认同型返乡

（一）炫耀性消费下的面子文化

在我的访谈中涉及面子讲述的有 48 处，与松香经营群体有关的面子有"我爱面子、给我面子、需要有点面子能耐才行、买我面子的话就直接联系我、村里让我当干部是给我面子、他的面子是相当大的、大家都来参加显得他人缘好有面子、看在他的面子上才选他"等。与松香生产群体有关的面子有"给小工留点面子、人都是讲名气的，感觉自己很没有面子、哪个人不谈面子、我不搞就失了面子、现在面子不值钱、现在面子得要有钱"等。这些具体现象中，面子可大可小，可争得也可失去，无论什么人都要面子爱面子，给面子要看情谊、关系、地位、财富等。面子评价标准向财富靠拢，看重熟人社会中的面子。从"松香客"的面子讲述来看，松香生产群体因收入有限，难以通过炫耀性消费获得面子，相比争得面子，他们更倾向于量力而行，不失掉面子。以办婚礼为例，"有钱人排场大一点，没钱的排场小一点。有钱的人去县城请客，没钱的人在村里摆，就是这么一回事。有钱的人给我们上礼几千块，我们也不一定非要还回去，根据自己的经济情况，给对方上礼一千也是可以的"[1]。以捐赠祠堂为例，"人家都捐就我不捐就失了面子"[2]。松香经营群体则通过炫耀性消费争得面子。炫耀就是让别人知道，让什么人知道取决于在乎让什么人知道，一般熟人社会的认可更重要，面子是做给他人看的，至于个人企图在他们心目中塑造怎样的形象则取决于个人价值观念，以及对自己在乎的圈子内的他人价值观念的判断。比如有的人认为炫富获得的面子很重要，有人认为才能获得的面子更重要等。在农村地区，财富是获得面子重要指标，尤其是经历了经济条件都差不多，或我之前还不如你的情况后，通过炫耀财富彰显我比你们强，我有本事有能力是基本心态。

炫耀攀比表现在建房、购房、买车、宴请排场、礼金、资产、烟酒

---

[1] 内容由小竹溪村民吴敬更口述，时间：2019 年 2 月 16 日，地点：小竹溪家中，访谈人：王惠云。

[2] 内容由小竹溪村民吴化天口述，时间：2019 年 2 月 14 日，地点：小竹溪松香博物馆内，访谈人：王惠云。

异地边缘化与乡土认同

等诸多方面,"松香老板过年回来炫耀一下我赚了多少钱,我抽的烟是100一包还是120一包,再横向打听一下哪里有资源,打听一下相互之间的经营情况"①。在松香老板访谈中,就他们感觉最有成就的事情的回答,基本包括他在松阳商业街上有多少门面,一共开办多少松香厂,有多少资产,开什么豪车,结识很多高官,人脉很广等,"我现在只有一千多万现金,讲钱的话我跟叶会长他们没法比,房子留了很多,别墅和好车都有了,我们松阳最繁华的地方都有我们松香老板的份额"②。"我们农村人做松赚了钱,天天豪车开起来,在城里买房子,在县城里搞商会,三天两头聚在一起,不用人家讲,我们山区出来的人,有现在这样的成就也是很有成就感的"③。这些都是炫富争面子的表现。

既然面子无处不在,松香客尤其是经营群体为什么要返回家乡争得面子?他们利用流入地的自然资源和关系网络获得财富,与流入地的工具性关系使他们不会以炫富方式争得面子,因为树大招风。财富是他们通过个人能力在外地获得的,家乡地的政府和民众基本不会对他们的财富有觊觎心理,反而希望依赖他们的财富获得发展。"经济差距上造成的矛盾是没有的,钱是人家凭本事赚的,我们本事小自己没有这个头脑就少赚一点,不会因为人家赚的多就有想法"④,而且他们从吃不饱穿不暖的普通农民发展成为有众多资产的松香老板,经济地位的巨大转变使他们有成就感和满足感。在熟人社会,个体成功前的状态被众人熟知,此人成功而非别人成功,会被归因为此人有能力,有本事。随着社会对成功的定义越来越向财富倾斜,有了财富,个人历史就会被改写美化,个人成功使他的家庭,与他关系近的人也获得面子,这是面子与关系的连锁效应。人们重视面子,实际上是重视在相熟关系中的位置,面

---

① 内容由松香设备制作者庞勇兴口述,时间:2019年2月11日,地点:永鑫机械厂内,访谈人:王惠云、许蔚虹。
② 内容由黄下村松香老板王岩庆口述,时间:2018年11月17日,地点:中林置业办公室,访谈人:朱霞、王惠云、关静、刘梦悦、许蔚虹。
③ 内容由可重旺松香老板周忠宜口述,时间:2018年2月3日,地点:天元名都会客厅,访谈人:王惠云、关静。
④ 内容由小竹溪村民吴庚图口述,时间:2019年2月12日,地点:小竹溪家门口,访谈人:王惠云。

子大的人关系网络开放活跃，有面子有关系的人更容易取得成功，成功无疑是个人价值和生命意义的代名词。社会以财富为成功主要依据使得炫耀财富成为展示成功的重要手段。争面子既是心理补偿，也为获得社会地位提供可能性。

（二）捐赠和公益中的社会声望构筑

面子虽能提供心理补偿，但有面子不一定有声望和社会地位。社会声望指"社会上的绝大多数人对某个人或某个群体的综合性价值评价，换言之，是指个人或群体所受到的社会尊敬程度"[1]。对于松香经营群体而言，他们主要通过捐赠做公益的方式将个人财富部分地让渡给社会，以此获得社会声望。他们不仅在村落内部获得声望，也在县域或更广的社会中获得声望，这取决于他们做公益的范围和程度。声望通常是众人正向评价的累积，通过对社会和民众做贡献获得，如果局限在私人家庭领域则不能获得社会声望，声望是外向性的开放性的，声望可以是民间赋予，也可以是政府赋予。比如在村内的公共事务上做贡献可以获得慷慨的良好声望。"在乡村，通过对待个人财富的慷慨态度，富人既可以博得好名声，又可以吸引一批听话的感恩戴德的追随者。捐赠是衡量是否慷慨的标准，扮演保护者的富人的道德地位取决于其行为同整个社区共同体的道德期待相符合的程度"[2]。通过慷慨捐赠，"松香客"在熟人社会中获得声望。对社会性事件的关注和捐赠往往能树立社会认可的高尚品质，将私人财富贡献给大众事业是获得社会声望的重要方式，财富以公开的方式用于社会性事务时，不仅得到被捐赠群体的认可，就连得知这一事件的周围人也会认可并赋予其声望，捐赠和公益附带道德性，赋予声望的同时也会对个体行为有更高期待，所以捐赠和公益是连续性的，一旦停止捐赠，声望就会弱化，甚至发生反转。

捐赠和做公益还能获得政府认可，因为对社会性事件支持是政府职

---

[1] 李春玲：《当代中国社会的声望分层——职业声望与社会经济地位指数测量》，《社会学研究》2005年第2期。

[2] [美]詹姆斯·C.斯科特：《农民的道义经济学：东南亚的反叛与生存》，程立显、刘建等译，译林出版社2001年版，第52—53页。

能的一部分，本地商人捐赠往往被归因为地方政府工作到位，或捐赠直接支持政府工作的话，更能从政府那里获得声望赋予，比如政府以媒体公开宣传、以表彰授予称号等方式给予捐赠者声望。做公益获得社会声望，是利他和利己动机的混杂，有道德因素，如感恩回馈社会、社会感召；也有功利动机，比如获得财富、声望和社会赞同。总之，面子主要是把私人东西展示给大众，而声望则是把私人东西让渡给大众，有声望必然有面子。对"松香客"而言，社会声望获得之所以在流出地而非流入地，是因为在流入地捐赠被认为理所当然，"我们在贵州办厂的时候一年捐款二三十万，每个村里做事情向你要钱，村里难应付，一万五千上门来讨，我们又在村里，肯定要给一点"①，流入地社区和民众要分享"松香客"的利益。在流出地捐赠则被感恩，比如获得追随者，获得社会赞许，获得政府优惠政策。"松香客"在家乡获得社会声望的捐赠公益行为主要表现在三个方面。

宗族事务中的贡献。如捐赠修祠堂、修香火堂、修族谱、打清醮等，"我们叶氏修祠堂的时候我出了四五万。去年做族谱也是我们三四个搞松香的人出钱七八万。现在祠堂已经修好了，大年初一就要回去"②，"我们的祠堂启动资金我出了8万，我们祠堂搞得比较好"③，宗族以功德碑和把捐赠人名字刻在顶梁的方式表达对捐赠人的感激，这是捐赠人获得面子和声望的一种方式。个体捐赠行为还能带动整个家族在宗族内的地位提升以及在村落基层事务中有更多话语权。以小竹溪村为例，吴氏小房不断涌现松香经济能人，村落近十年来村两委中吴姓小房成员数量不断增加。

村落事务中的贡献。如捐赠修缮社公殿、寺庙、道路等公共空间，关爱村中老人，资助困难儿童，支持村落集体活动等，"过年的时候我

---

① 内容由可重旺松香商人周忠宜口述，时间：2018年2月2日，地点：天元名都会客厅，访谈人：王惠云、关静。
② 内容由竹源大岭头村松香老板叶广临口述，时间：2018年1月17日，地点：中林置业办公室，访谈人：朱霞、王惠云、关静、刘梦悦、许蔚虹。
③ 内容由竹源黄下村松香老板王岩庆口述，时间：2018年1月17日，地点：中林置业办公室，访谈人：朱霞、王惠云、关静、刘梦悦、许蔚虹。

第四章 竹源"松香客"的乡土认同型返乡

们会把村里的老人召集起来,给他们发点钱,现在我就每年杀两个猪,每个老人给他一块肉,九九重阳节的时候送米和油"①,"那座桥是我哥哥的儿子(原为松香老板)自己花钱建起来,让村里的人方便走路,村里的送灯我哥哥也捐了5万。给低保困难户东西也是我哥哥当书记那一届开始做好事"②,这使乡村公共文化空间和基础设施在人口高度流动中也能不断更新。贡献还包括以个人关系帮助村中解决矛盾纠纷,引入优惠性的政策和资源等。以小竹溪村为例,它优先成为小城镇综合整治的试点村,离不开村里松香老板对县政府工作的支持。乐于将自己的财富捐赠出来为村里做好事,这样的个体或群体往往在村民心中树立好口碑,"贺法甫(松香老板)在村里口碑还是好的,腊月二十七八,他自掏腰包送瓜子花生核桃红枣葡萄干"③。在村落内获得声望也使他们常常成为村干部重要人选。

　　村外事务中的贡献。"松香客"在村落外做公益事业,既有道德动机,也有功利目的,不仅可以获得更广的社会声望,也有助于建立更大范围的关系网。"最早我们修桥铺路,竹源那条路是我们做松香的一个人出5000块,乡政府有一块功德碑"④,"自从汶川地震后,陆陆续续3万、5万、10万捐赠学校或修路。去年五水共治也捐了一笔"⑤。除民间公益外,松香经营者还通过助力公共教育事业,响应政府项目号召,在家乡投资办厂等方式从政府那里获得社会声望。"'十二五'期间,松阳几个大型项目,都是松香人在做。经济软着陆的时候,其他老板的钱都不动了,政府跟我们松香商会的何主席说,我们

---

① 内容由黄下村松香老板王岩庆口述,时间:2018年1月17日,地点:中林置业办公室,访谈人:朱霞、王惠云、关静、刘梦悦、许蔚虹。
② 内容由小竹溪村潘玫娟口述,时间:2018年1月23日,地点:松泰大院,访谈人:朱霞、王惠云。
③ 内容由小竹溪村潘青忠口述,时间:2019年2月12日,地点:小竹溪家中,访谈人:王惠云。
④ 内容由黄下村王岩庆口述,时间:2018年1月17日,地点:中林置业办公室,访谈人:朱霞、王惠云、关静、刘梦悦、许蔚虹。
⑤ 内容由燕庄村叶向耀口述,时间:2018年1月16日,地点:松阳汽车城,访谈人:朱霞、王惠云、关静、刘梦悦、许蔚虹。

松阳松香商会这些人的钱，基本上就变成了水泥砖块，'十二五'期间用来建设松阳了。这个对松阳来说贡献是比较大的"[1]。支持政府工作还能为所在村落和乡镇引入优惠性资源，"松香老板对县里公益事业支持，县里很多优惠政策也优惠到他们的家乡和竹源乡，竹源乡潘坑村的景区道路建设、后畲村传统村落艺术家进村，这些项目都是落在竹源乡，去年小竹溪申报省级非遗小镇，县里也是补助了9万，我们这里的松香老板对县里有贡献，县里也还是关心竹源乡发展的。今年，华南水库、瞿宁铁路也是照顾竹源乡"[2]。政府对松香老板所在村落和乡镇的政策倾斜，又进一步树立松香老板有本事有能力的形象，有助于其社会地位提升。

（三）乡贤、村干部的社会地位补偿

松香经营群体通过炫耀性消费争得面子，进而通过捐赠做公益获得社会声望，社会声望为他们带来社会地位提升。松香老板因对家乡进行经济帮扶，比如为村集体提供无息借贷，为公共事业捐款，为村落引入优惠政策等被推选为乡贤，乡贤虽没有权力，但有名誉，被选为乡贤，表明松香经营群体的成功被地方社会认可，这是在家乡获得社会地位补偿的一大表现。相比乡贤，村干部身份更能让松香经营群体产生社会地位获得感。"民营企业家治村在浙江等东部发达地区已普遍存在，早在2009年调查显示，浙江省近70%的村是民营企业家等富人当选村委会主任或书记。"[3] 富人治村已成为重要的学术话题。陈柏峰将富人治村分为"经营致富型、资源垄断型、项目分肥型、回馈家乡型。经营致富型指富人担任村干部后，将自己的钱用于村落公共建设。资源垄断型指通过土地腐败和矿产垄断捞取好处。项目分肥型指在双带工程和村内引进的其他项目中为自己或亲友获取好处。回馈家乡型指靠依外部资本致富后，积极参与村落公共建设，也在

---

[1] 内容由燕庄村叶向耀口述，时间：2018年1月16日，地点：松阳汽车城，访谈人：朱霞、王惠云、关静、刘梦悦、许蔚虹。
[2] 内容由竹源乡原副乡长许蔚虹口述，时间：2019年2月15日，地点：竹源乡政府办公室，访谈人：王惠云。
[3] 商意盈等：《富人治村，一个值得关注的新现象》，《新华每日电讯》2009年9月12日。

其他公益事业上捐物捐款"[①]。富人治村有造福乡民的道德动机，他们确实将自己的钱用于村落建设，利用人脉为村落带来发展资源。但一些人也确实将国家福利和优惠政策向亲友倾斜，引发公共资源分配不公，也利用干部身份暗中参与工程项目牟利。面对负面现象，我们不能将富人治村一竿子打死，比如将某些资源分配给关系亲近的人，背后是深厚的家本位和人情机制，不一定富人治村才出现。对于富人以权谋私行为需要做的是加强监管，比如通过为民众赋权发挥他们的监督积极性，健全村内多样化的自治组织，"重建村庄内部的公共规则和公共舆论，激发村民参与村庄公共事务的意识、责任和能力"[②]。

富人治村在竹源乡有其合理性，11个行政村的书记和主任从20世纪90年代以来几乎都是松香老板或与松香老板有亲属关系，比如可重旺村的松香老板周忠宜从1997年以来连续担任四届村书记，中断几年后，从上一届开始到现在是村主任，"最早我是1997年就做过可重旺村的书记，1996年入党，1997年开始做了四届，做了12年村书记，反正自己松香也在做，外面的厂子也在搞，我自己在外面，村里忙不过来，就不当了，后来就断了几年，这次是已经当了两届的主任了，头一届是我在外面他们把我选起来的"[③]，松香老板王岩庆的妻子担任多届黄下村的村主任，松香老板叶广临的侄子是大岭头村的村书记，燕庄村、横岗村和小竹溪村等的历届书记、主任也都有松香老板经历。松香老板成为村干部是政府、民众和自身意愿综合的结果，"村干部基本都有私人产业，当村干部意味着奉献，他用于自己事业的精力就会变少。等于是他们有经济基础了，就追求精神上的另一种满足了，他做村干部以后接触的人更丰富了，他是作为村干部的身份跟县领导们接触，他们不做村干部就是以松香老板的身份接触，是不一样的层面了。这样的人当村干部对村里的好处，一个是人脉，他当村干部就是有了定心丸，他整个家

[①] 陈柏峰:《富人治村的类型与机制研究》,《北京社会科学》2016年第9期。
[②] 袁明宝:《富人治村的动力机制与实践困境分析——基于浙江省东部农村的调查》,《山西农业大学学报》(社会科学版) 2018年第10期。
[③] 内容由可重旺村松香老板周忠宜口述，时间：2018年2月2日，地点：松阳天元名都会客厅，访谈人：王惠云、关静。

族在松阳有贡献，在村里也是有影响力的，他当村干部拥护的人也是很多的。然后做事情在村里有号召力的，不务正业的人也就不敢在村里扰了。他也不是为了做村干部那点工资，他是办实事的，等于能够执行下去，人家信他，服他管理"①。从政府立场讲，富人在商业经营中的成功和广阔人脉能为村落发展引入外部资源，也能支持和配合政府工作。从民众角度讲，富人的财力使他们不太可能去贪污村集体资产，还能利用人脉为村集体带来发展机遇。从富人自身讲，他们获得经济地位后想要提升社会地位，从普通农民成为村干部能让他们有实实在在的获得感。最终富人当选村干部还取决于村民选票，据小竹溪村民反映，富人治村基本是民意体现。普通农民需要外出务工维持家庭生计，当村干部意味着必须经常留在村里，而书记或主任的年工资根本不能满足家庭所需，这使得普通农民放弃村干部竞选。村民选举富人治村的意图非常明确，"村里没钱了可以向老板借一点，方便。他都那么有钱了也不会贪你村里这么一点钱"②。这一意图背后是村民对经济能人，尤其是对能够慷慨为村里做好事的经济能人的认可。总之，从地方政治经济生态来看，富人治村的现实意义，以及竹源自下而上对富人治村的肯定，为松香老板当选村干部提供土壤，家乡社会地位补偿推动竹源松香经营者主动返乡。

二 作为信息与关系场域的家乡

松香经营群体返乡既有对社会地位补偿的自我实现层面的需求，也有维系同乡关系以获得行业信息和经营支持的实际需求。在不同地区劳作经营的"松香客"携带当地自然资源、生产经营政策、关系网等诸多信息，在他们自身无法将信息转化为资本的情况下，会将信息提供给同乡，"我们那里潘火松最早来景德镇给别的松香私人老板当管理片

---

① 内容由竹源乡原副乡长许蔚虹口述，时间：2019年2月15日，地点：竹源乡政府办公室，访谈人：王惠云。
② 内容由小竹溪村民潘安相口述，时间：2019年2月17日，地点：小竹溪家中，访谈人：王惠云。

第四章 竹源"松香客"的乡土认同型返乡

长,他最早发现景德镇有这么好的松树资源,就带了小竹溪的吴湖兴来"①。之所以返乡获取或传递信息,与20世纪八九十年代交通、通信不畅有关,也与面对面交流更能办成事情的惯习有关。家乡对"松香客"而言不仅是情感安放之所,也是充满信息和关系网的场域。2005年松阳松香商会成立后,"松香客"群体的互动更加有组织性,商会诸多功能为松香生产经营提供保障,有助于其经济地位稳定。

松阳松香商会的功能首先表现为资金支持。加入松香商会的理事需向基金会缴纳一定费用,基金会本金借贷给松阳松香行业经营者或创业者,基金会利息用于扶贫、助困、关爱老人、捐赠学校等公益活动。除基金会外,松阳松香商会每年以商会名义向银行借贷1000万帮助在外有困难的松香企业。其次,商会成立专门协调小组,解决内部矛盾与外部纠纷。因松香行业有内部知识,当遇到矛盾纠纷时,法院往往不能做出合适判断,商会利用内部知识协助法院进行调解。松香行业兴盛伴随松香厂买卖现象,资产买卖中出现卖前获利大,买后亏损情况,使得买卖双方之间出现经济纠纷。实际上,松香厂能否盈利与经营管理能力有关,比如固定价格的山场能否产出更多松脂,靠的是劳动力勤劳与管理人员监督。只有懂得行业内部知识且有权威的组织或个人才能对此纠纷进行有效协调,"2000年到2007年这段时间中,这样的纠纷比较多。做松香的人多了以后,每年都有七八起,十来起这样的事件。基本这个行业是快年底的时候回来,正月十五就走了,我们常常是帮他们解决到大年三十晚上才结束"②。再次,商会有降低同乡恶性竞争的功能。有学者认为同乡行业内部竞争不可避免,但松香商会发挥了协调内部矛盾的作用,使得同乡在同业中互利共生。"虽然是资源竞争的行业,我们基本上也有不成文规定,你那个县我们基本不去,没有必要恶性竞争,比较团结,特别是商会成立后,比较团结,商会出面解决问题,聊一聊

---

① 由小竹溪村民郑丽华口述,时间:2018年8月9日,地点:景德镇浮梁寿安镇出租屋内,访谈人:王惠云、胡雪琪。
② 内容由燕庄村松香商人叶向耀口述,时间:2018年1月16日,地点:松阳汽车城,访谈人:朱霞、王惠云、关静、刘梦悦、许蔚虹。

异地边缘化与乡土认同

就聊开了，商会成立以后，互相见面多了以后，大家都是有感情的，这样搞就觉得没有什么意思了。"① 商会不仅能协调内部矛盾，还成为松阳人在外经营的后盾。当松阳松香经营者无法与外地部门建立有效关系时，商会派有能力有威望的代表出面解决纠纷。"我们慢慢做起来以后，认识到这块的问题，哪些人管哪一块我们就清楚了，万一我们松阳人在那个地方有什么事，我们商会要出面去解决。"② 最后，商会起着增强同乡情谊的作用，商会良性运转促进商会成员间关系和谐，比如参加理事成员家中的重要仪式活动已成为商会成员的惯习。此外，松香商会也向本地松香工人免费推送松香市场行情信息。但总体上，松阳松香商会是既得利益者的交往平台，他们通过商会共享信息，在互动和关系连接中维系经营稳定。无论出于家乡情结、地位补偿还是现实利益诉求，松香经营群体返乡都带有必然性。他们在家乡实现经济地位和社会地位统一，从异地边缘位置走向家乡中心位置。

图 4-9 2018 年 2 月 5 日松阳松香年会
拍摄于 2018 年 2 月 5 日，拍摄地：松阳县城，拍摄人：王惠云。

---

① 内容由小竹溪村松香商人潘祥威口述，时间：2018 年 2 月 4 日，地点：松阳县城家中，访谈人：王惠云、关静。
② 内容由可重旺村松香商人周忠宜口述，时间：2018 年 2 月 2 日，地点：天元名都会客厅，访谈人：王惠云、关静。

第三节　乡土认同与村落共同体维系

异地边缘化激发"松香客"对乡土认同的现实需求，基于乡土认同，他们在家乡民俗生活、集体性身份认同、地位一致中平衡异地边缘状态。"松香客"所在村落也实现乡土社会资源激活整合，公共文化空间和基础设施建设更新，流动中的村落没有出现衰败解体，反而在激活、整合和更新中，维系共同体形态。本节以小竹溪为村落个案点，对异地边缘化生存状态激活乡土认同，维系村落共同体机制做分析。以小竹溪为个案点，并不是说以松为生的竹源其他村落不再是村落共同体形态，而是因为它更能作为流动中村落共同体维系和更新的代表。首先，较为平坦的地势、距县城较近的地理交通条件，使小竹溪总人口超过1000人，居竹源乡之首，松香从业人数占到全村总人口80%以上，流动人口绝对数值较大，更适合讨论人口流动对村落社会结构的影响。其次，小竹溪除与竹源其他村落共享社公殿、香火堂、宗祠、风水等文化外，有辐射范围较广，影响较大的送灯仪式和徐侯信仰，流动中的村落共同体维系纽带较强。最后，20世纪80年代至今，小竹溪村松香老板较多，对村落公共空间与基础设施建设贡献较大，人口高度流动时期，村落在物理风貌上基本没有呈现衰落景象。这些使以小竹溪为例讨论流动中的村落共同体维系机制有代表性。

一　流动中的村落共同体何以维系

大流动时代，是否还有村落共同体？多数学者做出村落终结、乡村空心化的回答。也有一些学者从同乡同业、互惠机制等角度发出流动中村落共同体存续的声音。本书同样是对流动中村落共同体维系机制做分析，思考高度依赖外部社会解决生计的"松香客"何以能坚守乡土认同并维系村落共同体。村落共同体维系的意义不在于维系本身，而是流动群体能从村落中找到认同归属感，在村落共同体维系中呈现日常生活意义。

（一）与村落共同体研究的对话

有关村落共同体的讨论，涉及有无村落共同体，以及村落共同体的社会变迁和当代命运等内容。戒能—平野论战是有无村落共同体讨论的代表。"戒能、福武直为代表的一派认为村落社会结合的性质不是由共同认可的规范所致，而是基于理性打算，据此华北的杂姓村落并不是共享价值观和信念的共同体。村落是建立在较低需求层面的'生活的共同体'。另一派以平野义太郎为代表，认为协作行为本身具有'内向型合作性质'，因此结合动机受到共有社会规范制约，因而是发自内心的，支配村落共同体的是共同认可的价值和精神。"① 有无村落共同体的讨论基于村落组织形态差异，使得这一观点不具有完全的解释性，加之社会结合的性质何以能确定为基于理性算计，这一点也存在疑问。农民的行动逻辑非常复杂，理性算计和道义常常混杂。血缘、地缘的历史感和地方感，使得村落能提供如鲍曼所说的共同体感，即"共同体是一个温馨的地方，一个温暖而又舒适的场所。它就像一个家，在它的下面，可以遮风避雨；它又像一个壁炉，在严寒的日子里，靠近它，可以暖和我们的手。在共同体中我们可以相互依靠对方"②。大部分学者认为"村落共同体说"成立。

关于村落共同体讨论的另一重要问题，即大流动时代是否还存在村落共同体。以李培林为代表的学者提出村落终结论，认为人口外流和城市化背景下村落组织解体不可避免，"现实中的现代化铁律，似乎具有难以控制的摧毁力量，可以碾碎一切价值平衡和选择协调的希冀。失去了农民和农业载体的村落，其文化意义已经慢慢地让位于其利益共同体的意义，它的历史身躯，就像工业挖掘机下幸存的古朴瓦瓮，已经踏上步入博物馆的路途"③。但村落终结论提出十几年后，即便村中少有常住人口，即便农民不再以耕种为主业，甚至耕地出现撂荒，但村落传统

---

① 卢尧选：《村落共同体研究的理论传统与特征》，《学海》2019 年第 5 期。
② ［英］齐格蒙特·鲍曼：《共同体》，欧阳景根译，江苏人民出版社 2003 年版，"序言"第 2—3 页。
③ 李培林：《村落终结的社会逻辑——羊城村的故事》，《江苏社会科学》2004 年第 1 期。

第四章 竹源"松香客"的乡土认同型返乡

文化还依然保持强劲生命力,村落没有成为博物馆,它是每年短暂返乡者的身心栖居之所。针对村落终结论,有学者认为其对什么是终结表达得不够清楚,提出"村落终结不仅仅是指村落从地理意义上消失,也包括村民原有的生产生活方式、文化心理与社会资本从根本上终结"①,从这一定义来看,很多村落实质上没有发生解体,农民是否长期居住在村,农业是否终结,都不能作为村落终结的根本依据。村落终结论也忽视了"中间形态村落",比如陆益龙提出后乡土性,用以表明村落传统性的延续和对现代性的适应,"在后乡土性阶段,乡村仍保留着部分乡土特质,诸如村落共同体、熟悉关系、家庭农业和小传统礼俗等,但乡村社会的基本性质已经发生改变,不再是传统的乡土社会了。在后乡土社会,人们的生计模式走向兼业化,乡土文化在走向多元化"②,这一类观点实际上认可村落在变迁中仍然具有共同体形态。

与李培林等人的村落终结论相似,杨德睿以十地调研数据指出,"村落共同体代表村落的自我存续能力以及一定程度的封闭性,现代社会,依赖外部市场,经济边界高度开放的村落很有可能已不再是共同体"③。本书同意大流动时代并非所有村落都保持共同体形态,但不认为村落共同体是封闭的,也不认为依赖外部生计的村落不能保持共同体形态。经济边界开放并不能作为否定村落共同体存在的依据。今天我们谈村落共同体很显然并不主张封闭性。实际上从古至今,村落都不是完全封闭的存在,流动兼业一直是补充农业的重要生计手段。就本书案例而言,它恰恰是在依赖外部生产要素和关系网络中实现村落共同体维系,"松香客"利用外地松树资源和关系网络进行生产经营,但技术和行业建构他们的异地边缘性和边缘位置,激发他们对乡土认同的现实需求。在乡土认同中,村落传统文化活态传承,公共文化空间不断更新,

---

① 龚春明、朱启臻:《村落的终结还是纠结:文献述评与现实审视》,《内蒙古社会科学》(汉文版) 2012 年第 6 期。
② 陆益龙:《后乡土性:理解乡村社会变迁的一个理论框架》,《人文杂志》2016 年第 11 期。
③ 杨德睿:《从村落的对外关系反思农村研究方法论的几个范式》,《中国研究》2006 年第 2 期。

公共事业得到发展，村落物理风貌不断改善。依赖外部社会生计且经济边界高度开放的村落，同样能实现共同体维系。

与村落终结论和共同体解体观点相对的是流动中的村落共同体维系。卢成仁对娃底村"物"的流动互惠机制进行分析，认为"流动中的村落依然有社会身份的确立和保持、社会关系的交换，这些是村落共同体整合和维系的基础，流动背景下村落共同体瓦解不是必然的"①。吴重庆对同乡同业实现生产要素在地集结，激活乡土社会资源，实现乡村空心化反向运动的研究②，也是流动中村落共同体维系的代表。大流动时代，我们不可能要求所有村落都继续以共同体形态存续，然而村落未来命运也并非只有解体这一条道路，在复杂的中国农村社会，村落未来形态以及村落研究始终应该是多样化的。村落共同体维系，不能以人是否长期居住在村落为判定依据，当村落能为农民提供生命动力，是身心停泊休憩的归所时，它作为村落共同体不仅成立而且有意义。

（二）作为村落共同体的小竹溪村

本节讨论的核心问题是长期流动以松为生的竹源乡民何以能维系乡土认同，人口高度流动的村落何以能维系共同体形态？③具体分析时，分别讨论竹源"松香客"在流入地和流出地的行动逻辑，技术和行业建构"松香客"群体的异地边缘性和边缘位置，异地边缘化的生存状态又强化他们对乡土认同的现实需求。在分析"松香客"的异地生产经营实践时，本节较多使用小竹溪"松香客"的实践案例与口述资料，也是为了在此处以小竹溪为村落个案点论述流动中的村落共同体维系。

小竹溪村距松阳县城10千米左右，1996年之前为竹源乡政府驻地。其地貌三面环山，西为文化山、南为金字山、东为笔架山。人口1159人，以吴潘两姓为主，"周武王封泰伯之后于吴，传至季札食采延陵，此得姓授氏之所自始矣，到明代其后人一魁公任处州太守，定居丽

---

① 卢成仁：《流动中村落共同体何以维系：一个中缅边境村落的流动与互惠行为研究》，《社会学研究》2015年第1期。
② 吴重庆：《"界外"：中国乡村空心化的反向运动》，《开放时代》2014年第1期。
③ 王惠云：《日常生活实践视角下的村落共同体研究——以浙江松阳小竹溪村及其"松香客"流动群体为案例》，《重庆工商大学学报》（社会科学版）2023年3月28日网络首发。

邑，一魁公的季子万八见竹溪山高水秀，竹苞松茂，竹之有根，根深而枝茂，溪之有源，源远而流长，犹人之宗有功而支必发，祖有德而孙必昌，遂迁居松邑"①。吴氏后人多居住在距村口较近的下村，吴氏宗祠建于清末，脊檩上留有"清同治八年重建"等字，建筑坐东朝西，占地面积312平方米。《元兆公建立祠堂志》记载，"父元兆痛宗族之萧条，恐先灵之未妥，因而相阴阳，观流泉，于乾隆二十二年岁次丁丑，谨择季冬之月，庚申穀旦，将祠堂兴工建造，幸而建成。吴氏族谱又记载，民国壬子七月十七晚一夜大雨不息，至晨洪水洪流，遍地泛涨。宗祠前堂右轩旗杆匾额，漂荡一空，望洋而叹。吴氏祠堂的族长邀监理商议，或每丁捐工，或慷慨乐捐，地缺倒塌前之坐癸向丁，今改坐乙向辛"②。这便是吴氏村民所说的祠堂朝向变化。他们认为祠堂朝向未改变之前，吴氏子孙多为官。而朝向改后，风水发生变化，经商者人才辈出。

小竹溪潘氏有两支，一支最先定居于小竹溪村，另一支则是近几代才从邻近的横岗村迁入，后迁入这支在小竹溪村既无祠堂也无香火堂，宗族活动都要回到横岗村参加。"潘美后人八友公自杭州钱塘县迁入，见小竹溪山清水秀，田园肥美，卜居于此，后代人丁兴旺，仕宦辈出。"③潘氏多居住在上村，潘氏宗祠建于清代，明间随脊枋下皮书"大清同治柒年岁次戊辰大吉月乙巳日丁丑时建造"④。建筑坐东北朝西南，占地面积200.6平方米。大清同治十三年《小竹溪潘氏重建祠堂志》记载，"八友公后代瓒公、琬公爱择吉地建造宗祠一座，坐艮向坤，于是先人皆得所凭依，合族皆得所妥。春祀秋尝有其地矣，且瓜瓞延绵子孙繁盛，诵诗读书者有之，耕云锄月者有之，贸迁有无秉公论事者亦有之。咸丰戊午年，毛贼大乱，损伤犹小，至同治壬戌年，毛贼又乱，损伤有不胜言者，各家之丁银合成银两再造宗祠一座"⑤，祠堂预

---

① 内容出自小竹溪吴氏宗谱。
② 内容出自小竹溪吴氏宗谱。
③ 内容出自小竹溪潘氏宗谱。
④ 竹源乡政府提供资料，提供时间2018年2月。
⑤ 内容出自小竹溪潘氏宗谱。

示宗族兴衰，子孙后代都希望通过修缮祠堂以彰显人丁兴旺。

  小竹溪村文化空间除吴氏祠堂和潘氏祠堂，以及两姓后人的香火堂外，距现在的小竹溪村口约一千米有供奉徐侯大王的墨口殿，从墨口殿顶梁文字"昔大清嘉庆十九年岁次甲戌季春月庚申日壬午时重修"来看，小竹溪村徐侯信仰传承已久。村内还有两座社公殿庇佑村落平安兴旺，祠堂、墨口殿、社公殿等文化空间，樟树娘、石头娘等风物景观以及风水、祖先等故事讲述共同构成小竹溪村的亲缘、地缘文化纽带，增强村民凝聚力，为生产、生活互助提供支持。人均耕地不足五分又缺少其他生计资源的现实生存困境、采脂兼业传统和国家对松香生产重视推动小竹溪村民跨区域以松为生，依托亲缘、地缘关系，小竹溪村民集体性地在松香行业里流动谋生，技术和行业建构他们的异地边缘性和边缘位置，他们需要在家乡民俗生活、集体性技术身份认同和社会地位补偿中平衡异地边缘状态。基于此，小竹溪松香从业者活态传承送灯仪式、徐侯信仰等重要乡土文化，参与吴氏祠堂、潘氏祠堂、香火堂、社公殿、墨口殿等重要文化空间建设更新，以捐赠、做公益、引入优惠资源等形式助力村落公共事业发展与村落基层政治有序运行，将松香生产经营中获得的收入用于人情往来、新修房屋等，以此表达对家乡的认同归属感，小竹溪村不只是低层次生活共同体，更是文化共同体和精神共同体，对于将人生价值和生活意义寄托在村落人、事、物上的"松香客"来讲，小竹溪是他们的家。村落可以变迁，也必然变迁，村落中的人际关系会在流动中重组，但是在流动中，在变迁中，在冲击中，他们还愿意主动返回村里，还执着坚守乡土认同，还在建设自己的家园，还能在共同体的维系中表达生活意义，这离不开松香生产技术和松香行业的深刻影响，也表明流动农民不一定失去乡土认同，村落共同体在高度流动的当代社会仍然能够维系，且具有现实意义。

  小竹溪村民在以松为生进程中发生了松香老板、管理人员、工人等的职业层级分化和经济分化。一些研究认为阶层分化影响村内人际和谐，如杜姣在《日常交往视角下我国发达地区农村阶层关系的建构——以浙北Ｄ村为例》一文提出，"底层成员的无闲以及经济收入的匮乏，

第四章 竹源"松香客"的乡土认同型返乡

都成为底层同富人阶层、中间阶层产生交往活动的区隔线。尤其是富人阶层所主导的带有强烈消费倾向的消费规则,直接将底层排除于其交往活动之外,形成一种排斥关系。同富人阶层交往的消费化则给这一阶层带来了一定的经济和心理压力"[1]。经济分化造成不同阶层交往区隔的现象在小竹溪村并不明显,经济分化不意味着村落共同体破裂。

首先,同乡同业的生计模式实现阶层互动。"松香客"依赖血缘、地缘关系获得稳定的劳动力、低成本创业资金、在外情感慰藉以及从业机会等,即便富人也需得到同村人支持,他们通过节日捐赠、关爱老人、助力公共事业等方式,在村中树立良好道德形象,赢得大多数人的认可和追随,为了维持熟人社会中的正面形象,他们主动与同村人建立和谐关系,以得到同村人对其生产经营与社会地位的支持,"像松香大老板贺法甫看到我们都会打招呼,何总对村里老人、小孩,认识的人,他都会问,他的口碑还是挺好的"[2]。其次,各阶层在共同参与村落传统活动中实现良性互动,村落传统文化往往能增强村民凝聚力。婚礼、丧礼、祝寿等多种场合,不同阶层也有礼金往来,小竹溪村民在礼金往来上不讲求对等性,如 A 给 B 上礼 200 元,在二人经济水平相当的情况下,B 回礼要高于 200 元,但一般不会超过 300 元。如果两人经济收入差距较大,A 给 B 上礼 5000 元,B 可以只回礼 1000 元,"上礼如果你给我一千,那我一千多一点给你,但是再高我也就顶多一千零一点。比如贺法甫给我包五千,我不可能五千包给他,他家娶媳妇,我就给他 1680"[3],"有钱的人钱包多一点给我,我没钱少给你包一点,那没事,不是说你给我一千,我就必须一千二。也可以包八百五百。我盖房子贺法甫包了五千六给我,他儿子娶媳妇我就包了一千六给他,不能说他包

---

[1] 杜姣:《日常交往视角下我国发达地区农村阶层关系的建构——以浙北 D 村为例》,《中共宁波市委党校学报》2016 年第 1 期。
[2] 内容由小竹溪村民潘青忠口述,时间:2019 年 2 月 8 日,地点:郑丽华家中,访谈人:王惠云。
[3] 内容由小竹溪村民吴化天口述,时间:2019 年 2 月 14 日,地点:小竹溪松香博物馆,访谈人:王惠云。

了五千，我就要六千给他，没有这回事"①。村民公认的不对等礼金往来方式使一般收入的村民并没有因富人排场大或礼金高而造成经济心理压力，他们不会效仿或追随富人的消费脚步，而是根据自身经济实力合理安排。阶层互动并不是要遮蔽阶层之间的差异和实际存在的某些区隔，而是要强调同乡同业、节日仪礼互动、面子声望需求等能弱化阶层分化带来的矛盾和问题，归根结底，阶层分化再明显，也有人情乡情在。松香行业带来的阶层分化基本没有成为村落共同体维系的阻碍因素。

  以小竹溪为代表的竹源乡村之所以人口高度流动还没有发生空心化，还能维系村落共同体的机制在于内外互动，内部要素支持在外发展，如亲缘、地缘的同乡关系支持技术传承与行业制胜。在外发展又激活整合内部资源，如松香生产技术和松香行业对送灯仪式等传统文化的激活和整合。内外互动形成的松香文化因塑造民众生产、生活模式而成为村落认同符号，成为维系村落共同体的重要力量。内外互动机制的意义在于，依赖外部社会生计也能与内部社会形成紧密纽带。相比农村人情淡漠的普遍声音，小竹溪村民反映，外出流动反而使返乡后的互助增多了、感情更好了、矛盾更少了，"我们还是团结的，比如说，过两天我们这个老大王过来摆祭（送灯），起码你摆他摆，谁摆在前面谁摆在后面没有关系的，现在人们关系越来越好了，一道去一道回，交往多了。他们说，出去小竹溪老大王保佑我们。他们正月去，12月回来，在村里没有几天，外面过年的是没有的，回家更团结，你什么时候回来的，打交道很合作的，一见面关系蛮好的，今天在你家里玩，明天去你家里喝茶"②。刘铁梁在外出打工的劳作模式变迁研究中也提出，流动使得农民更加强烈地意识到家乡在情感意义上的重要性③，因而流动不

---

① 内容由小竹溪村民吴敬更口述，时间：2019年2月16日，地点：小竹溪家中，访谈人：王惠云。
② 内容由小竹溪村民潘安相口述，时间：2019年2月17日，地点：小竹溪家中，访谈人：王惠云。
③ 刘铁梁：《劳作模式与村落认同——以北京房山农村为例》，《民俗研究》2013年第3期。

第四章 竹源"松香客"的乡土认同型返乡

一定会使村落解体,反而能够产生聚合力量。以小竹溪为代表的竹源各村就表现出了各地分散流动后的聚合性。

从村落外赚钱养家,在村落内安稳生活,这或许是内生经济资源不足的村落的一种发展模式。这样的村落并不会因为人口依赖外部社会生计而凋敝,只要他们还能从村落中找到根本的认同感和归属感,他们就会以回流的方式活态传承文化,建设更新村落,在关心村落发展中确认自身是村落的一分子。近年来,竹源乡民在逐渐退出松香行业时,选择返回家乡实现家庭和个体再生产,这离不开以松为生强化乡土认同,维系村落共同体的影响。村落共同体虽不是村落分析的唯一范式,也不是所有村落都能维系共同体,但它代表了大流动时代一种重要的村落形态,村落共同体的意义不在于维系本身,而是普通人过日子的意义就在村落共同体的维系更新中得到表达和呈现。流动农民在村落共同体维系中的意义表达,恰恰为较为单一的乡村空心化和村落共同体解体声音提供了中国乡村复杂性和多样性图景,展示了中国乡村发展的可能性和希望。相比项飙在浙江村研究中所说的流出地既不是家,又不是家乡,对于"松香客"而言,流出地既是家也是家乡,他们长期在外流动仍有回得去的家乡。

二 从村落共同体到县域乡土共同体

基于学术研究和现实考虑,本书提出县域乡土共同体的概念。学界在讨论村落共同体时,村落边界是重要视角。有观点认为传统村落是具有明确边界的共同体,李培林指出,"一个完整的传统村落,其经济边界、行政边界、自然边界、文化边界和社会边界基本是重合的"[①]。实际上,经商兼业、市场集镇等早已使村落经济边界延伸,经济边界和地理边界等并不重合。从"松香客"的行动轨迹来看,有形村落之上实际上是无形关系网络,甚至是全国性松香经营网络。正因为个案中经济边界和关系网络的开放性,以及个案村落普遍存在的内生经济资源不足

---

① 李培林:《村落终结的社会逻辑——羊城村的故事》,《江苏社会科学》2004年第1期。

问题难以得到解决，本书思考在村落共同体基础上是否有建立更大范围有机共同体的可能性和必要性。这一更大范围的有机共同体，不仅能提供生产、生活互助，还可以有深层次情感连接。竹源"松香客"利用同乡关系开展生产经营，县域范围内的乡土共同体已在他们的松香从业历程中得到实践。这一扩大的乡土共同体，不仅为他们提供生产互助，也提供情感慰藉。县域乡土共同体的提出，不仅因为已有实践，也基于现实考虑，一是竹源各村缺少吸引乡民返村的生计资源，他们即便返乡也多在县城务工，在扩大的乡土共同体概念下，返回县城同样具有合理性和积极意义；二是县域乡土共同体可以为松香以外的同乡同业形态提供土壤，比如竹源乡民在杭州等地开超市同样延续同乡同业模式。县域乡土共同体的意义在于它的边界不固定，乡土关系可以随人流动，不因地理边界改变而消失，县域乡土共同体实际上是基于互助和情谊的关系网络，它有乡土人情根基，也能在现实生产生活中开花结果。

技术和行业建构异地边缘化激发"松香客"对乡土认同现实需求，基于乡土认同他们在家乡民俗生活、集体性身份认同和地位一致中获得调剂补偿与平衡，在此机制下，乡土社会资源得到激活整合，乡土物理空间得到建设更新，人口高度流动的乡村实现共同体维系。"松香客"在行业实践中结成县域乡土共同体，继续支持松香行业外的生产生活互助。

小　结

"松香客"与流出地的关系，不仅受原有乡土关系的影响，也受到其与流入地关系的影响。异地边缘化刺激"松香客"对乡土认同的现实需求，他们从家庭、家族、宗族活动与乡土民俗生活中寻找认同归属感，以补偿异地边缘状态，获得继续前行的动力和支持。在集体性以松为生中消解异地的底边化身份意识，在家乡，以松为生是民众习以为常的生活模式，也是地方文化的认同标志，能够加深民众的共同体感。不同于异地的经济地位与社会地位不一致，"松香客"可以在家乡社会地位补偿和商会支持中实现地位一致，从异地边缘位置走向家乡中心位置，实现人生价值和生活意义。认同归属感和地位一致，使"松香客"的日常生活意义得以呈现。与此同时，基于乡土认同的家乡民俗生活实践，使乡土社会资源即便在人口高度流动的情况下仍得到活态传承。在家乡捐赠做公益获得社会地位补偿的同时，"松香客"所在村落的公共文化空间和基础设施得以更新，村落物理空间并未因人口高度流动呈现衰败景象。在乡土社会资源激活整合与乡土物理空间建设更新中，"松香客"所在村落仍能维系共同体形态。流动人口逐渐失去乡土认同，流动中的乡土社会逐渐解体的观点不符合竹源地区实际情况，"松香客"在外出生计—返乡生活的流动实践中，实现个体、家庭与社会再生产，使人口高度流动的乡村出现空心化反向运动，使乡土纽带不断，村落有发展希望，流动农民依然有回得去的家。

余 论

一 实践—主体视角的乡村空心化反向运动

本书以竹源"松香客"群体为表述对象,讨论流动中的乡土认同与村落共同体维系。基于田野资料的有限性,研究时段主要集中在20世纪50年代至今。在这一时段内,竹源地区从事松香生产与经营的人数达到70%以上,以"松香客"群体的流动实践理解和解释竹源的村落社会结构具有合理性。即便近年来,竹源地区从事松香生产经营的人数逐渐减少,但长期从业历程、或多或少保留松香产业、仍有人以松为生以及松香行情回暖后重新进入等现象,使松香生计模式仍对竹源乡民日常生活及其所在村落的社会结构有影响。针对竹源地区人口高度流动没有带来乡村衰败这一现象,本书试图以实践—主体研究视角,对该现象的发生过程和发生机制进行阐释,并与流动农民和乡村研究进行一般性对话。本书之所以采用实践—主体研究视角,与民俗学的研究范式转向息息相关。民俗学正在从事象研究走向事件研究,将事件放在民众日常生活中,以深化学科对当下社会现象的解释力。作为研究民众文化的学问,民俗学理应从民众的实践逻辑出发来理解民众的行动选择,使得民众的日常生活意义得到表达和呈现,让个体无论多么微小也有展示自我智慧和文化的机会和声音,这是日常生活实践研究的意义所在。本书的研究问题聚焦在流动中的乡土认同与村落共同体何以维系?对这一问题的分析又落在了对"松香客"与流入地和流出地关系的讨论上。"松香客"基于何种实践逻辑,在异地形成怎样的生存状态,异地生存状态又如何起到维系乡土认同与村落共同体的作用。这是本书的全部

余　论

思路。

　　以松为生劳作模式对竹源地区社会结构的影响，以大规模"松香客"群体的生成为前提，本书从现实生存困境、采脂兼业传统、松香生产政策与社会需求支持、乡土关系网络四方面对其展开分析。掌握松香生产技术的竹源乡民向外流动谋生，改革开放后，又从采脂的打工者发展成为办厂的松香经营者，多人多地办厂成功使竹源松香行业形成并发展。松香生产技术和松香行业结构竹源"松香客"的流动实践，影响他们与流出地和流入地的关系。从"松香客"的流动实践来看，他们一年当中有10个月左右在异地劳作经营，在流入地停留的时间远远多于流出地，这使得我们倾向于关注"松香客"在流入地定居和融入的情况。然而，竹源"松香客"与流入地的实际关系打破了这一设想。"松香客"的异地实践逻辑表现为：松香生产群体以采脂和加工技术在松香行业里谋生，但技术身份的底层化和技术实施中的劳作、生活异化使得松香生产群体在流入地的生活状态带有边缘性。技术身份的底层化缘于松香生产技术不能为生产群体带来技术地位和社会地位，技术实施中受苦的身体感受又塑造他们底边化的身份意识。因技术实施和利益驱动，松香生产群体还形成自我剥削的劳作异化和与流入地的居住空间、交往区隔的生活异化。对于竹源松香经营群体而言，他们从生产者成为经营者，实现了经济地位提升，成为经营者离不开社会政策与市场环境变革、先前从业经验与个人能力、社会关系网络支持等因素的共同作用。松香经营群体在流入地的日常生活以关系网络建构为主要行动逻辑。一方面利用同乡关系支持实现产量优势和成本优势，抢占行业发展先机。另一方面与流入地的林业局、林权单位、护林员、混混等利益主体建构与维系关系，获得关键性松树资源并实现生产经营顺利进行。同乡关系支持与非同乡关系建构使竹源松香经营者在多地办厂成功，使竹源松香行业形成发展，行业的诸多特点又建构松香经营群体的异地边缘位置。首先，工具性关系的冰冷性和易断裂使竹源松香经营群体不愿也不能融进流入地。同乡分散经营使他们不能在流入地结成聚合社区。其次，竹源松香行业的低端性和非正规化使松香经营群体的经济地位与社会地位不匹配，流入地又不能为其提供稳定充分的社会地位补偿，地位不一致也造成经营群体在流入地的边缘位置。本书讨论了技术建构生产群体的异地边缘性，行业建构经营群体的异地边缘位置，技术和行业建构异地边缘化使竹源"松香客"无法融入异地。这不同于流动农民因被流入地排斥而不能融入其中的主流观点。本书强调从流动农民的主体实践逻辑出发理解他们的行动选择。

竹源"松香客"与流入地的关系又影响他们与流出地的关系。异地边缘化推动"松香客"主动返乡，强化他们对乡土认同的现实需求。流动农民逐渐失去乡土认同的观点并不符合竹源"松香客"群体的实际情况。基于乡土认同，他们在家乡民俗生活、集体性以松为生的身份认同中平衡异地边缘状态，又通过争得面子、获得声望与社会地位补偿、得到家乡松香商会的支持，实现经济地位与社会地位一致，异地边缘位置发生翻转。在此机制下，"松香客"所在村落的乡土社会资源得以激活整合，乡土物理空间得到建设更新，流动中的村落不仅没有出现物理空间衰败与村落文化萧条，反而是在流动中呈现生机与希望。案例表明，平日里没有很多常住人口，生计高度依赖外部社会的乡村，不一定会因人口高度流动出现乡土社会衰败或解体，不长期居住在乡村，经济边界高度开放，并不能遮蔽乡村依然能提供认同归属感的事实。从这一意义上讲，带有萧条悲凉意味的空心村提法，本身就如乡愁一样，忽视乡村主体的声音。对于他们来讲，乡村不是乡愁，而是真正的家。

本书从实践—主体视角对流动中的乡土认同与村落共同体维系、流动农民与流入地和流出地的关系等问题进行思考，这一研究视角使我们重新审视当下流动农民逐渐失去乡土认同与乡土社会逐渐解体的观点，沿着流动主体的行动轨迹，对中国乡村和中国农民做出更加真切的认识。强调实践—主体的研究视角，是希望在乡村研究中，找到民众主体的声音和地位，只有倾听民众声音基础上的乡村研究，才能反映乡村真实面貌，在此基础上展开的乡村治理才更有坚实的学术基础。日常生活实践研究视角强调民众的主体性，可以在乡村研究中发现新现象，产生新认识，具有学术价值和现实意义。

余 论

二 对流动农民和乡村空心化的再认识

对流动农民与乡村空心化的再认识基于实践—主体研究视角。技术和行业诸多特性建构"松香客"的异地边缘性和边缘位置，异地边缘化的生存状态又强化他们对乡土认同的现实需求，这为我们认识流动农民与流出地和流入地的关系提供新观点，也为我们认识不同类型的流动农民提供鲜活案例。中国流动农民类型复杂多样，远不止流入城市的农民工一种类型，也不是任何流动农民都预期在流入地融入并遭到排斥。部分流动农民没有预期融入，也没有失去乡土认同，他们即便高度流动也周期性返乡参与村落建设和文化传承。

学界和大众常常将人口流动与乡村空心化做直接关联[①]。本书想要追问的是，人口高度流动必然带来乡村空心化吗？没有达到常住人口指标的乡村就是空心村吗？乡村空心化是普遍事实吗？对这些问题的思考和回答，涉及对乡村空心化的定义。尽管学术界对乡村空心化定义莫衷一是，但基本涉及人口、土地、房屋、组织、制度、基础设施、文化等维度，地理学意义上的乡村空心化，被用于描述"人走屋空，宅基地建新不拆旧，新住宅盲目向村外扩张或者原住宅房屋闲置甚至坍塌等现象"[②]。之后又提出农村常住人口少，老人孩子留守，青壮年外流等的人口空心化以及缺少内生经济发展资源，留不住青壮年劳动力的产业空心化。也有学者指出，相比地理、经济和人口意义上的空心化，文化和精神的空心化更能影响乡村的未来存续，"在有形的空心之外，对于农村未来发展影响最大的将是另一种空心村问题，即精神与文化上的空心，这种无形的空心，一旦形成就很难补救，而且会影响新农村建设有形投入的效果"[③]。尽管空心化定义已经从地理

[①] 肖梅在硕士论文农村人口流动背景下乡村治理问题研究中统计了2017年以前学界对农村空心化研究的文章数量已达14376篇，从1960年—1987年的12篇增至2013年—2017年的8692篇，农村空心化与人口流动趋势相一致。

[②] 刘彦随、刘玉等：《中国农村空心化的地理学研究与整治实践》，《地理学报》2009年第10期。

[③] 王文龙：《警惕农村的另类"空心"问题》，《经济体制改革》2010年第4期。

拓展到社会文化意义，但地理和人口空心化的指标仍然占据主流，并且有用地理空心化表述社会文化空心化的倾向，比如看到村里人少，房屋闲置、房子破旧等外在现象就得出空心村的结论。有学者提出综合多要素的空心化，"空心并不一定是一种空间形态，而是土地、人口、经济、社会、文化等各要素的综合"①，人口常年不在村里，土地撂荒、房屋坍塌、组织瘫痪、文化活动不再继续传承等因素全部具备，这样的村落我们理所当然地可以说它出现了空心化，因为，它从物质和精神两方面失去了存在的意义。然而现实情况是，这些维度的现象很少同时出现，此种情况下，以哪些指标来衡量乡村空心化就值得讨论。当下，人口、土地、房屋等外在指标常常成为评判标准，但是在这种指标下得出的乡村空心化结论，往往忽略了乡村主体声音，也不能解释为什么很多村落年底出现人口集中回流现象，看似萧条的乡村一下子变得活跃有生机，有这一现象的村落在中国普遍存在，它们是否能够被定义为空心村？

　　本书认为，空心化或空心村不仅仅是一种说法，它暗含乡村与农民认同终结的意思。这一方面提醒我们不能随意定义空心村，警惕乡村解体论的声音弥漫，另一方面要求我们思考，谁的乡村空心化，谁来定义空心化。很显然，这一声音应该来自所属农村社会的农民主体，不是学者，不是政府，更不是乡愁寄托者。本书认为，乡村是否空心化的依据关键在于农民主体的"心"，人虽然不长期居住在村里，但是心系村里，就不是空心，房屋闲置，哪怕只是过年期间短暂居住，对于居住者来讲也是很重要的，他们通过修新房子来表达生活意义。村落内部没有产业，不能提供充足的生计资源，甚至土地撂荒，但是依赖外部社会解决生计同样能够在实现再生产的同时，从村落内部寻找认同感和归属感。以人口、土地、房屋等外在因素为指标的乡村空心化，实际上并没有反映农民主体的观念。乡村的社会文化意义是否存续，农民主体是否能从乡村找到认同感和归属感，应该成为界定乡村是否空心化的重要指

---

① 姜绍静、罗泮：《空心村问题研究进展与成果综述》，《中国人口·资源与环境》2014年第6期。

标。对于农民来讲，村落的意义更多的在于空间中交织的关系、情谊和文化，只要村落人际关系还在有序互动，村落传统文化活态传承，即便不长期居住在村里，不依赖村落土地为生，他们依然能保有对村落的认同，本书认为，乡村空心化与人口高度流动并没有绝对关系，人口常年流动在外，年底短暂返乡，也可以有村落传统文化的传承，村落公共事业的发展，村落人际互动的有序进行，村落共同体还能继续维系和更新。乡村是否空心化，应该从社会文化意义，从农民主体视角进行理解。

无论是乡村空心化的普遍结论，还是流动农民回不了家，人不了城的观点，实际上都掩盖了中国乡村的多样性和复杂性，我们要做的是深入其内在机制认识中国乡村与中国农民，鉴于中国乡村地域广阔，情况多样复杂，"不能认为中国乡村毫无区别地陷入瓦解和衰败。学术研究需要拨开表面的迷雾深入流动中国的内里和实质，需要更多贴近中国实际的研究以呈现流动中国的真实画面"[1]。而当我们呈现与普遍观点不同的案例时，既不是要表达案例现象的普遍性，也不认为个案现象是孤例，因为在这一案例之外，还会有其他的案例同样表明乡村空心化的反向运动以及流动农民对乡土认同的坚守。从案例出发的研究，不在于普适，而是要呈现多样性，让每一个个体，每一种现象都有发声的机会。

三 乡村治理的内外互动路径

与乡村空心化对应的声音是乡村空心化反向运动。吴重庆在研究孙村打金业时提出，同乡同业实现生产要素在地集结，激活整合乡土社会资源，使人口流动的乡村并未出现空心化，作者通过现实案例表达乡村依然有内在吸引力与希望。本书案例同样反映流动没有造成乡村空心化。与孙村不同，它依赖外部社会资源实现内部社会的共同体维系，外部要素能以某种机制转化为内部发展动力，这一机制的关键在于人的连接。通过乡土认同的人的连接，外部因素作用于内部发展，为内生动力不足的乡村提供内外

---

[1] 刘炳辉：《大流动社会：本质、特征与挑战——当代中国国家治理体系的社会基础变革》，《领导科学论坛》2016年第17期。

互动的治理路径。①

当前乡村治理路径或是强调内生动力，利用内部自然文化资源振兴乡村，如萧放在"2018 中国井陉村落与庙会文化当代价值研讨会"上提出"庙会文化是乡村振兴的有效途径，其背后的信仰文化是老百姓的精神需求，信仰里实际有一种家国情怀。庙会还是社会秩序、社会关系协调的重要载体，有很强的社会功能"②。朱霞提出，"中国传统的乡村社会中，有历史悠久、符合乡村逻辑的公共资源设置、使用和调整的制度和习俗。这些习俗发挥着倡导社会公德的重要功能，对今天的乡村治理仍有借鉴意义"③。或是提出引入外部资源，如近年来企业、艺术家、设计师等的资本下乡和乡建实践。无论是内生动力还是外部介入，归根结底需要解决最基本的生计问题，唯有如此，乡村主体才能回归，乡村发展才能持续。现实情况是，很多乡村虽然有深厚丰富的传统治理资源，但难以提供充足的生计资源，这使得乡民必须流动谋生。而想要以内部自然文化资源带动经济收益，通常需要外部资本投入。诸多资本下乡的失败案例又表明外部资本难以从内外有别走向内外互动，真正地在乡村落地，或者说资本下乡过程中没有充分地重视到内外互动的重要性。这使得单纯的内生动力或外部介入难以在解决乡村生计方面发挥有效作用。

本书案例的现实意义恰恰在于，依赖外部社会生计也能激活和整合内部社会资源，乡民外出解决生计，资本回流乡村进行生活和建设，内外互动中，乡村社会非但没有因为人口高度流动而解体，反而巩固了乡土认同，维系了村落共同体，为乡村治理提供了内外互动的第三条治理路径。案例中的内外互动机制，一方面离不开同乡同业现象，"松香客"利用亲缘地缘关系发展经济，即经济行为与社会结构镶嵌，使得人口即便流动在外，也与乡土社会纽带不断。另一方面也与"松香客"在流入地的生产、生活模式有关，技术和行业建构"松香客"的异地

---

① 朱霞、王惠云：《行业发展、民生改善与村落社会治理——以浙江省松阳县竹源乡小竹溪村松香业为个案》，《社会治理》2018 年第 10 期。
② 萧放：《庙会文化是乡村文化振兴有效途径》，《中国艺术报》2018 年 3 月 14 日。
③ 朱霞：《民间公共资源的传统利用与乡村建设——以云南盐村的"公甲"平衡制度为例》，《社会治理》2015 年第 4 期。

余 论

边缘化，他们在家乡民俗生活、集体性身份认同、地位一致中平衡补偿异地边缘化的生存状态，同时使乡土社会资源得以激活整合，乡土物理空间得到建设更新，乡土认同与村落共同体在内外互动中得以维系。内外互动治理路径的一般意义在于，内生动力不足的乡村可以利用外部资源和资本解决生计，外部资本进入内部社会后需要利用乡土关系网络与乡土人情机制，在内外互动中实现外部资本落地生根，真正实现内外双赢。本书基于民众与学者互为实践主体的观点，提出内外互动的乡村治理路径。实践不仅仅是研究对象的实践，学者自身也在实践，学者要走出学术象牙塔，以学科专业知识挖掘乡村治理有效因子，以实际行动助力描绘乡村振兴战略美好图景。

技术和行业形塑竹源"松香客"的流动实践，建构他们的异地边缘化，又强化他们对乡土认同的现实需求，使流动中的村落共同体得以维系。本书对"松香客"与流入地和流出地的关系、对流动中的村落共同体维系机制的分析，对流动农民与乡村空心化的认识，内外互动乡村治理路径的提出，都是基于实践—主体研究视角，强调从行动主体的实践逻辑出发，理解他们的行动选择，呈现其日常生活意义。民俗学的日常生活实践研究应在强化对当下社会现象的解释力中不断深入。至此，本书的写作和讨论已到尾声，但仍有一些未尽之论，首先，"松香客"从竹源地区集体性流出后，分散流入多个松树资源集中地，他们中的每个人都有多地生产经营实践经历，这使本书对"松香客"的流入地分析相对笼统，多是对他们在流入地的总体生存状态做模式化分析，今后尝试对他们在某一或某些流入地的日常生活做更为细致深入的研究，以更加深刻地理解"松香客"在流入地的行动轨迹与行动逻辑。其次，本书在讨论村落共同体维系时，选取小竹溪为村落个案点，对竹源地区其他村落的分析相对较弱，今后研究可以在多个村落个案点的分析比较中，对流动中的村落共同体维系机制做出更加深入的分析。最后，本书使用外来人、共同体与认同等理论对"松香客"的流动实践进行分析，但是对理论的理解与运用不够成熟，尤其对"松香客"在流入地作为外来人的具体类型思考不够，这些缺憾将在今后研究中弥补加强。

附 录

附录1 田野调查报告节选

小竹溪村村落调查报告

本书研究松香生产技术和松香行业对竹源民众日常生活与村落社会结构的影响，选取小竹溪为村落个案点，于2018年1月15日至23日、2019年2月10日至19日，对小竹溪村村落概况、村落文化、松香生计等内容进行调研。小竹溪村名背后有一故事流传：松阳境内有两个地方被称为"竹溪"，一个地方位于竹溪源源口，依山傍水，村内并无毛竹；一个地方位于竹溪源源头，顺溪流山沟再进去十里的竹溪村，是真正盛产毛竹的地方。两个竹溪本无大小之分，但是为了争大小，两村人早先曾对簿公堂。县衙大堂上，小竹溪人挑选两个壮汉汗流浃背地抬来最大的毛竹，大竹溪人则称竹子抬不动，捎来了一袋三寸多宽、一尺多长的"竹叶"（箬叶）。县官据此判决"竹叶"大的名大竹溪，大竹溪人因此喜气洋洋，小竹溪人则满腹委屈。他们谁也没想到，堂堂县太爷连竹叶和箬叶都分辨不出。小竹溪下辖紫坞、浦弄、创古基三个自然村。自然村紫坞地处山坞中，形如椅子，因信紫薇鸾驾光临，取名紫坞，在此居住的人口约60人，近两年因地质灾害，人口全部迁移，作为自然村的紫坞不复存在。浦弄地形如蒲扇，人口约80人。创古基建在古庙地基上，据说此处原有洞主殿，香火旺盛，后来逐渐衰败，其位于村东北部，原有7人居住，现在已经无人在此居住①。小竹溪村距离县城和乡政府驻地较近，分别是8.8千米和1.5千米。海拔平均270米，在竹源11个行政村中地势最为平坦，耕地相对较多，交通也较为便捷。截至2019年，小竹溪总人口1159人，其中男性586人，女性573人，60岁以上250余人，70岁以上有91人。20世纪六七十年代人口出生率最高，近10年来，人口总数有下降趋势。耕地总面积571亩，林地9820亩，其中毛竹林面积1982亩，人均耕地0.49亩，人均林地8.47亩，因耕地不足及林地效益低下，80%的农民选择外出务工，从事松香产业。

小竹溪村的节日习俗有大年三十去祠堂、香火堂以及墨口殿"请年神"，祈求来年风调雨顺，国泰民安，万事顺利。村民还特别重视在大年初一抢头香，大年三十晚上过了十二点，就有人陆续去社公殿等地方上香祭拜。正月初八是小竹溪人的上灯祭祖日，这天一大早要备好祭品、香纸、蜡烛、鞭炮等，去祖宗坟墓那里铺灯点蜡，上灯还要告知祖先正月十五以后到村里参加送灯仪式。元宵节期间，小竹溪村有舞龙灯活动，舞龙灯的参加人数可达三五十人，龙灯由龙头、龙身、龙尾组成，可根据舞龙人数的多少增减龙节，龙头重达百余斤，每节龙身由一人负责，龙身画有祥云、福、五谷丰登等吉祥寓意图案，出龙为三年一轮，舞三年歇三年，第一年为出灯，第二年为回灯，第三年为收灯，舞龙有游、腾、跃、翻等动作，以及盘圈、S弯、龙头绕过龙身等造型，龙灯舞动之时，男女老少都乐在其中。近年来，越来越多村民在县城打工，舞龙灯时间与上工时间往往重合，活动组织越来越困难。清明是最为重要的祭祖日，村民不仅要给逝去的五服之亲扫墓，还要去开基祖的墓前祭拜。清明节最有特色的祭品是清明粿，清明粿也是松阳传统食物代表。清明节前，妇女们都到野外采摘一种名叫"夹克"的青蓬草做清明粿。夹克用水焯后放进石臼捣烂，再加入糯米粉捣均匀至成黏性，用手掐成面胚，放入事先准备好的馅心，馅心有咸、甜两种，蒸熟了就是清明粿。端午时节，包括小竹溪在内的松阳地区最为有代表性的内容

① 松阳县地名办公室浙江省松阳县地名志，1987年，第67—68页，松阳县图书馆提供。

莫过于制作端午茶。端午茶，又名百草茶、百家茶，相传为松阳道士叶法善创制，其具有辟邪解毒、防病健身、解暑止渴、清热散风暖胃消食的功效，已成为松阳民众的日常饮品。中秋这天是本村神灵徐侯大王的生日，十里八乡信仰徐侯大王的村民以捐款聚餐的方式庆贺福神生日。重阳这天小竹溪村有敬老习俗，以聚餐、捐款、捐物等方式表达对老人的敬意，且敬老习俗不仅在重阳节这天得到体现，即便是其他的节日与人生仪礼时刻也都有敬老主题。老人不仅被视为传统文化的保有者，而且长寿的老人也被认为有福气。

在传统节日仪式中，送灯仪式是小竹溪村特有的以民间信仰为核心的节日文化，通过祭祀村庄的庇护神"徐侯"，祈愿风调雨顺、五谷丰登。据村民讲，相传龙泉有一道士，名叫徐侯，此人游历四方，能降妖除魔、救死扶伤。有一次徐侯道士经过小竹溪村，路过一户人家，见此户人家正有一人久病不愈，家人四处寻医多年未果。于是徐侯道士作法抓住妖魔，治愈病人，赶跑鬼怪，村民们不胜感激。小竹溪村民为了纪念他，就在村口五龙山脚下为他建了一座殿，称"墨口殿"，封徐侯道士为"徐侯大王"，因此"墨口殿"又名"大王殿"，村民视徐侯为护村神。每年农历正月十五以后，由道士择吉日，村民结队用轿子把"徐侯大王"从"大王殿"抬回村内，用三牲、水果点心等祭品进行供奉。待到夜幕，村民排成长队手拿灯笼把徐侯送回大王殿，由道士举行安神仪式，以使徐侯能继续留在村里庇佑村民。近年来，村落传统文化保护受到政府重视，小竹溪村送灯仪式也不例外，从松阳县到竹源乡政府都参与到送灯仪式的活动组织中，送灯仪式的名称也在政府和媒体的推动下变为摆祭，尽管一些村民还在继续使用送灯一词，且强调他们的摆祭，指的是丧葬仪式中亲属将祭品摆放在桌子上，并写上亲属的名字，为的是逝去的人将祭品带到阴间分享给阴间的亲人。但随着摆祭一词的传播，村民也在混用送灯与摆祭两个表述。传统的送灯仪式在民间与政府的互动中发生着变化。

除节日、民间信仰等民俗文化外，小竹溪村的松香文化也历史悠久。据当地老人回忆，起初山上松树很多，这造就了他们祖祖辈辈采松脂的兼业传统，他们用松阳本地的三角刀开创出自下而上的采割方法。但20世纪50年代前后，松阳本地的松树已经不算很多了，加之山多田少，为谋生计，他们纷纷背井离乡，走到江西、福建，甚至是广西、贵州、云南等地采脂，他们亲戚带亲戚，朋友带朋友，以这样的方式使得村民形成以松为生的生计模式。小竹溪村民第一阶段的松香从业经历以采脂为主，20世纪50年代到70年代末，村民以采脂技术流动在外支援松香生产，也在从事采脂副业中获得粮食补贴，部分解决生计难题。据村民讲述，他们的祖辈父辈使用上升式采脂法，从松树根部割起，一直往上，承接松脂的容器为笋壳或竹筒。这种采脂法掌握起来不容易，不适合迅速传播，20世纪80年代逐步改为下降式采脂法，下降式采脂从松树中部开始割，先从中部到根部，再从中部到上部。改革开放以后，部分村民开办松香厂，并雇佣同乡采脂，在松香行业积累了大量财富。2015年前后随着松香行业发展不景气等原因，村民逐渐退出并返回家乡，或是在县城投资办企业，或是在县城工业园区打工，以及在家种植茶叶。村民的生计模式从以松为生到打工、种茶，发生了很大的变化，一些村民还在村里种植香榧、开办民宿。小竹溪村的常住人口比之前增多。自上而下的乡村振兴计划也为小竹溪村发展带来优惠政策，通过五水共治、小城镇综合整治等项目，小竹溪村今天的村落面貌发生很大的变化。尽管松香从业人员已经减少很多，但松香文化的影响仍然存续，松香为这里的人带来的不仅是财富，更是一份不能割舍的情。松香文化最明显的标志是全国首家松香博物馆在小竹溪村拔地而起，它坐落在民宿松泰大院旁边，通身为传统建筑色调麦黄色，布展包括松阳松香历史、松阳人采脂加工分布图、采脂工的日常生活、加工设备模型以及不同等级的松香实物等。在这里可以了解不同于农耕文化的一种林业文化。采脂对竹源民众来讲，已经成为一种习以为常的生活方式，人人都有那段记忆，松香博物馆建立在小竹溪村，不仅因为松香成为全体村民的共同记忆，更因为松香已经成为这里传统文化的重要组成部分。这里的送灯仪式与松香融为一体，这里的家族血缘宗祠等文化与松香行业的发展密不可分。这里的民众为我们提供了一幅特殊职业群体的生动画面，是我们认识历史、认识社会、认识文化的独特窗口。近年来，小竹溪尝试以送灯仪式和松香文化为主题打造旅游业，每年送灯仪式举办之际吸引了不少国内外游客前来，村内的松香博物馆也成为科普知识馆，但总体上有旅游资源不够整合，资金与人才缺乏的发展困境。如何增强小竹溪村内生经济动力还处于探索阶段，但在乡村振兴政策支持下，在村落运行机制调节下，小竹溪村的发展会越来越好。

附录2　田野调查中主要被访谈人列表

序号	化名	籍贯	职业	访谈时间	访谈地点	访谈人
1	贺法甫	小竹溪	采脂工人[①] 包工头 松香老板	2018.1.16 2018.2.4	松阳县城 松泰大院	朱霞、王惠云、关静 刘梦悦、许蔚虹 王惠云、关静
2	曾斤土	松阳人	采脂工人	2018.1.16	松阳县城	朱霞、王惠云、关静 刘梦悦、许蔚虹
3	曾农丰	松阳人	松香老板	2018.1.16	松阳县城	朱霞、王惠云、关静 刘梦悦、许蔚虹
4	叶向耀	燕庄	采脂工人 包工头 松香老板	2018.1.16	松阳县城	朱霞、王惠云、关静 刘梦悦、许蔚虹
5	王岩庆	黄下	采脂工人 包工头 松香老板	2018.1.17	松阳县城	朱霞、王惠云、关静 刘梦悦、许蔚虹
6	叶广临	大岭头	采脂工人 包工头 松香老板	2018.1.17	松阳县城	朱霞、王惠云、关静 刘梦悦、许蔚虹
7	庞勇兴	松阳人	设备制作者 松香老板	2018.1.17 2018.1.20 2018.3.2 2019.2.11	松阳县城	朱霞、王惠云 朱霞、王惠云 朱霞、王惠云 王惠云、许蔚虹

① 松香从业历程中不同时的职业身份。

续表

序号	化名	籍贯	职业	访谈时间	访谈地点	访谈人
8	郑丽华	小竹溪（原籍江西）	采脂工人 包工头	2018.1.17 2018.8.7 2018.8.8 2018.8.9 2018.8.10 2018.8.11	松泰大院 江西省浮梁县寿安镇	朱霞、王惠云 王惠云、胡雪琪
9	吴化天	小竹溪	采脂工人 加工工人	2018.1.17 2018.2.15 2018.2.17	松泰大院 松香博物馆	朱霞、王惠云 王惠云、许蔚虹
10	吴攀养	小竹溪	采脂工人	2018.1.18	小竹溪家	朱霞、王惠云
11	潘帮旺	小竹溪	加工工人 采脂工人	2018.1.18	小竹溪家	朱霞、王惠云
12	吴敬更	小竹溪	采脂工人 加工工人 包工头 松香老板	2018.1.18 2018.8.22 2019.2.16	小竹溪家 长春镇 小竹溪家	朱霞、王惠云 王惠云、胡雪琪 王惠云
13	唐广跃	松阳人	包工头 松香老板	2018.2.3	松阳县城	王惠云、关静
14	吴湖兴	小竹溪	松香老板	2018.1.19	村委会	朱霞、王惠云 关静、刘梦悦
15	叶向可	燕庄	松香老板	2018.1.19	松泰大院	朱霞、王惠云
16	王成亘	黄上	松香老板	2018.1.20	松阳县城	朱霞、王惠云、许蔚虹
17	潘安融	横岗	采脂工人	2018.1.23	横岗家中	王惠云、潘傅梅
18	周忠宜	可重旺	采脂工人 包工头 松香老板	2018.2.2	天元名都	王惠云、关静
19	潘祥威	小竹溪	松香老板	2018.2.4	松阳县城	王惠云、关静
20	潘昂宗	小竹溪	松香老板	2018.3.3	潘家大院	王惠云
21	潘昂常	横岗	采脂工人	2018.1.24	横岗村口	王惠云、潘慧萍
22	潘常青	小竹溪	采脂工人	2018.2.2	小竹溪村	王惠云
23	潘常甫	横岗	采脂工人	2018.1.24	横岗村口	王惠云、潘慧萍
24	潘傅梅	横岗	采脂工人	2018.1.21	竹海民宿	王惠云、潘慧萍

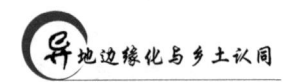

续表

序号	化名	籍贯	职业	访谈时间	访谈地点	访谈人
25	叶贤宗	大岭头	采脂工人	2018.1.21	大岭头家	王惠云、叶威岳
26	叶隆丹	大岭头	道士	2018.1.21	大岭头家	王惠云、叶威岳
27	叶威岳	大岭头	村干部	2018.1.21	大岭头村委会	王惠云
28	王玲梅	周岭根	采脂工人	2018.1.28	竹源乡政府	王惠云
29	吴春桦	松阳人	后畲村驻村干部	2018.1.28	竹源乡政府	王惠云、许蔚虹
30	李娜朵	云南人	采脂工人	2018.8.8 2018.8.9	浮梁县寿安镇	王惠云、胡雪琪
31	李查	云南人	采脂工人	2018.8.8 2018.8.9	浮梁县寿安镇	王惠云、胡雪琪
32	潘常贤	小竹溪	片长 采脂 松香老板	2018.8.9 2018.8.11	丰林松香厂	王惠云、胡雪琪
33	吴华杨	小竹溪	采脂管理者	2018.8.10 2018.8.11 2019.2.13	丰林工厂 小竹溪家	王惠云、胡雪琪 王惠云
34	项宣秦	可重旺	加工工人	2018.8.11	丰林松香厂	王惠云、胡雪琪
35	吴化新	小竹溪	采脂工人	2018.8.17	霞浦县长春镇	王惠云、胡雪琪
36	许辰峰	松阳人	管理者	2018.8.10	丰林松香厂	王惠云、胡雪琪
37	王总	赣州人	管理者	2018.8.11	丰林松香厂	王惠云、胡雪琪
38	潘青忠	小竹溪	采脂工人 包工头	2019.2.12	小竹溪家	王惠云、郑丽华
39	吴庚图	小竹溪	包工头 松香老板	2019.2.12	小竹溪家	王惠云
40	吴化午	小竹溪	采脂工人	2019.2.12	吴氏祖宗房	王惠云
41	吴融蒿	小竹溪	墨口殿管理员	2019.2.14	墨口殿 小竹溪家	王惠云

续表

序号	化名	籍贯	职业	访谈时间	访谈地点	访谈人
42	许蔚虹	松阳人	竹源乡原副乡长	2019.2.15	松香博物馆	王惠云、吴化天
43	郑佑和	松阳人	竹源乡政府干部	2019.2.19	竹源乡政府	王惠云、徐征
44	潘安相	小竹溪	退休干部	2019.2.17	小竹溪家	王惠云
45	曾光剑	湖南人	科贸公司董事长	2018.2.4	松泰大院	王惠云、关静
46	姜满	浮梁人	林业局业务员	2020.2.10	电话访谈	王惠云
47	高谷隆	浮梁人	枫树山林场护林员	2020.2.5	电话访谈	王惠云
48	汪晖	长溪村	村干部	2020.2.5	电话访谈	王惠云
49	陈继泉	浮梁人	枫树山林场科长	2020.2.21	电话访谈	王惠云
50	贺祖俊	不详	全国松香商会理事长	2018.2.4	松泰大院	王惠云、关静

附录3 松香生产的部分档案文件

国务院办公厅转发林业部关于加强松香集中统一管理的请示的通知[①]
国办发〔1982〕4号

各省、市、自治区人民政府，国务院各有关部委、直属机构：

　　国务院领导同志同意林业部《关于加强松香集中统一管理的请示》，现予转发。请贯彻执行。

[①]《国务院办公厅转发林业部关于加强松香集中统一管理的请示的通知》，资料来源于中华人民共和国中央人民政府网站信息公开栏目，http：//www.gov.cn/zhengce/content/2017-09/15/content_ 5224680.htm。

松香是轻、化工业不可缺少的重要原材料，也是换汇率较高的重要出口物资。近几年来，松香生产一直是增长的，但由于管理混乱，国家收购不上来，严重影响国内市场的供应和轻、化工业生产的发展。为此，必须严格执行国家计划，切实加强对松香的集中统一管理，以便做到增产、增购，满足国内市场和出口日益增长的需要。

国务院办公厅
一九八二年一月二十八日

浙江省林业厅林产工作队第十一工作组为对采脂工人补贴粮食的报告[①]
（56）林产松字第 004 号

县委合作部：

　　松脂是松香工业的原料，农民生产松脂对支援国家工业建设有很大的意义。松脂的制成品松香是数十种工业中不可缺少的原料，不但国内的需要量很大，而且还要出口，争取外汇。

　　今年我县的松脂生产任务很大，省林业厅布置我县为 250000 市斤，要保证完成这个艰巨的松脂生产任务，除必须在经济上对脂农进行大力扶助外，由于采割松脂这一生产每天均在山上操作，一人一天要采割 800—900 株树，多者达 1000 余株（需 10 小时以上的劳动），因此，采脂不同于其他农、副业生产，劳动强度较大，我们还必须在粮食问题上予以积极的支持。

　　我县农民粮食定量供应在 1 斤左右，如搞松脂生产，供应量与需要量（2 斤）相差很大。根据松脂生产的特点和国家粮食定量供应办法，提出我们的意见：

　　1. 每日采割松树在 900 株以上者，每人每日供应 1 斤 12 两；

　　2. 每日采割松树在 900 株以下者，每人每日供应 1 斤 8 两；

　　3. 上列日供应数内包括其原国家定量供应数，就是说，在上列每日供需应标准内，除去原国家供应其定量数外即由国家补贴；

[①] 文件由松阳县档案馆提供，提供时间：2018 年 2 月。

4. 补贴时间为4—10月7个月，平均以每人每日除原定量供应数外补助10市两，全年共需国家补贴粮食18768斤12两。

请转财贸部审定及通知粮食部门执行。

一九五六年三月三十日

抄送机关：县人委、省林产工作队、森工局松阳收购站

松阳县人民委员会发文

主办单位：林业科

是由：关于统一分配采脂工人进行登记办理手续的通知

主送机关：玉岩区公所、西屏、叶村、赤岸、竹溪、竹源、三都、石仓人民委员会

抄送机关：中共松阳县委互助合作部

发文：字第1048号　1956年4月1日封发

采割松脂生产季节已到，各地前来我县吸收采脂工人很多，为了不妨碍当地农林业生产，支援外地松脂生产，经研究决定，全县各乡外出采脂工人457人，各乡必须于4月10日前以社为单位安排劳力进行登记，由省林产工作队负责统一分配，办理手续。庆元县需要有采脂工人90名，龙泉县110名，云和县60名，遂昌县62名，本县玉岩区35名，江西铅山县100名，共计457名。除上述六地外，其他省份或县没有通知不准迁出采脂工人户口，兹将各乡拟分配外出人数附表于后。

外出采脂工人分配表

西屏40　庄后60　赤岸7　庄门10　新兴20　樟村20

叶村25　岗寺5

阳溪10　望松30　竹溪40　三都20　竹源70　横樟50

石仓30　雅溪20

参考文献

一 古代文献

(汉)司马迁：《史记》，岳麓书社1988年版。

(汉)刘安等编著：《淮南子》，上海古籍出版社1989年版。

(晋)葛洪：《抱朴子内篇》，北京燕山出版社1995年版。

(唐)孙思邈：《千金翼方》，辽宁科学技术出版社1997年版。

(宋)沈括：《梦溪笔谈》，上海书店1934年版。

(明)宋应星：《天工开物》，中华书局1978年版。

(清)赵学敏辑：《本草纲目拾遗》，人民卫生出版社1983年版。

(清)黄奭辑：《神农本草经》，中医古籍出版社1982年版。

二 瀚堂数据库

《本草品汇精要》(清康熙四十年彩绘本)卷18"木部中品之上·木之木·墨〔无毒〕"。

《大明会典》(明万历刻本)卷194"工部十四·窑冶·铸钱"。

《福建省外海战船则例》(清刻本)卷1"福建省外海战船做法(一)"。

《明孝宗敬皇帝实录》(红格钞本)卷145。

《新会乡土志》(清光绪铅印本)"十四．物产·(乙)植物天产显花裸子植物"。

《续文献通考》(明万历刻本)卷36"国用考·皇明"。

《宣统高要县志》(民国铅印本)卷11"食货篇(二)·实业"。

三　地方文献、家谱

北山叶氏宗谱（2008年新修）

浮梁县地方志编纂委员会编：《浮梁县志》，方志出版社1999年版。

松阳县志编纂委员会主编：《松阳县志》，浙江人民出版社1996年版。

佟庆年修，胡世定纂：《顺治松阳县志》，上海书店1993年版。

小竹溪潘氏宗谱（民国三十七年重修）

小竹溪吴氏宗谱（光绪二十二年重修）

浙江省人口和计划生育委员会编：《人口科学发展新论：低生育水平下的人口计划生育研究》，浙江大学出版社2010年版。

四　地方档案

《松阳县人民委员会关于必须适当安排松脂生产劳力的通知》，松办字501号，1958年10月2日。

《松阳县人民委员会林业科关于延长采脂季坚持"立冬下山"的通知》，（57）松林字703号，1957年10月24日。

《浙江省林业厅林产工作队十一工作组为对采脂工人补贴粮食的报告》，（56）林产松字004号，1956年3月21日。

《浙江省人民政府文件关于加速发展松脂松香生产的通知》，浙财（1980）28号，1980年3月8日。

林业部、经贸部、国家计委、国家经委、国家工商行政管理局：《关于加强松香管理的联合通知》，林产字（1987）8号，1987年1月15日。

松阳县林业局：《松阳县林业致富典型的汇报》，1983年6月4日。

松阳县人民委员会：《关于统一分配采脂工人进行登记办理手续的通知》，1956年4月1日。

五　国内著作

成伯清：《格奥尔格．齐美尔——现代性的诊断》，杭州大学出版社1999年版。

董晓萍、[法]蓝克利：《不灌而治——山西四社五村水利文献与民俗》，中华书局2003年版。

费孝通：《乡土中国》，生活·读书·新知三联书店2013年版。

高国藩：《敦煌巫术与巫术流变》，河海大学出版社1993年版。

郭正谊主编：《中国科学技术典籍通汇·化学卷》，河南教育出版社1993年版。

黄光国：《人情与面子：中国人的权力游戏》，中国人民大学出版社2010年版。

李猛：《常人方法学40年：1954—1994》，载李培林、覃方明主编《社会学理论与经验2辑》，社会科学文献出版社2005年版。

南京中医药大学编著：《中药大辞典》，上海科学技术出版社2014年版。

潘吉星：《中国科学技术史·造纸与印刷卷》，科学出版社1998年版。

乔健编著：《底边阶级与边缘社会：传统与现代》，立绪文化事业有限公司2007年版。

吴成浩编著：《洗衣技术646问》，中国纺织出版社2014年版。

吴杰著：《台湾乡土教育历史与模式研究》，民族出版社2013年版。

项飙：《跨越边界的社区：北京"浙江村"的生活史》，生活·读书·新知三联书店2018年版。

杨国枢主编：《中国人的心理》，中国人民大学出版社2012年版。

杨美惠：《礼物、关系学与国家》，赵旭东、孙珉合译，张跃宏译校，江苏人民出版社2009年版。

翟学伟：《中国人行动的逻辑》，生活·读书·新知三联书店2017年版。

张世勇：《返乡农民工研究：一个生命历程的视角》，社会科学文献出版社2013年版。

张祝平：《生态文明视阈中的民间信仰：浙西南传统信仰习俗考察》，暨南大学出版社2013年版。

钟敬文主编：《民俗学概论》，高等教育出版社2010年版。

周星：《本土常识的意味：人类学视野中的民俗研究》，北京大学出版社 2016 年版。

朱霞：《云南诺邓井盐生产民俗研究》，云南人民出版社 2009 年版。

六　国外译著

［德］赫尔曼·鲍辛格：《技术世界中的民间文化》，户晓辉译，广西师范大学出版社 2014 年版。

［法］亨利·列斐伏尔：《日常生活批判（全3卷）》，叶齐茂、倪晓晖译，社会科学文献出版社 2018 年版。

［法］马塞尔·莫斯、爱弥儿·涂尔干、亨利·于贝尔：《论技术、技艺与文明》，蒙养山人译，世界图书出版公司 2010 年版。

［法］米歇尔·德·塞托：《日常生活实践 1：实践的艺术》，方琳琳、黄春柳译，南京大学出版社 2015 年版。

［法］皮埃尔·布迪厄：《实践感》，蒋梓骅译，译林出版社 2003 年版。

［美］哈里·布雷弗曼：《劳动与垄断资本：二十世纪中劳动的退化》，方生等译，商务印书馆 1979 年版。

［美］迈克尔·布若威：《制造同意：垄断资本主义劳动过程的变迁》，李容容译，商务印书馆 2008 年版。

［美］詹姆斯·C. 斯科特：《农民的道义经济学：东南亚的反叛与生存》，程立显、刘建等译，译林出版社 2001 年版。

［日］仓桥重史：《技术社会学》，王秋菊、陈凡译，辽宁人民出版社 2008 年版。

［匈］阿格妮丝·赫勒：《日常生活》，衣俊卿译，重庆出版社 1990 年版。

［英］齐尔格特·鲍曼：《通过社会学去思考》，高华等译，社会科学文献出版社 2004 年版。

［英］齐格蒙特·鲍曼：《共同体》，欧阳景根译，江苏人民出版社 2003 年版。

七 国内期刊论文

阿拉坦宝力格、贾爽：《论"边缘人群"》，《财经理论研究》2015年第6期。

常建华：《历史人类学应从日常生活史出发》，《青海民族研究》2013年第4期。

车效梅、李晶：《多维视野下的西方"边缘性"理论》，《史学理论研究》2014年第1期。

陈柏峰：《富人治村的类型与机制研究》，《北京社会科学》2016年第9期。

陈凡、蔡振东：《工匠的技术角色期待及社会地位建构》，《自然辩证法研究》2018年第12期。

陈杰、黎相宜：《道义传统、社会地位补偿与文化馈赠——以广东五邑侨乡坎镇移民的跨过实践为例》，《开放时代》2014年第3期。

陈勋：《从地位不一致到多维地位排序的相对均衡——地位相关关系视角下私营企业主阶层地位的变迁逻辑》，《湖北社会科学》2008年第1期。

储亚平、杨颖：《"以县"为基本乡土单元研究乡土地理》，《中学地理教学参考》1988年第6期。

董磊明、郭俊霞：《乡土社会中的面子观与乡村治理》，《中国社会科学》2017年第8期。

杜姣：《日常交往视角下我国发达地区农村阶层关系的建构——以浙北D村为例》，《中共宁波市委党校学报》2016年第1期。

高丙中：《生活世界：民俗学的领域和学科位置》，《社会科学战线》1992年第3期。

高红霞：《同乡与同业、传统与现代——上海糖商业同业公会的历史考察》，《中国经济史研究》2006年第1期。

高建奕：《组织认同研究综述》，《昆明大学学报》2007年第1期。

龚春明、朱启臻：《村落的终结还是纠结：文献述评与现实审视》，《内蒙古社会科学》（汉文版）2012年第6期。

郝国强：《"离散"研究的发展脉络及省思》，《广西民族大学学报》（哲学社会科学版）2017年第1期。

何友晖、屈勇：《论面子》，中国社会心理学评论2006年第1期。

卢成仁：《流动中村落共同体何以维系：一个中缅边境村落的流动与互惠行为研究》，《社会学研究》2015年第1期。

户晓辉：《民俗学为什么需要先验逻辑》，《民俗研究》2017年第3期。

黄光国：《人情与面子》，《经济社会体制比较》1985年第3期。

黄志斌、孙祥、李志勇：《论技术人类学对芬伯格困境的超越》，《武汉理工大学学报》（社会科学版）2015年第2期。

黄志辉：《自我生产政体："代耕农"及其"近阈限式耕作"》，《开放时代》2010年第12期。

姜绍静、罗泮：《空心村问题研究进展与成果综述》，《中国人口·资源与环境》2014年第6期。

蒋剑勇、钱文荣等：《农民创业机会识别的影响因素研究——基于968份问卷的调查》，《南京农业大学学报》（社会科学版）2014年第1期。

蒋剑勇、钱文荣等：《社会网络、先前经验与农民创业决策》，《农业技术经济》2014年第2期。

康来云：《乡土情结与土地价值观——改革开放30年来中国农村土地的历史变迁》，《河南社会科学》2009年第5期。

李春玲：《当代中国社会的声望分层——职业声望与社会经济地位指数测量》，《社会学研究》2005年第2期。

李红涛、付少平：《"理性小农"抑或"道义经济"：观点评述与新的解释》，《社科纵横》2008年第5期。

李培林：《村落终结的社会逻辑——羊城村的故事》，《江苏社会科学》2004年第1期。

李强：《为什么农民工"有技术无地位"——技术工人转向中间阶层社会结构的战略探索》，《江苏社会科学》2010年第6期。

刘炳辉：《大流动社会：本质、特征与挑战——当代中国国家治理体系的社会基础变革》，《领导科学论坛》2016年第17期。

刘铁梁：《劳作模式与村落认同——以北京房山农村为例》，《民俗研究》2013年第3期。

刘晓春：《从"民俗"到"语境中的民俗"：中国民俗学研究的范式转换》，《民俗研究》2009年第2期。

刘晓春：《探究日常生活的"民俗性"——后传承时代民俗学"日常生活"转向的一种路径》，《民俗研究》2019年第3期。

刘彦随、刘玉等：《中国农村空心化的地理学研究与整治实践》，《地理学报》2009年第10期。

卢成仁：《流动中村落共同体的维何以维系》，《社会学研究》2015年第1期。

卢尧选：《村落共同体研究的理论传统与特征》，《学海》2019年第5期。

陆益龙：《后乡土性：理解乡村社会变迁的一个理论框架》，《人文杂志》2016年第11期。

吕微：《实践民俗学的提倡》，《民间文化论坛》2016年第1期。

罗郁聪：《再论农村社员家庭副业的基本性质是小私有制残余》，《中国经济问题》1961年第4期。

马学军：《把头包工制：近代中国工业化中的雇佣和生产方式》，《社会学研究》2016年第2期。

莫少群：《技术社会学研究的兴起与现状》，《南京师大学报》（社会科学版）2003年第4期。

欧阳灿灿：《欧美身体研究述评》，《外国文学评论》2008年第2期。

潘泽泉：《当代社会学理论的社会空间转向》，《江苏社会科学》2009年第1期。

彭牧：《技术、民俗学与现代性的他者》，《西北民族研究》2011年第1期。

秦洁：《"下力"的身体经验：重庆"棒棒"身份意识的形成》，《广西民族大学学报》（哲学社会科学版）2010年第3期。

沈毅：《儒法传统与"关系信任"的指向——兼论中国人社会关系的分类与区隔》，《开放时代》2019年第4期。

沈祖炜：《近代社会中的同乡同业组织》，《世纪》2012年第6期。

四川省体改委微观改革研究课题组：《论承包制的历史地位》，《中国工业经济研究》1989年第1期。

宋丽娜：《暴力市场化：转型期农村混混行为的新转向：以山东北府村的经验为例》，《中共杭州市委党校学报》2013年第6期。

谭同学：《亲缘、地缘与市场的互嵌——社会经济视角下的新化数码快印业研究》，《开放时代》2012年第6期。

唐超、徐慧：《"化学"这一名词来源的研究》，《中学化学教学参考》2015年第11期。

田先红、高万芹：《发现边缘人——近年来华中村治研究的转向与拓展》，《华中科技大学学报》（社会科学版）2013年第5期。

汪桂平：《平安清醮与傩仪——谈道教与民俗文化之关系》，《世界宗教研究》2004年第4期。

王春光：《农村流动人口的"半城市化"问题研究》，《社会学研究》2006年第5期。

王飞、任兆昌：《近十年中国农民理性问题研究综述》，《云南农业大学学报》（社会科学版）2012年第3期。

王汉林：《新技术社会学何以为"新"?》，《科学学研究》2010年第12期。

王杰文：《"实践民俗学"的"实践论"批评》，《民俗研究》2018年第3期。

王杰文：《日常生活实践的"战术"——以北京"残街"的"占道经营"现象为个案》，《民间文化论坛》2018年第2期。

王杰文：《新媒介环境下的日常生活——兼论数码时代的民俗学》，《现代传播》（中国传媒大学学报）2017年第8期。

王立阳：《日常生活与作为视角的民俗》，《民俗研究》2018年第3期。

王文龙：《警惕农村的另类"空心"问题》，《经济体制改革》2010年第4期。

吴国盛：《技术释义》，《哲学动态》2010年第4期。

吴小立、于伟：《环境特性、个体特质与农民创业行为研究》，《外国经济与管理》2016年第3期。

吴重庆：《"界外"：中国乡村"空心化"的反向运动》，《开放时代》2014年第1期。

萧放、鞠熙：《实践民俗学：从理论到乡村研究》，《民俗研究》2019年第1期。

许昆鹏、杨蕊等：《农民创业决策影响机制研究——基于创业者资源禀赋视角》，《技术经济与管理研究》2013年第3期。

杨德睿：《从村落的对外关系反思农村研究方法论的几个范式》，《中国研究》2006年第2期。

杨菊华：《流动人口在流入地社会融入的指标体系：基于社会融入理论的进一步研究》，《人口与经济》2010年第2期。

杨翼：《是过渡模式还是目标模式？一析"离土不离乡"》，《中国农村经济》1985年第10期。

杨中举：《帕克的"边缘人"理论及其当代价值》，《山东师范大学学报》（人文社会科学版）2019年第4期。

衣俊卿、欣文：《日常生活批判：一种真正植根于生活世界的文化哲学》，《学术月刊》2006年第1期。

袁明宝：《富人治村的动力机制与实践困境分析——基于浙江省东部农村的调查》，《山西农业大学学报》（社会科学版）2018年第10期。

翟学伟：《从社会资本向"关系"的转化——中国中小企业成长的个案研究》，《开放时代》2009年第6期。

张翠霞：《现代技术、日常生活及民俗学研究思考》，《民俗研究》2018年第5期。

张杰：《边缘人还是陌生人？新生代农民工的类型学讨论》，《理论月刊》2015年第2期。

赵锋：《面子、羞耻与权威的运作》，《社会学研究》2016年第1期。

赵频、赵芬等：《美国社会学家关于地位不一致研究的概述》，《社会杂志》2001年第5期。

郑广怀、孙慧等：《从"赶工游戏"到"老板游戏"——非正式就业中的劳动控制》，《社会学研究》2015年第3期。

郑莉：《东南亚华人的同乡同业传统——以马来西亚芙蓉坡兴化人为例》，《开放时代》2014年第1期。

郑庆杰：《生活世界与行动意义研究的可能性——对舒茨现象学社会学的一项考察》，《前沿》2011年第1期。

郑震：《日常生活的社会学》，《人文杂志》2016年第5期。

周星：《生活革命与中国民俗学的方向》，《民俗研究》2017年第1期。

朱霞：《民间公共资源的传统利用与乡村建设——以云南盐村的"公甲"平衡制度为例》，《社会治理》2015年第4期。

八 国外论文

Georg Simmel, "The stranger", *The Baffler*, No. 30, 2016.

Paul C. P. Siu, "The Sojourner", *American Journal of Sociology*, Vol. 58, No. 1, Jul 1952.

Ralph M. Stogdill, "The Marginal Man: A Study in Personality and Culture Conflict by Everett V. Stonequist", *Educational Research Bulletin*, Vol. 18, No. 2, Feb. 1, 1939.

Robert E. Park, "Human Migration and the Marginal Man", *American Journal of Sociology*, Vol. 33, No. 6, May 1928.

Simon Bronner, "Practice theory in folklore and folklife studies", *Folklore*, Vol. 123, No. 1, April 2012.

九 学位论文

陈柏峰：《乡村混混与农村社会灰色化——两湖平原（1980—2008）》，博士学位论文，华中科技大学，2008年。

秦海霞：《关系网络的建构：私营企业主的行动逻辑》，博士学位论文，上海大学，2005年。
童根兴：《北镇家户工：日常实践逻辑与宏观政治经济学逻辑》，硕士学位论文，清华大学，2005年。
詹娜：《农耕技术民俗的传承与变迁研究》，博士学位论文，北京师范大学，2006年。

十　报纸新闻

商意盈等：《富人治村，一个值得关注的新现象》，《新华每日电讯》2009年9月12日。
圣初：《化学药品洗涤污点法》，《申报》1926年5月15日。
卫兴华：《改革开放40年我国基本经济制度的确立和完善》，《人民日报》2018年9月19日。
萧放：《庙会文化是乡村文化振兴有效途径》，《中国艺术报》2018年3月14日。
章柏庵：《松香之厄运》，《申报》1946年6月10日。
周嘉华：《海昏侯墓出土蒸馏器，中国白酒历史提早千年？》，《澎湃新闻》2015年12月2日。

后　　记

　　2017年，我有幸进入北京师范大学民俗学专业，师从朱霞教授攻读博士学位，2020年获得博士学位。本书根据本人的博士学位论文修改而成。朱霞、萧放、张举文、高丙中、色音、王杰文、鞠熙、贺少雅等专家学者在论文写作的各个阶段提出的宝贵意见，使我受益匪浅，谨在此表达本人的衷心谢忱。

　　在本书的写作过程中，得到了导师朱霞教授的悉心指导。从选题、调查到写作，哪怕是行文措辞，她都严格把关，不厌其烦地给予我具体的指导。正是在她的鼓励、帮助和督促中，我能够顺利获得博士学位，并于2020年进入重庆工商大学法学与社会学学院工作。

　　参加工作以来，我也有幸得到学校和学院领导的支持，获批社会学专业学科建设经费资助，使得本书能够顺利出版。也要非常感谢中国社会科学出版社史丽清、胡安然编辑对稿件的精心校对完善以及吴丽平编辑对书稿的认可推荐。本书出版得益于他们专业态度与精心付出。

　　在众多感谢当中，那些在田野调查中帮助过我的人们：松香工人郑丽华、吴化新、潘青忠、吴化天等，松香老板贺法甫、唐广跃、叶向耀、王岩庆、庞勇兴、吴敬更等，竹源乡原副乡长许蔚虹等，这里不能一一列举，也出于对被访者的尊重和保护，本书全部使用音译化名。他们的无私帮助、真诚的信任，我着实感恩在心。正是他们的真心诚意的帮助，才使我的田野调查收获颇大，为本书的写作打下基础。在与他们的互动中，我感受到"松香客"的生存智慧与坚强乐观、奋力进取的可贵精神品质，他们对待生活和生命的态度使我深省，使我更加懂得尊重和珍惜。因此，本书的出版也献给曾经或还在路上的"松香客"，期待通过本书，让更多的人了解和走进松香客，让松香人走到社会和生活的前台，让他们的贡献、不易与困境被正视和关注，也愿他们未来的生活更加美好。

王惠云

2023 年 4 月